Die geliehene Tochter

SANA BRAUNER

Die geliehene Tochter

Bibliografische Information der Deutschen Nationalbibliothek:
Die Deutsche Nationalbibliothek verzeichnet diese Publikation
in der Deutschen Nationalbibliografie; detaillierte bibliografische
Daten sind im Internet über http://dnb.dnb.de abrufbar.

© 2016 Sana Brauner
Umschlaggestaltung: Philipp Radon
Satz, Herstellung und Verlag:
BoD – Books on Demand

ISBN: 978-3-7412-8739-8

Danksagung

Damals, als mein Leben eine so gewaltige Wende erfahren hatte, erhielt ich als langjährige Chefredakteurin eines österreichischen Magazins sehr viele Trost spendende Zuschriften. Viele begannen mit den Worten: Wenngleich wir uns nicht kennen ...

In Erinnerung an das in diesen Schreiben ausgedrückte Mitgefühl möchte ich mich bei allen bedanken, die diese Zeilen gerade lesen. Ich danke Dir einfach dafür, dass es Dich gibt.

Wenngleich wir uns nicht kennen, verbindet uns doch vieles. So befinden wir uns, obwohl wir zu unterschiedlichen Zeiten unterwegs sind, auf einer gemeinsamen Reise, auf der Reise, die das Abenteuer Leben ist. Und wir haben den Planeten Erde als unsere gemeinsame Destination gewählt. Er ist uns eine Heimat auf Zeit. Lass uns diese schöne Heimat rein halten. Und indem ich Dich darauf aufmerksam mache, ermahne ich mich selbst dazu, unsere Gedanken und die mit ihnen verbundenen Gefühle stets rein zu halten, sie zu entstauben und immer liebevoll zu schlichten.

Unsere Gedanken- und Gefühlswelten haben Schöpferkraft. Sie sind kraftvolle Werkzeuge, die uns innewohnen. Ich bitte Dich um einen respektvollen Gebrauch der Dir anvertrauten Gaben, während Du Deine eigene Geschichte schreibst, und danke Dir gleichzeitig dafür.

ICH MÖCHTE DEINE „inspirierende" GESCHICHTE KENNENLERNEN!

Vielleicht möchtest Du Deine Geschichte auch mit anderen teilen.

Eigens dafür habe ich eine Webseite **www.sanabrauner.com** erstellt. Unter der Rubrik „Inspirierende Geschichten" können jene, die das Licht am Ende des Tunnels im Auge behaltend, uns ermutigen, aus solchen Zeiten gestärkt heraus zu wachsen, hochgeladen werden. Denn jeder von uns hat eine persönliche Geschichte, die wir in und mit uns tragen. Aktuell oder vergangen. Dabei kann es sich um körperliche, emotionale, familiäre, finanzielle und berufliche Probleme handeln. Sei mit Deiner inspirierenden Geschichte ein nachahmenswerter Architekt und Träger des Lichts. Es sind manchmal nur kleine Denkanstöße für neue Betrachtungsweisen, die für andere so hilfreich sind, um ihre aussichtslosen Probleme doch tragbar werden zu lassen.

Schließlich gilt das größte Dankeschön meinen spirituellen Begleitern, meiner geistigen Heimat. Von Augenblick zu Augenblick. Von Tag zu Tag.

Inhalt

Danksagung	5
Die geliehene Tochter	11
Meine Geschichte beginnt	13
So also fühlt es sich an, wenn man stirbt	16
Drei Stunden, seitdem die Welt sich um 180° gedreht hat	28
Papi, ich lebe	36
Toni	49
Die Suche beginnt	51
Tabuthemen in der Medienlandschaft	63
Vor Ort in Phuket	65
Unsere Ankunft in Wien	69
Tag eins im Unternehmen	76
Romana	79
Auf Tempeltour in Phuket	89
Mönche lokalisieren Alexandra-Anita	98

Marry	103
Alexandra-Anita – das Falang-Kind	107
Alexandra-Anita in Malaysia	118
Andreas und die Kinderhändlermafia	128
Mein Mantra: Worin nur liegt die Antwort auf unsere Situation?	138
Landung in Wien	142
Und wieder in Phuket	154
Eine kaum nachvollziehbare Begebenheit	164
Zurück in Wien	168
Briefe aus der geistigen Welt	170
Der zweite Brief aus der geistigen Welt	177
Der dritte Brief aus der geistigen Welt	182
Der vierte Brief aus der geistigen Welt	188
Eigenverantwortung und Gesundheit, wie ich sie sehe	192
Ich ziehe an, was ich aussende	194
Das Ergebnis der DNA-Analyse	196

Zum Jahrestag des Tsunami in Phuket	201
Drei Jahre danach	204
Meine inneren Wandlungen an der Oneness-Universität	208
Das Innere Kind	217
Eine neue Partnerschaft	220
Die Ayahuasca-Zeremonie	223
Alaska	231
Das Experiment Leben	236
In Liebe an die himmlische Heimat	239

Die geliehene Tochter

Der Schalter zu meinem Herzen bedient sich ganz eigenartig. Wann immer er sich einschaltet, um mir einen Teil meiner Geschichte zu erzählen, fühle ich mich im Leben geborgen. Aus diesem zarten, fein gewebten Netz der Geborgenheit entstand der Wunsch, meine Geschichte mit dir zu teilen. Denn du und ich, wir alle, schwingen auf der Ebene des Herzens im gleichen Takt. Unabhängig davon, welche Sprache du sprichst, aus welchem Land du kommst, welchen Geschlechts du bist. Unabhängig von allem. Gleich zu Beginn verrate ich dir, ich wollte es wirklich wissen. So ganz, ganz wirklich, wenn du verstehen kannst, was ich meine. Ich denke, du kannst. Ich wollte es auf allen Ebenen erfahren, ob ich den Mut hätte, die Schöpfung in der Stille und im Abenteuer, in der Freude und im Schmerz zu ertragen. Ihr mit jeder Zelle meines Seins zu begegnen. Und noch etwas gleich zu Beginn: So manches in meiner Geschichte ist viel zu entrückt, um es mit dem Verstand erfassen zu können. Wann immer der Verstand deine Aufmerksamkeit an sich reißen möchte, melde dich doch bei ihm ab und schicke ihn auf Urlaub. Ich verspreche dir schon jetzt, es wird die Zeit kommen, genau dieses zu tun. Und nun lade ich dich ein, mit mir jenes Feld zu betreten, wo alle unsere Geschichten geschrieben werden. Hier gibt es weder Raum noch Zeit. Hier klinkt sich jener Teil von uns ein, der uns atmet, der uns das Gefühl gibt, darauf vertrauen zu dürfen, dass das Leben es besser weiß. Hier dürfen Wunder ihren Anfang nehmen, sich den Wundern anderer anschließen. Hier begegnen sich alle Geschichten. Lass mich nun mit meiner beginnen und diese mit dir teilen.

Die Art meiner inneren Gespräche mit der Anrufung »mein Vater« ist der Kontakt zu einer Quelle, für die es keinen Namen gibt. Diese Anrufung ist der Ausdruck einer tiefen, unendlich überfließenden Liebe, die aus einem Quell entspringt, der keinen Anfang und kein Ende hat.

Sie ist die Schwingung einer süßen, mich stets streichelnden und mir Mut zuflüsternden Geborgenheit. Sie ist gleich einem Ton ohne Laut, der die Luft allein durch einen Blick erzittern lässt. Sie ist mein Zuhause, dort, wo ich mich, mich aus der Materie lösend, an eine unsichtbare Schulter voller Heil und Güte anlehne, dort, wo ich angekommen bin – mein Vater. Sie ist jene Brücke, die mich, meine Hände ausstreckend, durch die sinnliche Leichtigkeit zwischen dem Diesseits und dem Jenseits trägt. Sie ist mein intimster Gesprächspartner in der dunkelsten Nacht meiner Tränen und im strahlendsten Sonnenlicht meines Lachens. Du bist jene Zuflucht, für die ich kein weltliches Wort finde. Ich nenne dich daher »mein Vater«.

Meine Geschichte beginnt

Ich komme gerade vom Frühstück.

Es ist ein gutes Stück zu Fuß, bis man vom Restaurant am Strand aus das Zimmer erreicht. Meine Schwester Teresa sitzt noch mit Alexandra-Anita und Mami beim Frühstück. Wir haben beschlossen, dass Helmut, Alexander und sein Cousin Felix zu ihnen, meiner Tochter und Mami nach vorne schwimmen, damit sie später zusammen im Meer baden können.

Jetzt ist das Wetter noch so angenehm, dass man in der Sonne bleiben kann. Ab Mittag wird es unerträglich heiß, und alle fliehen in den Schatten.

Wir sind mit Mami – alle nennen sie liebevoll Niki – bereits Mitte Dezember angereist. Meine Schwester Teresa kam mit ihrem Sohn Felix am Vormittag des 20. Dezembers nach. Eine weitere Familie und liebe Freunde, Gaby und Stephan, kamen ebenfalls am 20. an, doch es war schon spät in der Nacht. Mit ihnen kamen ihre vierzehnjährige Tochter Silvy und ihr Sohn Robert.

Noch vor unserer Reise in den nördlich gelegenen Tao Garden von Chiang Mai sollte Robert wieder zurück nach Wien fliegen, um Prüfungen an der Uni zu absolvieren. Er war nun fünfundzwanzig Jahre alt und wollte sich endlich ins Zeug legen. Doch sollte es nicht anders kommen? Zu diesem Zeitpunkt hatten wir noch keine Ahnung, wie anders »anders« sein würde!

Ich betrete unser Zimmer: »Wo seid ihr?«, rufe ich. »Draußen auf der Terrasse«, hallt Helmut zurück. »Die Kinder spielen im Sand auf der Insel gegenüber.« – »Helmut, lass uns nach vorne schwimmen. Habe mit Teresa ausgemacht, dass wir zu ihnen schwimmen und zusammen im Meer baden.« – »Gut, machen wir.«

So gehe ich durchs Zimmer, die Glasschiebetür ist offen, hinaus auf die Terrasse. Etwa zehn Meter gegenüber von unserem Zimmer befindet sich die Insel mit der Wasserrutsche. Die Insel ist groß, die Wasserrutsche gleicht einem Berg mitten im Wasser. Alexander und Felix spielen im Sand, nur wenig entfernt von der Wasserrutsche.

Links von unserem Zimmer befindet sich das Zimmer von Silvy und Robert mit einer Verbindungstür zum Zimmer ihrer Eltern. Rechts von uns geht es durch eine Verbindungstür ins Zimmer meiner Schwester und von Mami.

Helmut steht auf der Terrasse, die ich gerade betrete. Ich schaue zu den Kindern. Doch plötzlich. Auf einmal. Wie aus dem Nichts kommend – links von mir eine hohe Welle. Ich schreie: »Wasser. Wasser kommt. Kinder, kommt rüber. Alexander, Felix, kommt rasch!« Das Wasser ist schneller da, als ich meine Worte aussprechen kann. Erst später erfahre ich von dem Glück, dass die Kinder nicht wie ich oder Robert im Zimmer waren.

Glas klirrt. Wasser. Massig. Es trifft mich mit Wucht. Überschwemmt mich. Spült mich ins Zimmer zurück. Das Zimmer füllt sich schon im nächsten Moment bis an die Decke. Alle Gegenstände schweben wirr – überall. Ich tauche bereits. Keine Möglichkeit aufzutauchen. Wohin auch!

Zwischen Zimmer und Badezimmer lässt sich ein großes Fenster öffnen. Es bietet, dem neuen Trend entsprechend, einen direkten Blick ins Badezimmer. Es ist zu. Ich befinde mich davor. Das Wasser ist über mir. Es muss ein Nachtkästchen sein, das gegen das Fenster zum Badezimmer geschleudert wird. Das Glas – es zerbricht. Es sind Tausendstel von Sekunden, in denen sich jetzt alles abspielt.

Tausendstel von Sekunden spielen Roulette. Ich bin bei Bewusstsein, bekomme das Spektakel, das mir das Leben nehmen könnte, uneingeschränkt mit. Vollkommen im Jetzt. Keine Gefühle. Absolute Präsenz. Sein im Augenblick.

Die Glasreste im Fensterrahmen werden zu schmerzvoll tödlichen Werkzeugen. Meine ausgestreckten Arme, mit denen ich mich am Fensterrahmen halten will, um nicht ins Badezimmer hineingeschwemmt zu werden, werden intuitiv und blitzschnell eingezogen, mehr von Engeln als von mir selbst. Auch die Beine und Arme folgen. Der ganze Körper stockt in Embryonalhaltung.

Und so, nur und gerade so, entgehe ich der Kollision mit den messerscharfen Glasscherben, von denen unzählige im Fensterrahmen stecken!

Jetzt befinde ich mich im Badezimmer, immer noch unter Wasser – Zeit nachzudenken, wie es weitergeht, gibt es nicht.

Im nächsten Moment werde ich schmerzvoll gegen das Holz-Beton-Geländer des Etagenganges geschleudert. Der immense Druck und die Wucht, mit der die im Wasser treibenden Gegenstände sowohl an die Badezimmer- als auch Zimmereingangstür krachen, lassen diese mit Leichtigkeit zerbersten. Jetzt befinde ich mich außerhalb des Hotelgebäudes. Im Freien. Unter Wasser. Im alles verschlingen wollenden Wasser. Denn auch angeblich Niet- und Nagelfestes wird von der Kraft der Naturgewalt hinweggefegt. Kühlschränke, Fernseher, Tische, Stühle, Regale, Betten, Matratzen … werden gemeinsam mit mir wie Pfeile von einer unsichtbaren Hand vom Bogen abgefeuert. Das Wasser nimmt seinen Lauf und alles mit ihm.

Außerhalb der Zimmer, in den Gängen – überall tobt Wasser. Alles ist längst überflutet! Mein Händeringen, um an die Wasseroberfläche zu gelangen, ist ein verzweifelter Versuch, dem Leben längeres Leben abzugewinnen. Doch ohne Erfolg. Durch das wilde Herumgeschleudertwerden unter Wasser, die dumpfen Schläge der um mich herumwirbelnden Gegenstände weiß ich nicht mehr, wo oben oder unten, wo Freiheit, Sieg oder Tod sind.

Der Kampf gegen eine apokalyptische Kraft scheint wahnwitzig. Die Tragweite der Zeit unendlich und unbekannt.

So also fühlt es sich an, wenn man stirbt

Und irgendwie. Plötzlich. Irgendwie lasse ich jäh alles geschehen. Ich füge mich dem Sterben. Der letzte Atemzug scheint gekommen. Augenblicklich breitet sich ein besonderes Gefühl in mir aus: Ich kann meine eigenen Gedanken als Außenstehende beobachten. »So also, so also«, denke ich, »fühlt es sich an, wenn man vom Diesseits ins Jenseits übertritt.«

In diesem tobenden, alles und jeden mit sich reißenden Chaos des Untergangs breitet sich unsagbare Stille in mir aus. Gerade so, als würde man einen Film auf »Stopp« geschaltet haben. Ich verspüre keine Abwehr. Keine Angst. Nur Ruhe. Stille. Es geschieht – und ich lasse es geschehen – eine Welle in der Welle.

»Sana, willst du leben?« Ich höre sie deutlich und betont klar, diese mir bekannte Stimme. Es ist meine Stimme. Meine innere Stimme, die mir diese Frage stellt. Ein Moment des Abwartens. Eine Pause in der Pause.

Doch dann höre ich mich, höre meine Stimme klar und deutlich antworten: »Ja, ich will leben.« Mit dieser Antwort zerbricht die Stille. Der Film rennt weiter.

Meine Arme beginnen erneut zu ringen, um irgendwie auftauchen zu können. Arme, Beine, Gedanken – alles an mir arbeitet, um an die Oberfläche zu gelangen. Ich will leben. Ich will jetzt überleben.

Gleichzeitig schießt es mir durch den Kopf: die Tennisplätze. Mit den immens hohen Gitterzäunen! Ich treibe dorthin. Wenn ich jetzt dort stecken bleibe, mich womöglich in diesen verfange?

»Es geht alles gut, du schaffst es«, sage ich mir. »Durchhalten. Nur durchhalten, du schaffst es«, geht es mir tausend Male durch den Kopf.

Und tatsächlich. Luft. Endlich Luft. Ich atme durch. Huste, atme, huste, atme. Immer und immer wieder. Es brennt und schmerzt, das Atmen, ja, doch der Anblick der Hölle, der ich entronnen bin, nimmt mir den gerade zurückgewonnenen Atem beinahe wieder.

Längst bin ich aus der Hotelanlage raus. Hunderte Meter von ihr entfernt. »Was ist das hier?« Eine Frage. Meine Frage. Ein Gedanke. Das Wasser fordert mich noch immer. Ich versuche, mich an der Oberfläche zu halten. »Es ist die Sintflut. Und ich mitten drin.« Der nächste Gedanke: »Ich muss handeln.« Da, vor mir treibt ein Auto. Ein silberner Van. Instinktiv, schnell packe ich den Seitenspiegel.

»Vater, Vater, bitte, hilf! Hörst du mich?« Ich lasse mich mit dem Auto weitertreiben, schaue gleichzeitig um mich, frage mich: »Was, was mache ich als Nächstes? Wo sind andere Menschen? Es waren doch vor Minuten noch so viele Menschen da! Wo sind sie alle?«

Alles Mögliche treibt im Wasser. Ich ziehe meinen Körper noch fester an den Wagen, um so sperrigen Hindernissen auszuweichen. Ich fühle mich durch die Größe des Wagens geschützt. Mein Verstand weigert sich wahrzuhaben, was die Augen sehen. Nein, das ist nicht wahr. Es ist ein Albtraum. Es ist nicht wahr.

Es ist jetzt Mittag. Die Sonne brennt. Doch wirklich heiß sind die Tränen, die mein Gesicht bedecken. Unwillkürlich. Auf einmal will es raus aus mir. Mein Herz gibt das drängende Wort frei und ich höre mich »danke« sagen.

Die Fluten rauschen an mir vorbei. Ich werde ihrer gewahr. Werde meiner Situation gewahr. Ich bin weit außerhalb der Anlage und treibe auf einen Wald im Landesinneren zu.

»Mein Gott, viel zu eng stehen die Bäume nebeneinander. Da werde ich zerschmettert.« In diesem Moment beginnt auch der Wagen zu sinken. Ich will mich verzweifelt weiter festhalten, doch lasse los. Muss loslassen, los- und zulassen.

»Was – passiert – jetzt?«, geht es mir durch den Kopf. Das Wasser kommt zurück. Ja, es treibt wieder in die andere Richtung. In Richtung der Anlage, dem Meer zu.

Ich schaue mich nach etwas um, an dem ich mich wieder festhalten kann. Auf einen Baum hinauf möchte ich, das wäre gut. Eine Palme kommt für mich aber nicht in Frage. Das Wasser hat eine viel zu hohe Geschwindigkeit. Ich könnte mich an ihr nicht für längere Zeit festhalten. Und klettern kann ich auf so hohe Palmen erst recht nicht. Nicht einmal in Todesangst, wie jetzt.

Ich nehme einen Nadelbaum ins Visier. Er befindet sich in etwa jener Richtung, in die das Wasser mich treibt. Ja, diesen Baum schaffe ich. Unzählige Gegenstände haben sich am und um den Baum verfangen. An einem der Gegenstände würde ich mich zuerst festhalten, um mich dann langsam auf den Baum hinaufzuhangeln. Ich denke pragmatisch, und dementsprechend handle ich. Es gelingt mir nicht, direkt auf den Baum zuzutreiben. Ich halte mich erst einmal an einem ins Wasser hängenden Ast fest. Hänge, gleich einer schiefen Fahne, an ihm. Atme ein. Atme aus. Vorsichtig ziehe ich mich Stück für Stück weiter. Bis ich eines der Bretter, die sich zwischen dem restlichen Gerümpel verkeilt haben, zu packen bekomme. Halte mich am Brett fest und steige vorsichtig auf irgendetwas drauf. Zuerst ganz leicht. Dann fester, als ich merke, dass es mein Gewicht hält. Dann klettere ich weiter hinauf. Ich schaffe es, an den Stamm des Baumes zu kommen. Steige auf den nächsten Ast und bleibe stehen.

Durchhalten. Abwarten. Atmen. Mein Überleben ist vorerst gesichert! »Interessant«, denke ich, »dass man letztlich doch überleben will!«

Ich meine, wünsche, hoffe, dass ich mich mitten in einem Film befinde. »Lass es, bitte, ein Film sein, Vater, himmlischer Vater. Bitte, lass es nur ein Film sein!« Mit dieser Bitte im Herzen höre ich meine innere Stimme sagen: »Alles hat einen Sinn. Je schneller du annehmen kannst, akzeptieren kannst, desto besser. Du weißt das. Du weißt, dass alles einen Sinn im Leben hat. Nichts passiert, ohne dass es passieren soll. Du weißt das! Das gilt auch jetzt.«

Ursache und Wirkung. Ein ewiges Gesetz. Ich werde aus meiner inneren Kommunikation gerissen. Es gibt Stimmen. Ich höre da und dort Stimmen. Es sind Zurufe, Schreie, Menschen, die sich bemerkbar machen. Die ersten Lebenszeichen von Menschen, außer mir.

Auch ich will schreien. Ich will schreien nach meinen Kindern. Nach meinem Mann. Nach all den anderen Lieben. Ich rufe, nein, schreie verzweifelt: »Helmut, Alexander.« Und wieder: »Helmut, Alexander.« Sie sind jene Menschen, die in meiner Nähe sein müssten. So war es jedenfalls vor dem Unglück, jene, die mich hören könnten, meine ich. Doch keine Antwort.

Was soll ich tun? Erst einmal gar nichts, wird mir klar. Ich weiß nicht einmal, was überhaupt passiert ist. Was weiter passiert. Das Wasser zieht sich zurück. Endlich. Aber wird es wiederkommen? Und wo sind meine Lieben?!

Da ist sie wieder. Die Stimme. Die innere Stimme: »Sorge dich nicht. Es wird auch für sie gesorgt.« »So wie für euch hier und weiter weg dort«, denke ich, als ich all die kleinen Insekten, Spinnen und anderes Kleingetier sehe, das sich auf dem Baum herumbewegt. »Auch für euch wird gesorgt.« Es ist, als ob mir jemand aus der geistigen Welt mitteilen möchte: »Du bist jetzt in einer Situation, in der du nur auf dich schauen kannst. Schau, dass du selbst überlebst.«

Und tatsächlich, wenn ich mich so anschaue, dann stehe ich splitternackt, mit blutenden Schnittwunden an meinem ganzen Körper auf diesem Baum. Ich röchle mehr, als dass ich atme, und halte mich gerade noch an meinem Ast fest. Doch wie lange noch?

Jedes Zeitgefühl ist dahin. Mein Kopf ist klar. Keine Hysterie. Pure Verzweiflung über die Situation, ja. Eindeutig. Das auf jeden Fall. Gleichzeitig eine innere Gewissheit, dass hier etwas seinen Lauf genommen hat, das mein Leben für immer verändern wird.

Ich beginne zu überlegen, was ich als Nächstes tun soll. Es drängt mich zum Hotel. Ich will es wissen. Ich will wissen, was hier vor sich geht. Ich will wissen, wo der Rest meiner Familie ist. Die Hotelanlage ist aus meiner jetzigen Position ungefähr hundert Meter entfernt. Ich habe die Stufen zur Rezeption im Visier. Ich schätze, es sind an die dreißig Stufen, die hinaufführen. Die Baumallee vor der Anlage ist weggeschwemmt. Das Hotel ist architektonisch so gebaut, dass das

Gebäude einer Pyramide gleicht, deren Spitze fehlt. Die Rezeption befindet sich auf der obersten Etage dieser Pyramide.

Ich schaue also zu den Stufen und beobachte das Wasser. Es zieht sich zurück. Nun, sobald es eine Höhe erreicht, bei der ich mich sicher fühle zu schwimmen, steige ich hier runter und springe ins Wasser. Irgendwann ist es so weit. Bestimmt!

Und dann ist der Moment da. Vorsichtig setze ich meinen Fuß auf irgendeinen Gegenstand des inzwischen noch größer gewordenen Berges aus Treibgut aller Art. Nun gilt es, den Ast loszulassen und sich auf allen Vieren ins Wasser hinunterzutasten. Ich habe mich bis jetzt ohne Brüche durchgeschlagen. »Das soll so bleiben«, denke ich.

Ich lasse mich ins Wasser hinab, kann mit den Zehenspitzen sogar den Boden berühren. »Langsam vorschwimmen, mich vorbewegen«, ich rede mit mir. Wie eine Führerin sage ich mir, was ich als Nächstes zu tun habe. Ich spüre ein Gefühl der Sicherheit, dass es gut gehen wird. Ich fühle kaum den Schmerz, den ich mir zufüge, als meine Schienbeine gegen irgendetwas im Wasser prallen. Es muss wohl ein Stück von der abgebrochenen Mauer der Auffahrt sein.

Gehen. Immer weitergehen. Ja nicht stehen bleiben. Das Wasser sinkt. Ich habe stets die Stufen vor Augen. Die Hälfte des Weges ist geschafft. Inzwischen sehe ich Menschen, die sich auf der Etage, auf der sich die Rezeption befindet, aufhalten. Einige Thailänder gehen bereits die Treppen hinunter. Sie haben hohe schwarze Gummistiefel an. Sie gehören zum provisorischen Hilfseinsatz des Hotels, vermute ich. Jetzt sehe ich immer mehr von der Rezeption.

Auf den Holzbalken des Daches sitzen Leute. Sie haben sich dort in Sicherheit gebracht. Sie kauern dort oben und warten ab. Ich bin beinahe bei den Stufen angelangt. Einer der Thailänder sieht mich. Er kommt mir entgegen. Er sieht, dass ich nackt bin. Zieht sich sein durchnässtes T-Shirt aus und reicht es mir. Mir laufen die Tränen über das Gesicht – und ich sage: »Danke.«

Die Leute starren mich an. Ich steige die Stufen weiter hinauf. Ich muss dabei aufpassen, nicht auf Nägel, Glasscherben oder anderes zu treten. Es ist rutschig. Es ist schlammig. Das Wasser war also auch hier oben, doch hat es hier wenig Schaden verursacht. Ich schaue mich um. Viele Menschen haben sich hierher gerettet. Es herrscht geradezu reger Betrieb.

Ich sehe mich um – und werde der vielen weißen Leintücher gewahr. Auch Menschen sehe ich, Menschen, die gleich Zombies einige Schritte in die eine, dann in die andere Richtung gehen. Ihr Blick zeigt, dass sie »abgeschaltet« haben. Ja, gerade so, als wäre innerlich ein Schalter auf körperliches Funktionieren bei gleichzeitiger Abwesenheit des Geistes gestellt.

Es liegt einiges Verbandsmaterial herum. Hier ist man also schon länger tätig. Man konnte anscheinend einiges organisieren. Rezeptionistinnen – sie sind an ihrer Hoteluniform zu erkennen – versorgen notdürftig die Gestrandeten. Der Shop, der sich auf derselben Etage befindet, hatte noch weiße Badeschlapfen aus weichem Gummi. Ich bekomme ein Paar in die Hand gedrückt.

Eine Frau sitzt auf einer meterhohen breiten Marmorplatte mit ausgestreckten Beinen und rücklings an eine hohe Säule gelehnt. Ich schätze sie auf etwa fünfzig Jahre. Sie ist aschfahl, hat blaue Ringe um die Augen. Ihr Blick schaut durch mich hindurch. Sie atmet schwer. Ich gehe weiter in Richtung unseres Gebäudekomplexes. Da sehe ich – endlich! – meine Schwester, schräg vor mir, nur etwa zwanzig Meter entfernt. Ich schreie: »Teresa, Teresa!« Sie schaut mich an. Unsere Augen treffen sich. Sie dreht den Kopf in die andere Richtung und ruft: »Sana, Sana ist da!«

Heiße Tränen rollen wieder über mein Gesicht. Ich schreie ihr zu: »Wer ist dort?« Und höre: »Helmut mit Alexander und Felix.«

»Oh Gott, Gott Vater, wie danke ich dir. Sie leben also!«

Meine Schwester kommt mir entgehen. Ihr Gesicht ist schmerzverzerrt. Ihre Hände halten ihren Nacken. Wir fallen uns in die Arme. Ich frage nichts. Ich spüre ihre panische Angst, die sie zu lähmen scheint.

Sie schluchzt, will sprechen. Ich schaue, dass ich für sie einen Platz zum Sitzen bekomme. »Ich krieg keine Luft. Mein Gott, ich krieg keine Luft«, röchelt sie. »Beruhige dich, Teresa, alles wird gut.«

Wie vom himmlischen Vater geschickt, kommt ein Mann mit einer Schachtel zu uns herüber. In einer Hand hält er einen Nasenstift mit Pfefferminzaroma. Ich nehme den Stift, gebe ihn meiner Schwester in den einen Nasenflügel, dann in den anderen. Neben uns hat eine ältere Dame Platz genommen, oder sie war bereits da. Keine Ahnung. Alles geht schnell. Sehr schnell. Ihr Sohn steht vor ihr und schreit auf sie ein. Es sind Schweden, nehme ich an. Sie kriegt ebenfalls kaum Luft. Ich reiche dem Sohn den Stift. Halte gleichzeitig die Hand hin, um ihn auch wieder zurückzubekommen. Mache ihm verständlich, dass wir ihn teilen. Jetzt kriegt ihn wieder meine Schwester. Sie ist inzwischen zu Atem gekommen, doch beginnt sie hysterisch zu sprechen: »Ich habe solche Schmerzen im Nacken, alles tut weh. Was ist, wenn ich gelähmt bleibe? Ich kann nicht gehen. Mein Gott, ich will nicht im Rollstuhl leben.« Ich werde wütend: »Halt deinen Mund. Du hast gesehen, dass Felix lebt, du lebst. Jetzt reiß dich zusammen. Atme. Atme ein. Atme aus. Ein. Aus. Atme!« Ich sage es ihr immer wieder vor.

Sie beginnt zu erzählen: »Ich weiß nicht, wo Mama und Anita sind. Sie wollten auf die Toilette gehen. Sie waren kaum weg, da riefen und deuteten die Leute in Richtung Meer. Die meisten liefen hin. Sie wollten fotografieren. Keiner kapierte, was hier vor sich ging. Und im nächsten Moment war das Wasser schon überall! Es hat mich wie ein Sog hinuntergezogen. Zusammen mit dem Sand glaubte ich, im Schlamm zu ersticken. Es riss mich mit sich. Hinein zwischen die Bungalowreihe, durch die wir zum Frühstück gingen. Aus dem zweiten Stock haben mich dann Leute am Arm gepackt und über das Geländer gezogen. Als das Wasser zurückging, kam ich hier hoch zur Rezeption. Zuerst habe ich Helmut und die Buben gesehen, danach bist auch schon du erschienen.«

Während meine Schwester mir berichtet, gleitet mein Blick zu jener

Frau, die sich auf der Marmorplatte befindet: Ihre Augen sind noch offen, alles starr durchdringend, alle Lebenszeichen erloschen.

»Teresa, alles wird gut. Du wirst jetzt mit diesen Leuten dort rübergehen. Sie haben begonnen, sich zu versammeln, um die Menschen von hier wegzutransportieren. Ich werde zu Helmut und den Kindern gehen.«

Tatsächlich haben Aufrufe zum Verlassen der Anlage die Leute in Bewegung versetzt. Aus der Ferne ist Motorengeräusch zu hören. An uns geht gerade ein junges Pärchen vorbei. Sie haben beide ihre Kleidung an und scheinen vollkommen unverletzt. Ich halte sie auf, bitte sie, meine Schwester hinüberzutragen. Sie mögen sie stützen. Sie könne kaum mehr gehen. Ich weiß nicht, wohin sie gebracht wird, nur würde sie ganz sicher in Sicherheit gebracht werden, und ich bin beruhigt, was ihre Person betrifft.

Ich drehe mich um. Ein weißes Leintuch ist über die Frau auf der Marmorplatte gelegt worden. Langsam gehe ich auf dem rutschigen, mit Schlamm bedeckten Boden weiter, um zu jenem Gebäude zu kommen, wo sich Helmut mit den zwei Buben befindet. Ich muss die Brücke hinuntergehen. Die Leiche eines älteren Thailänders liegt darauf ausgestreckt. Behutsam gehe ich vorbei. Ich habe keine Unterhose an, jedoch meine Blutung gestern Abend bekommen. Ich spüre das heiße Blut meine Innenschenkel hinunterrinnen.

An den Schenkeln und Waden habe ich mehrere Schnittwunden, besonders vorne, bei den Zehen, sind Fleischstücke, aller Wahrscheinlichkeit nach durch den Aufprall auf ein Mauerstück unter Wasser, abgeschürft worden. »Mami«, ruft plötzlich eine süße, zarte Stimme. Ich blicke auf und sehe: meinen Alexander! »Mami, komm zu uns.« Er schaut aus dem zweiten Stock vom Geländer des Ganges hinunter. Hinter ihm steht Helmut, neben ihm sein Cousin Felix. Helmut und ich schauen uns an. Es ist nicht die Zeit für irgendwelche Worte. Ich gehe weiter.

Ich muss aufpassen auf dem Weg die Brücke hinunter und hinüber zum anderen Gebäude. Teile der Hoteleinrichtung und des Gepäcks der Gäste liegen verstreut und in Stücke gerissen im Schlamm. Schlamm ist überall, wo ich auch hintrete, wo immer ich auch hinschaue, überall Schlamm. Der Sand ist zusammen mit dem Wasser zu dieser schweren lehmartigen Masse geworden. Kaum steige ich hinein, versinke ich und rutsche einmal mehr, einmal weniger aus. Nur Millimeter für Millimeter geht es voran.

Von überall her – von näher und von weiter entfernt – höre ich Menschen, die sich in den verschiedensten Sprachen bemerkbar machen. Das ist doch der Yogalehrer! Ja, er trägt Gummistiefel und eine orangefarbene Jacke mit Signalleuchten. Er lebt also. Links von mir sehe ich, wie die Menschen die Anlage in Richtung Hügel verlassen. Von dort sollten sie mit Mopeds, Jeeps und den thailändischen *Pick-ups*, Kleinwagen mit großer Ladefläche, zu einer Erste-Hilfe-Station und dann weiter ins Spital gebracht werden, erfahre ich später. Um meine Schwester würde man sich sorgen, da war ich mir ganz sicher.

Ich bin bei den Stufen angekommen. Daneben befand sich einmal die Eingangstür zu unserem Zimmer. Ich blicke hin, doch sperriges Holz, vermutlich ein Kasten, versperrt mir die Sicht ins Innere. Ich gehe besonders langsam, auch auf den Treppen herrscht ein unsagbares Chaos. Und überall dieser Schlamm! Langsam, eine Stufe nach der anderen, schleppe ich mich hinauf. Ich kann nicht denken, ich will nicht denken. Es gibt hier so viele Fragen. Der Situation bewusst, in der wir uns befinden, akzeptiere ich diese Tatsache und gehe einfach weiter. Langsam. Stufe für Stufe. Ich hebe den Kopf und sehe sie. Nur noch einige Stufen, dann sind wir zusammen. Die Kinder sind aufgeregt. Sie sind unverletzt geblieben. Dank Helmut, seiner und ihrer himmlischen Helfer. Wir umarmen uns, so innig und in einem Gefühl tiefer Dankbarkeit, uns wiederzuhaben.

Hier oben im letzten Stock befinden sich noch andere Erwachsene und Kinder. Helmut führt mich in ein Zimmer. Gibt mir einen Gästebademantel. Ich zittere am ganzen Körper. »Leg dich auf das Bett.

Ich habe meine Wunden selbst versorgt. Das machen wir jetzt auch bei dir.«

In den höheren Etagen sind die Zimmer unversehrt geblieben. Da sie noch nicht bewohnt waren, sind die Räume frisch und rein. Aus der Minibar hat er den Whisky genommen und die Wunden damit geputzt. Seine Haut an den Schienbeinen ist stark abgeschürft.

»Zwischendurch habe ich auch immer wieder einen Schluck genommen. Die Kinder haben zum Glück nichts abgekriegt. Sie sind vom Wasser zu mir auf die Terrasse gespült worden. Alexander hat eine Sonnenliege gepackt und ist mit ihr wie auf einer Welle zu mir getragen worden. Felix ebenfalls, nur hatte er einen Ring, an dem er sich festhielt. Mich presste das Wasser gegen die Vorderseite der Terrassenwand. Von hinten drückte ein Gegenstand auf meine Lungen und nahm mir den Atem, doch ich konnte ihn mit einem Ruck wegschieben. Im selben Moment kamen die Kinder und ich schrie: ›Räuberleiter rauf!‹ Felix überlegte, doch als er sah, wie flott Alexander hinaufsprang, machte er es ihm nach. Oben wurden sie von Leuten aus dem zweiten Stock in die Höhe gezogen. Das Wasser stieg rapide. Alles geschah in Sekundenschnelle.

Dann ging es hinauf in den nächsten Stock. Dort waren weitere Personen, die mithalfen und alle Menschen nach oben zogen. Mich hatte das Wasser eingeholt und ich hielt mich an den Holzlatten der Terrasse des zweiten Stockes fest, doch brustabwärts zog mich das Wasser hinein. Schließlich rammten sie von oben die Latten seitlich jener, an denen ich mich festhielt, ein und zogen mich rauf. Dabei wurde die Haut an meinen Schienbeinen abgeschürft. Es sollte nichts Ärgeres passieren!

Von oben konnten wir beobachten, wie die Welle zurückkam. Die zweite Welle war nicht mehr so hoch wie die erste, etwa sechs Meter. Die erste muss an die zehn Meter gewesen sein!«

Ich denke an unsere Tochter Alexandra-Anita. »Kleine Maus, wo bist du, was machst du jetzt? Es wird jemand da sein, der auf dich aufpasst, so wie ich es machen würde. Vertraue, vertraue, Sana, dass alles gut geht«, denke ich. Ich denke an meine Mama und spüre Angst: »Liebe Mami, sehe ich dich noch? Ich liebe dich so sehr. So unendlich sehr! Liebste Mama, Vater, was wartet noch auf uns? Und hat es seine Richtigkeit, dass der Mensch gerade so viel Leid erfahren darf und an Schwerem abbekommt, wie er in gewissen Situationen überhaupt ertragen kann?«

Ich frage Helmut nach unseren lieben Freunden. Da erfahre ich, dass Stephan heute, nachdem er gefrühstückt hatte, auf eine zweitägige Dschungeltour losgefahren war. Ich hatte das gar nicht mitbekommen. »Und die anderen?« – »Habe niemanden gesehen.« Er sagt mir nicht, dass er sich in unseren Zimmern umgesehen und Robert, den Sohn unserer Freunde, dort liegen gesehen hatte. Robert – der nach Hause wollte, um seine Prüfungen an der Universität abzulegen.

Ich liege auf dem Bett und schaue mich im Zimmer um. Meine Beine habe ich in einen Winkel von 90° gestellt und bewege die Unterbeine rauf und runter. Mein rechter Fuß beginnt anzuschwellen, das Fußgelenk ist bereits stark geschwollen. Dort, wo das Fleisch oberhalb der Zehen weggerissen wurde, hat sich die offene Wunde infiziert. Helmut schüttet Whisky darüber. »Es muss sein«, sagt er nur, als ich schreie. Ich weiß, dass es sein muss, doch es schmerzt einfach. Er bindet ein weißes Stück Tuch über die Wunde, damit das Fleisch nicht noch weiter einreißt.

Die zwei Buben sind auf der Terrasse. Ich schaue sie an und danke Gott innerlich, dass ich sie sehen darf. Noch dazu so unversehrt! Es ist gut, dass sie zu zweit sind. Auf diese Weise lenken sie sich gegenseitig ab. Sie schauen, was draußen passiert. Jetzt kommen sie herein. Alexander steigt zu mir aufs Bett. Ich weine. Er schaut mich an. Kein Wort. Er versteht. Legt seinen Kopf auf meine Brust. Ich streichle ihn. »Mein Gott, hab ich dich lieb, Kind.« Es tut mir gut, durch seine Haare zu streicheln und gleichzeitig zu spüren, wie meine Tränen die Wangen, den Hals entlangrinnen.

Draußen wird der Lärm immer stärker. Es sind Aufforderungen zu hören, die Anlage sofort zu verlassen. Keiner weiß, ob das Wasser wiederkommt. Es muss alles schnell gehen, auch wenn es in diesem Moment nicht nach einer weiteren Gefahr aussieht. Alle Personen, die sich auf derselben Etage wie wir befinden, gehen langsam und sehr behutsam die Treppen hinunter. Alle passen auf, dass sie ja nicht ausrutschen. Verletzungen wären beim Hinfallen kaum zu vermeiden bei all dem Gerümpel, das eins über dem anderen liegt. Unten angekommen, werden wir per Handzeichen aufgefordert zu kommen.

Die Erde ist nichts als Matsch. Mit jedem Schritt müssen wir uns aus der glitschigen Masse befreien. Das unpassende Schuhwerk ist auch nicht hilfreich. Die Kinder schimpfen, wollen die Schlapfen wegschmeißen. »Lasst sie unbedingt an, sonst verletzt ihr euch womöglich an Scherben oder Nägeln.« Sie werden einsichtig.

Doch innerlich schimpfe auch ich. Mir tut alles weh. Trotzdem heißt es weiterzugehen. Nur nicht nachdenken. Einfach tun. Jetzt ist gehen angesagt, so gut es eben geht. Es sind etwa dreihundert Meter bis zu der Stelle, an der dann tatsächlich ein Pick-up wartet.

Er fährt gerade mit einer vollen Ladung Personen weg. Einer der Zuweiser sagt: »Er bringt die Leute auf die Hauptstraße zur Erste-Hilfe-Station und kommt dann wieder zurück. Es müssen gleich mehrere Autos kommen. Doch die wenigsten können durch diesen Schlamm fahren. Daher müssen alle zu Fuß gehen, bis sie auf festen Boden kommen, um von dort aus abtransportiert zu werden.« An der Sammelstelle angekommen, warten wir in der größten Mittagshitze.

Drei Stunden, seitdem die Welt sich um 180° gedreht hat

Es sind jetzt gut drei Stunden vergangen, seit sich die Welt für viele Menschen auf diesem Planeten um 180° gedreht hat. Ich fühle, dass dies ein einschneidendes Erlebnis für alle Menschen dieser Welt ist. Es ist der Beginn einer anderen Welt. Es ist der Beginn der wahrhaften Wirkungszeit der geistigen Welt. Es ist ein Zeichen für alle Bewohner der Erde. Es sind die ersten Worte der Mutter Erde, in Taten umgesetzt. Durch dieses Ereignis hat Mutter Erde gesprochen. Sie hatte viel sanfter zu ihren Erdenbewohnern gesprochen. Zu leise für viele Ohren. Zu zart im Vergleich zum groben Lärm, dem wir uns täglich aussetzen. Nun, jetzt ist sie laut geworden. Es liegt ihr fern, so grobe Töne anzuschlagen. Sie will uns bloß erreichen. Es ist ihre Pflicht, uns zu vermitteln, was der Menschheit demnächst bevorsteht.

Sie würde es viel lieber im gegenseitigen Respekt machen. Das wäre ihre Art. Doch hat der Mensch den Respekt vor der Erde verloren.

Sie würde es viel lieber in gegenseitiger Liebe machen. Das wäre ihre Art. Doch der Mensch hat den göttlichen Liebesfunken in sich erlöschen lassen.

Unser Planet Erde wäre gar nicht angewiesen auf die Hilfe des Menschen. Er liebt die Menschen trotz der vielen Wunden, die ihm und vielen auf ihm lebenden Wesen täglich von Menschenhand zugefügt werden. Wunden, die so stark und schmerzhaft sind, dass er laut schreien muss, damit der Mensch aufwacht! Unsere Mutter Erde setzt all diese Zeichen aus Liebe. Aus Liebe zu jenen, ihren Peinigern, die sie doch retten will. Retten und hinübertragen in eine neue Dimension. In eine Dimension, die so evolutionär ist, dass sie des Menschen Verstand sprengen würde. Darum beginnt sie, sein Herz vorzubereiten. Denn das Herz des Menschen kennt diese Dimension. Es versteht, dass es sich hier um ein neues Bewusstsein handelt. Das Herz versteht mit dem Herzen. Dem Ort, dessen Sprache die reine Liebe ist.

Der Mensch muss seiner Versklavung entwachsen. Er hat sich auf seinem Weg zum Vater verirrt. Ganz einfach verirrt. Hat sich ablenken lassen. Hat jede Menge an Ablenkungen erfunden. Hat sich im Erfinden der Ablenkungen verirrt. Immer dann, wenn er meint, das Labyrinth verlassen zu wollen, lockt ihn der Ruf einer neuen Erfindung eines neuen Erfinders. So hat er sich im eigenen Netz verstrickt. Laut schreiend, zappelt er um Hilfe. Was passiert? Das Netz um ihn wird immer enger. Je mehr er zappelt, desto mehr verfängt er sich. Er will sich befreien, doch daraus wird nichts. Er zappelt noch immer zu viel. Er schreit noch immer zu laut. Bis er schließlich erkennt, dass nur Ruhe und Stille ihn retten können, – und er sich mit dieser Erkenntnis in die Liebe des Vaters rettet.

Das wollte er schon von Anbeginn an. Damals, als er auf dem Weg zum Vater war. Damals, als er von seinem Weg abkam. Damals, als er seinen geistigen Funken zu verleugnen begann. Als er dem Licht den Rücken zukehrte. So ging er, von Ablenkungen geblendet, immer weiter. Der Vater folgte ihm, stand ihm stets beiseite, war und ist in ihm. Der Vater verließ ihn nie, denn er war neugierig darauf, was Ablenkungen alles vollbringen können. Er beobachtet, ohne zu bewerten, ohne zu beurteilen. Er. Ist.

Ich höre meine innere Stimme: »Vater, wann habe ich begonnen, mich ablenken zu lassen? Wann deine Stimme überhört? Wieso nur konnte ich mich so weit entfernen von deiner Führung? Vater, ich bitte dich, hilf, und ich danke dir für deine Hilfe.«

Inzwischen sind zwei Autos gekommen. Die Flotteren unter uns beginnen einzusteigen und den anderen beim Einsteigen zu helfen. Einige haben sogar Gepäck dabei – sie sind wohl in der in der obersten Etage liegenden Rezeption beim Ein- oder Auschecken von der Welle überrascht worden. Sie müssen wohl gerade angekommen sein, als das Wasser kam.

Als der Wagen ruckartig losfährt, schreien manche vor Schmerzen, doch sie verstummen rasch. Alle wollen nur weg. Weiter vorne, wo asphaltierter Boden ist, steht ein Sanitätswagen. Zwei Personen aus unserer Gruppe werden dorthin getragen.

Wir fahren weiter. Die Kinder sind in Badehosen gekleidet. Helmut auch. Ich trage über dem T-Shirt nun diesen dünnen Gästebademantel. Er ist inzwischen voller Blutflecken. Auf unserem Wagen ist eine Familie aus Hongkong mit zwei Kindern. Eine weitere aus Slowenien, ebenfalls mit zwei Kindern. Sie haben Gepäck dabei. Alle sind unversehrt.

Für mich ist es noch immer unbegreiflich, was hier passiert war. Woher kam das Wasser? Wieso kam es? Und warum war es möglich, dass so eine Katastrophe passierte, ohne dass man uns warnte? Das war auch die Frage, die meine Schwester immer wieder gestellt hatte, als ich sie mit dem Nasenstift versorgte. Wir waren doch nicht im Dschungel. Die ganze Welt ist per Handy vereint, im Web vernetzt und trotzdem konnte so etwas passieren! Es ist und blieb mir vorerst unbegreiflich. Lange noch.

Mein Verstand suchte nach einer Erklärung. Mein Herz wusste: Egal, welche Antwort sich fand, sie war unbedeutend. Es ist geschehen. Und daher zu akzeptieren. Es gilt, die Botschaft, die dahinter liegt, zu verstehen. Denn: Alles hat einen Sinn. Ich wusste das ja, doch dieses Wissen war mir jetzt nicht von Nutzen. Mein seelischer Schmerz pochte in mir, wie kaum ein körperlicher zu spüren wäre. Ich war hin- und hergerissen zwischen diesen Welten, mir Zwänge auferlegend. »Vater!« Immer wieder rufe ich nach dem Vater und bitte um und danke für Hilfe. Gebete – sie sollten jedenfalls noch meine letzte Rettung in Zeiten größter Verzweiflung, Angst und Schmerzen werden.

Wir sind an der Erste-Hilfe-Station angekommen. Der Wagen hält an. Vor mir erblicke ich ein thailändisches Sammeltaxi. Ich schaue genauer hin. Ist das nicht Gaby, die darin sitzt? Das Sammeltaxi scheint wegfahren zu wollen. Ich schreie: »Gaby.« Keine Reaktion. Ich schreie noch einmal, noch lauter: »Gaby.« Da hebt sich der Kopf in meine Richtung. Langsam, ganz langsam. Im Zeitlupentempo. Ihr rechter Arm hebt sich im gleichen langsamen Tempo. Sie blickt mich an, doch liegen in diesem Blick keine Emotionen. Es genügt mir vorerst, sie zu sehen. Sie lebt, wenn auch mehr schlecht als recht.

Das Sammeltaxi ist schon weg, als die Leute aus unserem Wagen auszusteigen beginnen. Wir sollen uns untersuchen lassen, uns dann ins Gras setzen und warten. Ich muss dringend auf die Toilette. Man sagt mir, ich müsse hinten durch den Personaleingang, da am Vordereingang die Menschen für die Untersuchungen anstünden. Ich schleppe mich langsam dorthin. Jetzt beginne ich, den Schmerz in der Brust mit jedem Atemzug intensiv zu spüren. Meine Füße sind inzwischen stark angeschwollen. Die Haut spannt und mit jedem Schritt spüre ich, wie die Riemen der Gummischlapfen in die Wunde schneiden.

Da ist also der Hintereingang. Ich mache auf, betrete den Gang. Rechts befinden sich die Toiletten. Als ich um die Ecke komme, bleibe ich einen Moment lang fassungslos stehen, gehe dann weiter. Was soll ich tun? Es sind vier Männer. Sie liegen alle am Boden. Man hatte zu viel zu tun, als dass man sich jetzt um den Abtransport von Leichen kümmern konnte. Das ist verständlich. Hier liegt eine Ausnahmesituation vor. Jeder tut sein Bestes. Ich gehe auf die Toilette und verlasse diese wieder, so schnell ich kann.

Diese vier Männer! Sie hatten sicher alle Familie. Es waren Einheimische. Einer war etwas älter, die anderen zwischen dreißig und vierzig, schätze ich. Wen hinterlassen sie wohl? Und für wie viele andere Familien auf dieser Welt sollte dieser Tag ein unvergesslicher bleiben?

Helmut hat sich inzwischen mit den Kindern auf die Wiese gesetzt. Man beginnt, Wasser auszuteilen. Neben uns hatte ein junger Bursche aus Tirol in Österreich Platz genommen. Er hatte gerade auf seinem Zimmer ein Nickerchen gemacht, als ihn das Wasser jäh weckte.

Er arbeitet in einer Tauchschule. Seine Freundin war in unserem

Hotel Tauchlehrerin und hatte gerade Dienst, als die Katastrophe hereinbrach. Er konnte sie telefonisch nicht erreichen. Deshalb ist er sofort gekommen. Darf aber jetzt nicht hinein. Er hat spezielle Brausetabletten bei sich, die gerade jetzt für den Körper wichtig wären, wie er meint. Zusammen mit anderen Snacks verteilt er sie an die Menschen rund um uns herum.

Den Kindern beginnt kalt zu werden. Es ist inzwischen später Nachmittag geworden. Helmut wendet sich an die Chinesen aus Hongkong, fragt, ob sie denn T-Shirts hätten, die sie uns geben könnten. Ohne Kommentar macht sich die Frau daran, diese aus ihrem Gepäck zu nehmen, sie uns zu geben. Wir werden uns der Tatsache bewusst, dass wir zum ersten Mal in unserem Leben auf die Hilfe anderer angewiesen sind. Es ist keine angenehme Situation. Wir haben keine Kleidung, kein Geld, kein Handy, einfach nichts – was weiter nicht schlimm ist: Wir waren am Leben. Das allein zählte. Und ebenso sehr zählte für uns, unsere kleine Maus und meine Mami zu finden.

Helmut meint, ich sollte unbedingt meinen Fuß anschauen lassen. Zumindest, um die Wunde zu desinfizieren. Ich stehe widerwillig auf. Die meisten Leute sind bereits versorgt. Ich kann gleich hinein. Die Station ist nur provisorisch und natürlich nicht für so einen Massenandrang ausgestattet. Sie versorgen mich, so gut sie können. Ein Mann, er scheint zum Hotelpersonal zu gehören, meint zu uns allen, dass die Spitäler bereits übervoll sind. Jene, die dringend versorgt werden mussten, seien abtransportiert worden. Wir könnten heute nirgendwo mehr hinfahren. Wir müssten alle in die Berge hinauf, denn keiner könne wissen, ob das Wasser noch einmal kommen würde. Vielleicht sogar noch höher. Es sei zu gefährlich hierzubleiben. Die Berge wären sicherer. Morgen früh würde man uns in die nächste größere Stadt, Takua Pa, fahren. Dort sind auch die meisten der anderen Hotelgäste.

Der junge Tiroler erkundigt sich nach seiner Freundin und erfährt, dass sie lebt. Sie hat sich den Fuß gebrochen und wird gerade versorgt. Er entschuldigt sich dafür, dass er sich – in Tränen aufgelöst – über diese Nachricht freut. Ich verstehe ihn, bekomme gleichzeitig schmerzhaft zu spüren, wie sehr ich unser kleines, liebes Mädchen und die Mama vermisse. Unsere süße Maus ist noch keine zweieinhalb Jahre alt! Mama an die sechzig. Mir ist nicht nach Reden zumute. Worüber auch?

Ich werde mir bewusst, wie sehr ich in meinem Leben immer ein Einzelgänger war und mich auch jetzt so fühle. Wann immer mir nach Weinen zumute war, weinte ich im Stillen. Dabei spürte ich sehr stark die Quelle in mir, die mir Mut macht, die mir Trost spendet. Jene Quelle, aus der ich meine Kreativität schöpfe und die mich von einer Vision zur anderen trägt. Als kleines Kind sehnte ich mich nach so vielen Antworten auf so viele Fragen. Was hat der liebe Gott mit dieser Erde vor? Wieso gibt es so viel Ungerechtigkeit? Wer hat all die vielen Sprachen erfunden? Wozu arbeiten meine Eltern so viel? Warum hat die dicke Nachbarin so einen feschen Mann? Warum kommen wir auf die Welt und was passiert nach dem Tod? Ich traute mich nicht, diese Fragen zu stellen, denn ich wusste, dass die Antworten nicht der Wahrheit entsprechen würden. Die innere Stimme sagte mir damals schon: »Vertraue. Vertraue, dass alles seinen Sinn hat.«

Ob sich die Kinder, die hier auf der Wiese sitzen, auch diese Frage stellen? Jetzt werden wohl keine Fragen gestellt werden. Der Schock des Er- und Durchlebten sitzt allen tief in den Gliedern. Kindern wie Erwachsenen. Wir machen uns auf, um in die Berge zu gehen. Gleich fünfzig Meter neben der Station führt eine Straße hinauf. Einzelne Abschnitte können sogar mit einem Jeep befahren werden.

Schweigend macht sich der Zug aus etwa vierzig Personen auf den Weg. Neben mir taucht auf einmal ein blondes Mädchen auf. Ich schätze sie an die zwölf Jahre alt. Sie schaut mich an: »Wo sind meine Eltern?« Ich kann ihr keine Antwort geben. Streichle sie nur sanft über den Arm und meine: »Wird schon alles gut.« Sie kommt aus Deutschland und ist mit ihren Eltern da. Tränen kullern über ihr Gesicht. Die meisten der anwesenden Personen sind entweder ganz unversehrt geblieben oder haben keine lebensbedrohlichen Verletzungen. Eine Mutter, die drei kleine Buben hat, und ihr Mann nehmen sich des Mädchens an. Die Frau redet ihr zu, versucht, sie zu trösten.

Es wird langsam dunkel. Ein Stück Wald, das gerade abgeholzt wurde, soll diese Nacht als Schlafstätte dienen. Es gehört Thailändern, die hier in einer kleinen Holzhütte leben. Von irgendwoher wurde eine Plastikplane aufgetrieben. Es haben sich bereits unten bei der Station einige in Thailand lebende Fremde als Helfer angeboten. Ein Mann, der mit seinem Jeep hier heraufgefahren ist, hat Fertigsuppen, Wasser und Decken besorgt. In kleinen Schüsseln werden die Suppen verteilt. Mir ist nicht nach Essen zumute. Ich versuche es, doch es geht nicht. Die Ungewissheit, was mit Alexandra-Anita und Mama ist, sitzt mir wie ein Kloß im Hals und im Magen.

Die beiden Buben sind inzwischen müde geworden. Wir nehmen am unteren Ende der Plane Platz. Es ist mir unmöglich, mich hinzulegen und liegen zu bleiben. Die Baumstümpfe drücken in die Rippen, und ich merke erst jetzt, dass ich mich in liegender Position nicht von einer Seite zur anderen drehen kann. Die Schmerzen sind unerträglich. Helmut merkt, dass es mir sehr schlecht geht. Ich friere und zittere bereits stark am ganzen Körper. Nur zwischen den Beinen spüre ich, wie das warme Blut seinen Lauf nimmt. Helmut will mir helfen, fragt, ob er etwas tun könne. Ich möchte gerne aufstehen. Ich muss urinieren. Es dauert lange, bis ich es schaffe, meinen Oberkörper zuerst auf die Ellbogen und dann langsam in die Höhe zu bringen. Mir ist klar, dass ich nicht nach einer Toilette zu fragen brauche. Ich entferne mich einfach, so gut ich kann, einige Schritte von der Gruppe und hocke mich hin.

Einige konnten bereits etwas Schlaf finden. Es ist stockfinster. Unweit von der Gruppe hat man ein Feuer gemacht. Ein seit über zwanzig Jahren in Thailand lebender Mann erzählt seine Geschichte. Ich schleppe mich wieder zu Helmut und den Kindern. Setze mich hin und bleibe so. Der Himmel ist klar, voller Sterne. Ein wunderschöner

Sternenhimmel. »Wieso nur«, frage ich mich, »darf der Himmel jetzt so ausschauen? Er hat kein Recht dazu.«

Ich höre das Mädchen weinen, immerfort ruft sie nach ihrer Mama! Ich bin so dankbar, dass die Mutter der drei Kinder bei ihr ist. Ich bin einfach nicht in der Lage, sie jetzt selbst zu trösten. Ich bitte ihren Schutzengel, er möge ihr beistehen, Liebe, Kraft und Trost spenden. Durch die Stille hier oben im Wald ist das Leid des Mädchens noch intensiver zu spüren.

Papi, ich lebe

Helmut kann auch nicht schlafen. Ich weiß, er nimmt den Schmerz auf seine Art und Weise. So vergeht eine Weile, bis Helmut mich plötzlich an der Hand nimmt: »Alexandra ist da. Sie will mir sagen, dass sie lebt. Ich höre sie deutlich sagen: ›Papi, ich lebe.‹ Ich sehe sie inmitten von vielen Menschen. Sie ist von einem Engel gerettet und über das Wasser getragen worden.« Er wischt sich die Tränen aus dem Gesicht. Ich lege meinen Kopf an seine Schulter. Seine Nähe und Wärme tun gut.

Ich weiß, dass er in bestimmten Situationen hellsichtig ist. Das ist schon seit vielen Jahren so. Es passiert entweder unter besonderen Umständen oder wenn sich in seiner Nähe Personen mit stark medialen Fähigkeiten befinden. Er kann diese Gabe noch nicht bewusst einsetzen. Es passiert einfach. Eine innere Zuversicht sagt mir, dass alles gut wird. So vergeht Minute um Minute, Stunde um Stunde. Ich kann es kaum erwarten, dass es hell wird. Ich möchte weg von hier. Die Kinder können zumindest ein bisschen schlafen. Auch andere Kinder, teils noch kleine, teils Teenager, können im Gegensatz zu den meisten Erwachsenen für eine gewisse Zeit etwas Schlaf finden. Kinder können selbst in Extremsituationen loslassen. Sich mit dem gegenwärtigen Zustand abfinden. Können akzeptieren, was ist.

Es wird hell. Die Stimmen werden lauter. Die typische thailändische Gastfreundschaft erweist sich uns mit warmem Tee und einer kräftigen Suppe. Die Kinder haben Hunger. Die Suppe ist zwar nicht nach ihrem Geschmack, doch essen sie zumindest etwas. Mir wird bewusst, dass unsere Gastgeber alles, was sie an Decken, Stoffen und Tüchern haben, an all die Menschen hier verteilt haben. Enorme Dankbarkeit steigt in mir auf und der Wunsch, ihnen gerne irgendwann einmal neue Decken bringen zu dürfen. Wir machen uns alle auf den Weg hinunter. Es geht wieder zur Erste-Hilfe-Station. Helmut will unbedingt ins Hotel. Er möchte nachschauen, ob in unserem Safe noch etwas an Wertsachen zu finden ist. Er kann mit drei weiteren Personen in einem Auto mitfahren. Wir warten inzwischen an der Station.

Einige Gäste, die gerade erst angekommen waren, als das Wasser kam, hatten ihre Mobiltelefone bei sich. So konnten sie ihre Reiseleitung vor Ort kontaktieren, um Hilfe zu bekommen. Die Familie aus Slowenien wird gleich nach unserer Ankunft von der Erste-Hilfe-Station abgeholt. Ich hatte mich am Tag zuvor mit der Frau unterhalten. Meine Muttersprache ist Serbisch, früher hieß das Serbokroatisch, doch nach dem Krieg war alles anders. Da ich vom dritten Lebensjahr an in Wien aufgewachsen bin, fällt es mir schwer, diese künstlich hervorgerufenen ethnischen Unterschiede zu verstehen. Doch ich hörte, wie sich die Familie unterhielt, und sprach sie auf ihre Herkunft an. So kamen wir ins Gespräch. Sie erfuhren, dass wir meine Mutter und unsere kleine Tochter vermissen. Vor ihrer Abfahrt wünschen sie mir, dass Gott helfen möge, unsere Lieben wiederzufinden. Ich danke und wünsche ihnen noch alles Liebe.

Mir fällt zu dieser Zeit jede Unterhaltung schwer. Es ist noch so unfassbar für mich, dass das Leben auch nach dem Unglück einfach weitergeht. Die Sonne tut beharrlich das, was sie jeden Tag macht. Doch dies ist kein Tag wie jeder andere. Wie kann sie einfach aufgehen und vom schönsten blauen Himmel auf uns herabscheinen? Weiß sie nicht, was hier passiert ist? Fühlt sie nicht diesen Schmerz, der in den Herzen den Atem unendlich vieler Seelen abschnürt? Wie kann sie so tun, als sei nichts geschehen?

Was tatsächlich passiert war, den Grund dafür, warum es zur Flutwelle kam, kennt hier noch immer niemand. Selbst was weiter geschehen würde, ist für viele zweifelhaft. So meint einer, es sei besser, wir gingen wieder in die Berge hinauf, um dort abzuwarten.

»Abwarten – was? Worauf warten?«, denke ich. Ich will zu meiner Schwester, sie habe ich lebend gesehen. Ich will wissen, wo unsere Freunde sind. Immerhin geht es hier um mehrere Personen. Gaby habe ich kurz gesehen. Wo war sie jetzt? Wo waren Silvy, Robert und Stephan? Wo ist Niki? Wo ist Alexandra-Anita? Helmut und ich waren uns am Berg einig gewesen, zum Spital nach Takua Pa gebracht werden zu wollen.

Helmut kommt zurück. Sie wurden nicht in die Anlage hineingelassen. Offiziell hieß es, dass keiner die Anlage betreten dürfe. Aus welchem Grund, wurde nicht gesagt. Später sollten wir diesen Grund sehr wohl erfahren. Die Wertsachen aus den Safes wurden bereits ausgeräumt, gesammelt und nach Zimmern beschriftet. Was ja ganz in Ordnung gewesen wäre, hätte man sie so belassen, wie sie waren. Doch als wir später, nach größerem Bemühen unsererseits, unsere Wertsachen bekamen, waren die Geldbörsen leer. Dass man natürlich keine Zeugen haben wollte, die beim Verteilen zugesehen haben, ist selbstverständlich. Wenn aber dummerweise einige der Anwesenden leer ausgehen, haben sie keinen Grund, der sich für sie bezahlt gemacht hätte, zu schweigen. So erfuhren wir auch von unserem späteren Fahrer, was da wirklich geschehen war. Doch waren unsere Wertsachen zu diesem Zeitpunkt für uns ohnehin ohne jede Bedeutung. Nützlich allerdings wären sie unter den gegebenen Umständen auf jeden Fall gewesen. Viel mehr als die Wertsachen kümmerte uns das Auffinden unserer Familie und unserer Freunde.

So pochen wir darauf, nach Takua Pa, einer etwa zwanzig Kilometer nördlich gelegenen Stadt, gefahren zu werden. Dorthin hatte man am Tag zuvor die anderen Gäste gebracht. Wir steigen also wieder auf die Ladefläche eines Pick-ups. Man würde den Weg über die Berge nehmen. Er sei etwas länger, dafür sicher. Denn die Küstenstraße sei jetzt sicher nicht befahrbar. So fahren wir los. Wieder eine ganze Ladung voll Menschen, alle eng aneinandergepresst. Die Familie aus Hongkong ist ebenfalls dabei. Sie will so schnell wie möglich nach Phuket, um mit dem nächsten Flugzeug auszureisen. Der Wind ist kalt. Wir ducken unsere Köpfe nach unten, um doch immer wieder aufzuschauen, um zu sehen, wann wir ankommen würden. Die Fahrt erscheint mir endlos. Irgendwann ist es dann so weit. Das Auto hält an. Unzählige Autos befinden sich in der sonst leeren Straße vor dem Spital. Dieses gleicht von außen einem Lazarett. Auf der Wiese davor hat man eine Art Zelt aufgestellt. Darunter sitzen und liegen einige hundert Leute. So sind sie vor der brennenden Sonne geschützt.

Ich gehe in meinem mit Blut verschmierten Mantel, gestützt von Helmut und zusammen mit den Kindern, durch das Eingangstor. Man hat uns gesagt, dass die Gäste unseres Hotels im vierten Stock seien. So machen wir uns dorthin auf den Weg, vorbei an Menschen aller Nationalitäten. Es sind schon Tische aufgestellt, an denen man sich darüber informieren kann, wer wo im Spital untergebracht ist. Im vierten Stock gibt es einen großen Raum, aus dem die Betten entfernt worden sind. Die Leute liegen am Boden, teils an Infusionen angehängt, teils verbunden, teils darauf wartend, untersucht zu werden. Wir gehen alle Reihen ab, um bekannte Gesichter zu entdecken. Doch vergebens. Ich lasse mir von einer Krankenschwester die kleineren Wunden versorgen, meinen bereits wieder angeschwollenen Fuß reinigen und verbinden.

Ich weiß, dass ich Schuhe brauche, doch jetzt ist keine Zeit dafür, sich welche zu besorgen. Wir gehen runter ins Erdgeschoss. An der Information weiß auch niemand Bescheid. Außer, dass viele Gäste aus unserem Hotel teilweise draußen unter dem Zelt warten würden. Also gehen wir hinaus in Richtung Zelt. Da erblicken wir Stephan. Silvy ist bei ihm. Sie kommen von der Straße her. Silvy entdeckt uns und schreit uns zu. Wir fallen uns mit einem Seufzer der Erleichterung, uns gefunden zu haben, in die Arme. Sie waren bereits vor uns da, haben etwas besorgt, wissen, wo Gaby und meine Schwester liegen.

»Wo ist Robert?« Stephan laufen die Tränen hinunter. »Ich habe ihn gestern im Zimmer gefunden. Tot. Am Boden liegend …«

Ich bin fassungslos. Schmerz weint in mir, bricht aus mir heraus.

Seine Lebenskerze ist so früh erloschen.

Wie in Trance höre ich Stephans Erzählung weiter zu.

»Ich kam am Nachmittag aus dem Dschungel zurück, weil ich mitbekommen hatte, dass etwas passiert war. Leute fuhren uns entgegen und sagten, dass etwas mit dem Wasser war. Ich fuhr zum Hotel. Fand Robert. Wusste nicht, was mit den anderen passiert ist. Ich fuhr zu dem Hotel, wo Silvy ihren Tauchkurs machte. Dort fand ich sie nicht. Man sagte mir, ich müsste über Nacht auf jeden Fall in die Berge. Frühmorgens fuhr ich noch einmal ins Hotel und fand Silvy.«

Zusammen fahren Stephan und Silvy ins Spital. Gaby ist schwer verletzt. Er arrangiert alles, damit sie so schnell wie möglich zurück nach Österreich kommt. Gaby muss dringend operiert werden. Ihre Rippen sind gebrochen, ihre Lunge ist verletzt. Dazu kommen noch große Fleischwunden. Er zeigt uns, wo meine Schwester sich befindet. Zusammen gehen wir zu Teresa. Sie liegt auf einem Gang. Sie sitzt am Bett, trägt eine Halskrause. Ihre Augen sind blau unterlaufen. Sie habe bereits mit der Schweiz telefoniert. Ihr Lebensgefährte wüsste über die momentane Situation Bescheid, informiere andere aus unserer Familie.

Im Spital war eine Telefonstelle eingerichtet worden, in der man kostenlos telefonieren konnte. Wir gehen zu Gaby. Sie sieht jämmerlich aus. Ihr Zustand ist akut. Sie liegt auf einem Bett in einem Zimmer, wo Bett neben Bett aufgereiht ist. Es ist ein großes Zimmer. Unmöglich, alle Betten auf einmal mit dem Blick zu erfassen. In der Luft liegt ein penetranter Geruch. Gaby fällt das Reden schwer, sehr schwer. Doch es gibt auch wenig zu sagen. Unser aller Situation bedarf keiner Worte. Blicke, Gesten der Zärtlichkeit, das sanfte Streicheln über die Wange. Wir sprechen die Sprache des Herzens.

Ich erblicke die Augen eines etwa zwanzigjährigen Mädchens. Sie liegt gegenüber von Gaby. Ihr Blick lässt mich zu ihr gehen. Ich nehme ihre Hand in meine. Wir halten uns und lassen unseren Tränen freien Lauf. Sie ist am Bein schwer verletzt. Zu ihren eigenen körperlichen Schmerzen kommt der seelische Schmerz, nichts über ihre Familie zu wissen. Sie sei mit ihren Eltern und ihrer Schwester nach Khao Lak gekommen. Sie wisse nicht, wo sie seien, ob sie leben oder nicht. Ihr Freund sei aus Schweden auf dem Weg hierher. Sie müsse operiert werden. Ihr Oberschenkel sei gebrochen, doch sie habe solche Angst. Enorme Angst. Ich drücke ganz sanft ihre Hand, wische ihr die Tränen und den Schweiß aus dem Gesicht. Sie fragt, wie es um mich stünde. »Ich vermisse meine Mama und meine kleine Tochter.« Irgendwie fühle ich mehr mit ihr. Sie liegt hier, hat auszuharren, ist dem Geschehen ausgeliefert. Es ist ein kaum in Worte zu fassendes Mitgefühl, das sich in diesem Austausch offenbart. Es ist eine Begegnung zwischen Seelen. Es ist die eigene Seele, die sich im anderen erkennt, im Licht der Augen das wahre Selbst erblickt. Es gibt kein Geschlecht, keine Nationalität, nur Liebe. Liebe, die mitfühlt und das Sein im anderen wahrnimmt. Sie wird für mich beten. Ich segne sie im Stillen.

»Vater, himmlischer Vater, welchen Weg haben wir nur zu gehen? Wo führt er hin?« Tief, ganz tief in mir weiß ich, ich bin die Ursache. So wie ich, ist jeder Einzelne für sich die Ursache. Dieses Wissen hilft meinem Verstand nicht weiter. Der Blick, egal wohin, schmerzt. Alles, alles würde ich jetzt dafür geben, diese Situation rückgängig machen zu können. Ich möchte zurückgehen in der Zeit, das Programm ändern. Das Geschehene ungeschehen machen. Ich fühle mich so verloren.

»Vater, wo bist du nur? Hörst du meinen Hilfeschrei? Er ist so laut, dass alles in mir ganz dumpf geworden ist. Er raubt mir den Atem. Hilf mir. Vater, hilf mir. Ich bitte dich um deine Hilfe. Ich danke dir für deine Hilfe. Ich weiß, du hast bereits geholfen. Die Stimme in mir sagt es mir. Ich verstehe sie zwar nicht. Irgendwie doch. Nur will ich jetzt nicht verstehen, nicht akzeptieren, was ist. Es darf nicht sein. Wo sind nur die Schutzengel all dieser Menschen und was machen sie jetzt? Welche Möglichkeiten des Trostes, des Linderns, des Heilens können sie durchführen? Wie viel wird ihnen erlaubt? Wer ruft nach ihnen?«

Es ist doch die geistige Welt, die jetzt Heil spenden kann. Nur sie allein hat den Weitblick, kennt die übergeordnete Sinnhaftigkeit, die universellen Zusammenhänge dieses Geschehens. Wie viele der Menschen sind sich dessen jetzt bewusst? Wie viele suchen allein nach

Gründen im Äußerlichen. Dort, wo nichts zu finden ist, nie etwas zu finden sein wird. Dort, wo die Suche ewig dauert, doch nie zum Ziel führt. Wie viele sind sich wohl dessen bewusst, dass sie allein dafür gesorgt haben, dass sie jetzt hier sind? Dass ihre Handlungen in der Vergangenheit sie in diese Situation gebracht haben? Um aus ihr zu lernen, zu wachsen, den Lebensweg zu finden und ihn zu gehen? Natürlich weiß ich, dass auch ich allein dafür verantwortlich bin, jetzt hier in dieser Misere zu sein. Allein, es zu akzeptieren, fällt mir schwer. Lange noch. Sehr schwer.

So gehe ich von Bett zu Bett, von Zimmer zu Zimmer, von Stock zu Stock und halte Ausschau. Nach meiner Mutter. Meiner lieben Niki. Nikoleta ist ihr richtiger Name. Niki wird sie von allen genannt. Ich halte Ausschau nach unserer Tochter. Diesem kleinen, erst zweieinhalb Jahre alten Mädchen, nach unserer Maus, meinem Buddha, nach meiner kleinen Göttin. Sie ist ein besonderes Kind. Ihre Art zu sein ist es, die sie so besonders macht: in sich ruhend, mit ihr und ihrem Umfeld im Einklang. Immer lächelnd, mit ihren großen dunklen Augen. Augen, die sprechen. Sie geben dir Antwort auf gestellte und ungestellte Fragen. Sie erreichen deine Gedanken. Lautlos geben sie dir zu verstehen, dass es möglich ist, sich auch nonverbal zu verständigen. So erging es mir schon mit ihr, als sie noch keine zwei Jahre alt war.

Ich fragte mich immer und immer wieder, woher sie käme. Welchen Auftrag sie hätte. Und als mir diese Frage schließlich keine Ruhe mehr ließ, weil ich die Antwort hören wollte, fragte ich sie: »Sag mal, Maus, sagst du mir, woher du kommst?« Sie war auf diese Frage vorbereitet. Schaute mich an und sprach. Lautlos. Und ich verstand ihre Worte: »Ich weiß es, doch du hast es noch herauszufinden, Mama.« Sie ist so offen, jeder Person gegenüber, ob Kind oder Erwachsener. Sie hat keine Scheu, sich mit fremden Leuten zu unterhalten. Ja. Zu unterhalten! Sie war mit ihren zwei Jahren der Sprache schon so mächtig, dass sie bereits Gegenwart von Vergangenheit und Zukunft unterschied. Ohne unser ehrgeiziges Zutun. Für uns war es normal. Sie ist so. So gehe ich den Gang entlang und erblicke ein kleines Kind am Bauch liegend schlafen. Je näher ich komme, umso deutlicher sagt mir die Hand der danebensitzenden Person, die sich auf den Rücken des Kindes legt, das Kind gehört zu mir. Ich schaue trotzdem genau hin, stelle resignierend fest, es ist ein anderes Kind.

Ich lande in der Kinderstation, wo man mir vergewissert, dass hier nur einheimische Kinder seien. Ich bitte darum, mir alle Räume anschauen zu dürfen. Nun, es ist eine Ausnahmesituation und mein Anblick löst Erbarmen aus. Ich werde eingelassen. Eltern sitzen an den Betten ihrer Kinder. Zum Teil finden Untersuchungen statt. Es sind an die fünfzehn bis zwanzig Kinder hier, doch Alexandra-Anita ist nicht unter ihnen.

Ich gehe zu meiner Schwester zurück, wo sich Alexander und Felix befinden. Helmut kommt ebenfalls. Er meint, Stephan habe ein schmuddeliges, aber immerhin das einzige Hotel weit und breit aufgetrieben. Er hat uns Geld gegeben und gemeinsam würden wir uns erst einmal Kleidung kaufen. Mein Bademantel ist inzwischen mit Blut verkrustet, von der Erde im Wald verschmiert. Das Haar zerzaust und noch voller Dreck aus dem Wasser.

Inzwischen ist es Nachmittag geworden. Man verteilt Essen an alle Anwesenden. Mir ist noch immer nicht danach. Im Erdgeschoss des Spitals sind provisorische Info-Tische aufgestellt worden, an denen Vertreter aus den verschiedenen Hotels sitzen. Die Vertretung für unser Hotel befindet sich außerhalb des Spitals am Parkplatz. Dort finden wir unter einem Schatten spendenden Baum einen Tisch, doch niemand ist da, der uns hätte weiterhelfen können. Wir gehen zur Information. Der Vertreter unseres Hotels würde im Spital herumschwirren. Wir sollten uns in eine Liste mit dem Namen der anwesenden und der vermissten Personen eintragen. Und den Namen unseres Urlaubshotels angeben. So entstanden die ersten provisorischen Listen, die man später im Internet, zwar mit vielen Fehlern behaftet, aber immerhin, finden würde. Wir bitten eine junge Dame hinter einem der Info-Tische darum, ihr Telefon benützen zu können. Ohne zu zögern, gibt sie es uns. Wir hatten von Stephans Handy aus bereits das erste Gespräch mit unserem Büro in Wien geführt, unsere Situation gemeldet. Helmut hat mit seiner Sekretärin gesprochen und ihr gesagt, sie möge die für unsere Familie wichtigsten Leute informieren. Das waren natürlich die Familie seines Partners und ein Teil meiner Familie, der in Wien wohnte. Und natürlich unsere Hausgehilfin und das Kindermädchen, die uns allein schon wegen des alltäglichen Zusammenseins sehr nahestanden.

Mein Vater befand sich in Serbien, meiner ursprünglichen Heimat. Von dort gingen meine Eltern, als ich gerade drei Jahre alt war, nach Wien. Damals wollte mein Vater nur einige Jahre etwas Geld verdienen und dann wieder in seine Heimat zurück. Für mich sollte Wien meine neue Heimat werden. Denn meine Schwester und ich wuchsen in Wien auf, fanden hier unseren Freundeskreis und waren der deutschen Sprache mächtiger als unserer ursprünglichen Muttersprache. Und doch fühlte ich mich von der südlichen Mentalität und ihrer Herzenswärme mehr angezogen als von der mitteleuropäischen kühlen Gesellschaft. Der südliche Menschenschlag ist anders. Weder besser noch schlechter, nur anders. Das soziale Gefüge, die herzliche Gastfreundschaft und der Familiensinn sind im Süden stärker ausgeprägt als im Norden. Im Innersten meines Seins fühlte ich mich in meiner wahren Heimat auch immer zu Hause. Wie lange ich auch fort war. Das Ankommen und Weggehen waren stets mit Wehmut verbunden. Auch wenn ich mir ein Leben in Serbien nicht vorstellen konnte, auch wenn mich mein Lebensweg, wie ich später noch erfahren sollte, aus meiner jetzigen Heimat für einige Monate im Jahr in eine weitere Heimat führen sollte. Mein Vater war bereits von meiner Schwester informiert worden.

Dieses Telefongespräch diente der Klärung erster bürokratischer Angelegenheiten, wie man uns Geld zukommen lassen sollte und wie der Reiseveranstalter auf unsere Situation aufmerksam zu machen war.

sich mit der Zentrale der Hotelkette in Verbindung zu setzen. Wir meldeten, dass wir vorläufig über das Handy unseres Freundes zu erreichen seien.

Stephan, Silvy, Helmut, die beiden Buben und ich verlassen schließlich das Spital, das sich am Rande der kleinen Stadt Takua Pa befindet. Wir fahren ins Zentrum, um uns Kleidung zu besorgen. Wir kaufen die notwendigsten Utensilien wie Kamm, Zahnbürste und Zahnpaste. Die Zahnbürsten schenkt uns die Verkäuferin zu den gekauften Hosen und T-Shirts. Die zwei Buben spielen auf ihre Art. Die gesamte Situation scheint an ihnen wie an einem Schutzpanzer abzuprallen. Beim Ein- und Aussteigen aus dem Auto schmerzt mein ganzer Körper erneut. Ich bin übernächtigt, will irgendwo ein Plätzchen, wo ich mich zurückziehen kann. Ein etwas komischer Wunsch. Ich spreche ihn nicht laut aus. Lasse es dabei bleiben, mich innerlich in die Stille zu begeben. Stephan hat seinen ganzen Fokus darauf gelegt, seine Frau Gaby so schnell wie möglich per Flugambulanz auszufliegen. Sein älterer Sohn, der sich zurzeit ebenfalls auf Urlaub befindet und um die Situation Bescheid weiß, unterstützt den Vater. Alle Kontakte, die über die Verwandtschaft bis hinein in die Politik reichen, werden mobilisiert. Wie sich am nächsten Tag herausstellen sollte, sehr erfolgreich, was auch bereits mehr als notwendig war! Gabys Leben scheint an einem seidenen Faden zu hängen.

Wir fahren wieder ins Spital. Inzwischen sind die ersten Fotografien von Leichen auf einer Pinnwand außerhalb des Spitals ausgesteckt. Ein grässlicher, schauderhafter Anblick. Diese Bilder sollten mich noch lange begleiten. Wohin man auch geht, begegnet man ihnen. Ich will nicht hinschauen, gehe dann doch! Was bleibt mir anderes übrig?

Der Anblick von Leichen ist kein Vergnügen. Der Anblick dieser aufgeblähten, verstümmelten Leichen erfordert starke Nerven. Die haben die Menschen hier am wenigsten. Doch ob schwach oder stark, diese Frage stellt sich nicht. Wie froh ich bin, gelernt zu haben, mir einen energetischen Schutz aufzubauen. Das sollte bald eine meiner am häufigsten ausgeübten Tätigkeiten werden.

Wir erkundigen uns wieder nach dem Vertreter des Hotels, wir finden ihn. Wir fragen ihn nach der Lage und wo die restlichen Leute untergebracht seien. Wir wollen wissen, was mit Kindern passiert. Er sagt, er sei dabei, alle Spitäler zu durchforsten und mit der Namensliste aus dem Hotel zu vergleichen. Wir lassen uns seinen Namen und seine Handynummer geben und vereinbaren ein Treffen für den nächsten Tag. Helmut will unsere Wertsachen aus dem Safe zurückbekommen. Schließlich waren dort neben unseren Pässen, Geldbörsen mit Bank- und Kreditkarten auch alle Schlüssel von zu Hause, vom Büro, von der Garage und einiges mehr. Im Erdgeschoss des Spitals sind Pinnwände aufgestellt, an die die Bilder vermisster Personen geheftet sind. Es sind meist Kopien von Fotos. In der überwiegenden Mehrzahl handelt es sich dabei um Fotos von Kindern.

Dann ist es an der Zeit, ins Hotel zu gehen. »Bis morgen«, verabschieden wir uns von Gaby und meiner Schwester. Im Erdgeschoss unseres Hotels, das jetzt Rezeption, Frühstücks- und Fernsehraum in einem ist, läuft der Fernseher. Am laufenden Band werden Berichte über den Tsunami ausgestrahlt. So erfahren wir, dass weitere Länder wie Sri Lanka, Indien und besonders die indonesische Insel Sumatra betroffen sind. Auf Sumatra wurde eine ganze Stadt, Banda Aceh, ausgelöscht. An die hunderttausend Menschen seien dort Opfer der Flut geworden. Ich will aufs Zimmer, mich waschen und mich hinlegen. Mein Fuß ist inzwischen wieder unerträglich schmerzhaft angeschwollen. Was ich mir noch nicht besorgt hatte, waren Schuhe, die die Wunden – anders als die Gummischlapfen – nicht immer wieder aufschürften. Ich bin für meine Müdigkeit dankbar. Ich bin über die Gelegenheit, mich waschen zu können, dankbar. Ich habe nun eine Unterhose und Binden. So lege ich mich ins Bett – und schlafe ein.

Am nächsten Morgen erzählt mir Helmut, er habe mit Einheimischen am Vorabend ausgemacht, gemeinsam mit mir nach Khao Lak zum Hotel zu fahren. Stephan würde mit Silvy und den Buben ins Spital fahren. So kommt es, dass wir in einem sehr komfortablen Jeep zusammen mit vier Personen Richtung Khao Lak losfahren. Die Besitzer sind reiche Thailänder. Wie wir erfahren, ist die junge Frau am Beifahrersitz die Tochter eines Hotelbesitzers in Khao Lak. Ihr Vater ist gestorben. Sie ist dabei, ihre Gäste nach den Kategorien »lebend«, »vermisst« und »verstorben« zu registrieren. Die Straßen sind voll mit Autos. In allen Richtungen bewegen sich immer wieder stockende Kolonnen. Also kommen wir nur sehr langsam voran. Irgendwann beginnen die Autos vor uns umzudrehen und zurückzufahren. Der Fahrer unseres Wagens bleibt stehen und fragt durch das Fenster, was denn los sei: »Der Weg nach Khao Lak ist wegen einer Sprengung gesperrt.« Also fahren auch wir zurück.

Inzwischen ist es bereits früher Nachmittag. Nachdem die anderen Mitfahrer bei unserem Hotel ausgestiegen sind, fragt man uns, wo wir hinwollten. »Ins Spital und am Weg dorthin vielleicht ein kurzer Stopp bei einem Schuhgeschäft«, sagen wir dankbar. Als wir im Spital zu meiner Schwester gehen, liegt in ihrem Bett eine andere Person. Wir machen uns zu Gaby auf. Auch sie ist weg. Stephan, Silvy und die Buben ebenfalls. Noch einmal gehen wir zu jenem Gang, wo sich meine Schwester gestern noch befunden hatte; wir wollen im Schwesternzimmer nach unseren Verwandten fragen. Doch es ist niemand hinter dem Glasfenster zu sehen.

In diesem Augenblick erblicke ich einen Zettel mit der Handschrift meiner Schwester, der auf dem Glasfenster klebt. Kurz und bündig lese ich: »Bin mit den Kindern in die Schweiz geflogen.« Ich denke im Stillen: »Das ist gut so. So sind die Kinder weg aus diesem Wahnsinnschaos. Wir können uns, ohne Rücksicht auf Alexander nehmen zu müssen, freier bewegen, uns umschauen nach Mami und Alexandra-Anita. Alexander ist in Sicherheit.«

Zu diesem Zeitpunkt denke ich noch gar nicht darüber nach, dass keiner von ihnen irgendwelche Dokumente besitzt. Keinen Lichtbildausweis. Nichts. Meine Schwester reiste auch tatsächlich ohne alles aus, ohne dass irgendjemand nachprüfen konnte, wer sie ist, ob diese Kinder denn zu ihr gehören oder nicht. Ungeprüft bleibt auch, in welchem Verhältnis sie zu ihr stehen – was unter den gegebenen Umständen nicht verwunderlich war, aber nichts an der Tatsache änderte, dass es möglich gewesen war, ohne jegliche Personenkontrolle auszureisen. Die offiziellen Stellen mussten darauf vertrauen, dass alles, was die Ausreisenden sagten – wer sie waren, in welchem Verwandtschaftsverhältnis sie zu eventuell mitreisenden Kindern standen etc. –, der Wahrheit entsprach. Das hätte auch anders sein können. Natürlich.

Ich bin erschöpft. Wir gehen auf die Straße. Müde lasse ich mich auf einer kleinen Betonmauer nieder. Ein Mann, der gerade vorbeigeht, fragt uns, ob er etwas für uns tun könne. »Es wäre nett, wenn Sie uns zum Hotel brächten«, danken wir. An der Rezeption gibt es Nachricht für uns. Auf einem Zettel lesen wir: »Fliege mit Silvy und Gaby mit der Ärzteflugambulanz nach Österreich. Teresa ist mit den Buben in die Schweiz unterwegs. Stephan.«

Toni

Die Zeit verrinnt. Es ist bereits Abend. Wir gehen auf die Straße, um uns in einem Geschäft eine Tasche für unsere Habseligkeiten zu besorgen. Im Geschäft fragt uns ein etwa dreißig Jahre alter Mann, ob wir Hilfe bräuchten. Hier in dieser kleinen Stadt sprächen die meisten kein Englisch. Er könne für uns übersetzen. Er sei Fremdenführer, heiße Toni und würde uns gerne behilflich sein. Helmut meint, wir würden gerne morgen früh nach Khao Lak fahren. So vereinbaren wir mit Toni, uns zu einem bestimmten Zeitpunkt zu treffen, und gehen aufs Zimmer.

Helmut legt sich auf das Bett, schaut an die Decke, wird ganz ruhig und sagt: »Alexandra ist wieder da. Sie zeigt mir Bilder. Es sind viele Menschen. Alles Einheimische, sie ist mittendrin.« Im nächsten Moment schlägt er mit der Hand aufs Bett und ruft mit verzweifelter Stimme: »Wenn ich sie nur orten könnte!«

In diesem Moment erscheint vor mir ein Name und ich sage laut: »Romana.« Eine seit ihrer Kindheit medial veranlagte Frau, von der ich wusste, dass sie Personen orten konnte. Helmut springt auf: »Ich gehe zur Rezeption, um im Büro anzurufen. Sie sollen Romana jeweils ein Foto von Niki und Alexandra-Anita mailen, sie um Hilfe bitten, erst dann telefoniere ich mit Romana.« Als er wiederkommt, schaut er mich an: »Ich habe es gewusst. Alexandra lebt. Niki kann sie leider nicht mehr finden.«

Von unserem Wiener Büro lassen wir uns an die Mailadresse des Spitals ein Foto von Alexandra-Anita senden. Es ist leider bereits ein halbes Jahr alt. Ich habe es im Büro neben meinem Computer stehen. Es gibt kein neueres. Ich denke nach und erinnere mich, dass die Fotos des gesamten vorherigen Jahres von der Digitalkamera auf den Computer kopiert worden sind. Die Digitalkamera ist vom Wasser fortgespült worden. Unsere beiden Laptops und unsere Videokamera ebenfalls.

Der Gedanke, alle Fotos des letzten Jahres einfach so verloren zu haben, schmerzt. Wir sind viel unterwegs gewesen. Wir waren Schi fahren, für ein verlängertes Wochenende in Tunesien, zu Ostern in Jordanien – Alexandras zweiter Geburtstag –, zwei Wochen in Serbien mit Niki, dann im Juni in der Türkei, im August in Thailand im Tao Garden, in unserem Haus, mit unseren Freunden, zu Helmuts Geburtstag im September erneut für einige Tage in der Türkei. All diese ein gesamtes Jahr beschreibenden Momentaufnahmen waren jetzt weg! Ich bin traurig und ärgere mich über mich selbst, über meine Fahrlässigkeit, sie nicht auf eine CD gebrannt und in Wien deponiert zu haben. Auf allen unseren Reisen begleitete mich stets mein Laptop, um so auch der Arbeit nachgehen zu können, unabhängig davon, wo wir uns gerade befanden. Die Bilder betreffend, sagte ich mir stets: »Irgendwann, wenn einmal etwas mehr Zeit ist, wenn ich die Bilder in Ruhe durchgehen kann.« Wie naiv, im Nachhinein betrachtet.

Am nächsten Tag wollen wir keine Zeit verlieren. Wir fahren ins Spital und lassen uns über die Mailadresse einer Holländerin, die als Krankenschwester aushilft, Alexandras Bild senden, drucken es nach langem Warten aus. Alle sind hier überfordert. Mit der Hand schreiben wir unter das Bild ihren Namen. Toni meint, wir könnten auch seine Handynummer angeben, was wir tun. Wir fahren dann noch zu einer fließend Englisch sprechenden jungen Thailänderin, die uns bei sich zu Hause noch Fotos in Farbe ausdruckt. Die Steckbriefe werden mehrfach kopiert.

Die Suche beginnt

Auf der Fahrt zum Hotel nach Khao Lak halten wir an mehreren stark frequentierten Stellen wie Polizeistationen, Tankstellen und Supermärkten an, hängen die Steckbriefe aus. Helmut hat sich inzwischen ein Handy besorgt. Von einer Tankstelle aus rufen wir unsere hellsichtige Romana an, um von ihr zu erfahren, wo sie Alexandra ortet. Sie meint, sie könne uns nur die Bilder, die sie empfange, schicken. Sie beschreibt ein Auto, das hinten eine Ladefläche hat. Darauf seien viele Personen. Alexandra neben einer jungen Thailänderin. Vorne habe es eine Kabine, in der der Fahrer sitze und ein Beifahrer Platz habe. Der Beschreibung nach sieht sie also einen Pick-up. Ein Auto wie fast jedes zweite hier. Hinten ist eine Ladefläche, die meist dem Transport von Gegenständen, Lebensmitteln oder eben auch Personen dient. In Thailand gibt es zwar Gesetze dafür, was, wer oder wie viel transportiert werden darf – aber nur am Papier. Helmut fragt Romana, ob sie eine Himmelsrichtung ausnehmen könne, in die sich das Auto bewege. Antwort: Es sei eine Kolonne in beiden Richtungen. Die Sonne scheine von hinten auf die Autos.

Tatsächlich sind die Straßen seit der Flutwelle überfüllt. Nicht nur Personentransporte, auch viele Hilfsorganisationen sind unterwegs. Jede Menge Militär und Einheimische aus ganz Thailand sind hier, um zu helfen. Alles ist in Bewegung. Die Straßen sind voller Gerümpel, mit allem, was man sich nur vorstellen kann. Bungalows wurden weggefegt. Bäume ausgerissen. Autos weggespült. Wo Hotels standen, sind jetzt nur mehr Gerippe derselben vorhanden. Und ein Lastkraftwagen nach dem anderen, auf dessen Ladefläche die Leichen der Opfer, in weiße Tücher gewickelt, abtransportiert werden, um fürs Erste in Tempeln untergebracht zu werden. Chaotische Verhältnisse in jeder Hinsicht und gleichzeitig ein rührendes Bemühen, dort zu helfen, wo bittere Not herrscht.

Ich fühle mich wie auf einen anderen Planeten versetzt, von wo aus ich das Geschehen mitverfolge. Die Sonne brennt erbarmungslos. Ich habe das Gefühl, dass meine nun unablässig aus den Augen strömenden Tränen sofort verdampfen und nur das Salz auf meiner Haut Krusten hinterlässt. Ich habe mich inzwischen auf die Straße begeben. Halte den Steckbrief in die Höhe. Der Gedanke, dass mein Mädchen an mir vorbeifahren könnte, strapaziert meine Nerven enorm. Am liebsten hätte ich jetzt Röntgenaugen, um in jedes Auto hineinschauen zu können. Die Fahrzeugfenster sind hier alle abgetönt. Was sich auch noch viele Male später als Hindernis, etwas im Autoinneren ausmachen zu können, herausstellen sollte. Auf den Ladeflächen halten die Menschen ihre Köpfe nach unten, um sich vor dem Fahrtwind zu schützen. Ich denke nach und hätte mir am liebsten eines von diesen Autos gemietet, die herumfahren und Alltagswerbung über Lautsprecher verbreiten. Doch woher sollte ich jetzt ein solches Auto bekommen?

Wir fahren weiter und kommen zum Hotel. Dieses befindet sich gut einen Kilometer von der Hauptstraße entfernt. Einige Aufsichtspersonen stehen herum. Wir begeben uns zur Rezeption. Dort sind zwei Geschäftsführer aus der Hotelzentrale in Paris, die gerade mit ein paar anderen eine Besprechung abhalten. Wir sagen, dass wir Gäste des Hotels seien. Sie geben uns freundlich die Hand. Bedauern das Geschehene. Zusammen gehen wir die Namensliste durch. Wir teilen mit, in welchem Zimmer der Sohn unserer Freunde gelegen ist. Geben seinen Namen an und berichten, dass die anderen bereits zurückgeflogen sind. Ich befestige den Steckbrief von Alexandra-Anita an einer Säule. Helmut will wissen, wo unsere Wertgegenstände aus dem Safe sind. Wir hätten mit dem Kontaktmann aus dem Spital einen Termin ausgemacht, zu dem dieser nicht erschienen ist. Als Antwort wird uns mitgeteilt, unsere Sachen seien nach Phuket in das Hotel, in dem sie stationiert sind, gebracht worden. Wir können sie dort abholen.

Wir wollen uns die gesamte Anlage anschauen. Sie geben uns einen

Mundschutz und Handschuhe. Man befürchtet, die Kontaminierung mit Schadstoffen, Viren und Bakterien ist zu groß. Es besteht Seuchengefahr. Mich lässt dies ziemlich gleichgültig. Doch die Männer bestehen darauf. Stehen sie doch selbst derartig vermummt hier herum.
Wir gehen in die von uns vor zwei Tagen noch bewohnten Zimmer. Man kann hinein, aber fast alle Möbel sind weggeräumt, wahrscheinlich im Rahmen der Suche nach vermissten Personen. Ich finde noch Shorts von mir, die an einem Nagel hängen geblieben sind. Mir ist nicht danach, diese vom Schlamm verklebte Hose mitzunehmen. Wir möchten vorgehen bis zum Strand, zum Restaurant, zu den Toiletten. Der Weg dorthin ist verschüttet mit Möbeln und allem möglichen Bauschutt. Vor dem Hotel im Meer machen sich Taucher an die Arbeit, um in Strandnähe nach Ertrunkenen zu suchen. Das Restaurant ist wie weggefegt. Kaum etwas davon ist noch sichtbar. Da es sehr offene Räumlichkeiten hatte, war es für die Wassermassen leicht, hier alles einzuebnen. Meine Schwester hatte mir gesagt, dass die Mama mit der Kleinen auf die Toilette wollte.
Die Toilette ist in Sichtweite des Restaurants. Dort sind die Wände teilweise niedergerissen. Innen ist alles leer geräumt. Wir begeben uns wieder zur Rezeption. Dort höre ich, wie Toni mich ruft: »Sana, komm her. Wir haben das Mädchen gefunden.« Ich schaue in seine Richtung. Will nicht wahrhaben, was er meint. Steht er doch inmitten am Boden liegender Leichen, alle in weiße Tücher gehüllt. Er winkt mich zu sich. Zeigt auf ein Tuch. Ich schaue ihn an, meine Augen blitzen auf. Ich möchte ihn anschreien. Stattdessen schaue ich stumm auf den Boden, sage: »Nein, dieses Kind ist größer. Viel größer. Es muss sich um ein sechs- bis siebenjähriges Kind handeln.« Mein Blick ruht noch auf dem Kind und ich spreche im Stillen die Worte: »Wer immer du auch bist, Gott möge dich segnen und all jene Lieben, die mit dir gegangen sind oder um dich trauern.«
Meine innere Kommunikation ist jetzt ständig aktiv. Etwas, was ich immer schon als Seligkeit empfunden habe. Diese Zwiesprache

mit dem himmlischen Vater. Ich habe das Gefühl, ihm stets nahe zu sein. Mich voll und ganz aufgehoben zu fühlen. Von ihm geliebt zu werden, ihn zu lieben. Zu vertrauen. Ich sage symbolisch von »ihm«, assoziiere damit den göttlichen Liebesfunken, die All-Liebe, die Ursache von allem.

Ich fühle mich keiner Religion verbunden. Hatte auch nie einen glaubensorientierten Unterricht. Ich ging in Wien zur Volksschule. Wenn Religionsunterricht war, hatte ich Freistunde. Mein offizielles Glaubensbekenntnis am Papier ist serbisch-orthodox. Meine Eltern pflegten an größeren Feiertagen in die Kirche zu gehen und zu Ostern zu fasten. Als sie von Serbien nach Wien zogen, ließen sie meine Schwester und mich schweren Herzens bei den Großeltern, den Eltern meines Vaters. Der Bauernhof der Großeltern befand sich in der Nähe unseres Elternhäuschens. Als meine Mutter nach zwei Monaten einen Brief von einer Freundin bekam, in dem diese schrieb, dass sie uns auf den Treppen unseres Häuschens vor dessen verschlossener Tür spielend vorgefunden habe, war sie in Tränen ausgebrochen und hatte beschlossen, uns zu holen.

Mein Zustand war für mich unerträglich. Es war mir klar, immer und immer wieder, dass ich die Ursache alles Vorgefallenen in mir zu finden hatte. Theoretisch gab es da nichts daran zu rütteln. Immer wieder erschienen vor mir und in mir die Sätze: »Alles hat einen Sinn. Nimm an.« Doch da war noch eine andere Seite. Nicht, dass sie widersprach. Nein, sie konnte und wollte sich mit der ganzen Situation nicht abfinden. Wie heißt es doch: Dein Wille geschehe. Wozu dann all das hier? Wozu diese Ohnmacht? Diese innere Verzweiflung, die jeder Zelle meines Körpers stechende Wunden zufügte? Diese aus der Ohnmacht entstandene Angst, so willkürlich mich mit der Situation abfinden zu müssen. Nein, ich wollte und konnte es nicht. Als Kind Gottes hat er mir die Macht übertragen, schöpferisch zu wirken. Der Glaube ist es, der bewirkt. Schon Jesus sagte: »Dein Glaube hat dich geheilt.« Nein, wir brauchen ihn nicht als Vermittler. Wenn der Glaube so stark ist, dann passiert das Unglaubliche. Dessen war und bin ich mir sicher. Er hält sich an sein Wort. An ihn hatte ich auch keine Fragen. Mir selbst stellte ich diese. Es gab so viele davon. So unendlich viele. Sie fragten nicht »warum?«, sie fragten »wozu?«. Welche Botschaften waren enthalten? Welche war ich bereit zu hören? Welche schob ich außerhalb meiner Sicht- und Hörweite? Irgendwann würde ich hinschauen können. Annehmen. Verstehen. Danken. Jetzt aber nicht. Noch nicht. Zu vieles war für mich noch offen. Zu frisch war das Vorgefallene.

Toni meint, wir sollten nach Phuket zur City Hall. Dort seien inzwischen alle offiziellen Vertreter der betroffenen Länder vor Ort, viele Fernsehstationen und sämtliche Hilfsorganisationen. Seit wir Toni begegnet sind, habe ich ein Gefühl der Sicherheit, das Gefühl, sicher geführt zu werden. Geführt von der geistigen Welt, die uns jemanden geschickt hat für die nächsten Schritte. Nicht, dass mir Toni besonders sympathisch ist. Besonders nach dem Vorfall im Hotel. Sein Auftreten ist geradezu autoritär. Er scheint sehr selbstbewusst zu sein. Gehört er doch zu den besser situierten Thailändern. Das, was ihn für uns auszeichnet, sind seine Kenntnisse darüber, wo wir und wie wir die nächsten Schritte machen sollten. Als Touristenführer kennt er sich sehr gut aus. Kennt die Gegend um Khao Lak wie seine Westentasche, lebt in Phuket und weiß auch dort um jede Straße Bescheid. Er hat ein altes, etwas klappriges Auto, in das wir einsteigen und mit dem wir uns auf den Weg nach Phuket machen. Es sind an die hundert Kilometer bis dorthin und es ist bereits dunkel, doch der Verkehr staut sich noch immer.

Es dauert an die vier Stunden, bis wir schließlich gegen 10.00 Uhr abends vor der City Hall ankommen. Hier scheint ein Vierundzwanzig-Stunden-Betrieb zu herrschen. Zelte sind aufgestellt. Darunter reihenweise Tische mit Infoständen. Ein Polizist kommt uns entgegen. Wie sich herausstellt, ein Touristenpolizist, der aus Bangkok hierher berufen worden ist. Früher war er Entertainer im Fernsehen. Wir schildern ihm kurz unsere Situation. Er reagiert schnell. Geht mit uns zur größten Fernsehstation Thailands. Man interviewt uns, er übersetzt. Man spürt, dass hier eine medienversierte Person agiert. Wir kommen auf Sendung. Ich halte das Bild unserer Tochter vor die Kamera.

Er geht zu einem weiteren Sender. Dort kommen wir ebenfalls auf Sendung.

Danach stellt er uns einer Person aus dem königlichen Haus vor. Mit ihr sind wir bis heute in Liebe verbunden: Kunying ist eine Verwandte des Königs, die mit ihrer Tochter als freiwillige Helferin für viele Anliegen nach Phuket gekommen ist. Wir schildern ihr unsere Geschichte bis ins Detail. Sie strahlt so viel Wärme, Verständnis und Hilfsbereitschaft aus. Wir erzählen ihr auch von unserer hellsichtigen Romana, davon, dass diese unser Mädchen zusammen mit Einheimischen gesehen hat. Sie fragt, wo Romana denn Alexandra zurzeit gerade vermute. Wir schlagen ihr vor, mit Romana persönlich zu sprechen. Helmut ruft Romana an und gibt nach kurzer Einleitung das Telefon an die Hoheit weiter. Romana beschreibt die momentane, von ihr aus sichtbare Situation sehr genau. Alexandra sei in einem etwa zehn Meter langen Haus, das im Grunde nur aus einem einzigen Zimmer bestehe. Es sei massiv, aus Ziegeln gebaut. Die Wände seien kahl, keine Farben seien zu sehen. Leute lägen am Boden. Es sei sehr still, das Haus liege sicherlich nicht an einer Hauptstraße. Im Haus gebe es keine Elektrizität; von außen sei auch kaum Licht zu sehen. Kunying macht Notizen, meint danach, dass es eine unglaublich präzise Beschreibung gewesen sei. Dabei war Romana in Österreich, in der Nähe von Graz zu Hause. Kunying geht mit uns noch in ein Spital, um nachzufragen. Ihre Tochter erkundigt sich außerdem, ob wir psychotherapeutische Betreuung wünschten. Ich verneine dankend. Ich habe den besten Psychotherapeuten in mir.

Wir wollen uns am nächsten Vormittag in der City Hall treffen. Alle Hotels sind voll. Toni meint, wir könnten bei ihm schlafen. Er hat seine Frau bereits informiert. Wir bekommen das Zimmer ihrer

Kinder zur Verfügung gestellt. Sie haben drei Buben. Seine Frau ist sehr zierlich und von liebenswürdiger Natur mit warmen Augen. Die Rollen sind in der Familie genau geregelt. Sie ist für Heim und Familie, er für den Unterhalt des Heims und der Familie zuständig. Es ist weit nach Mitternacht. Endlich liege ich todmüde auf der Matratze am Boden, bitte um und danke der himmlischen Welt für ihre Führung und Hilfe. Vor lauter Müdigkeit spüre ich meine Schmerzen kaum.

Am nächsten Tag fahren wir zurück zur City Hall. Begeben uns zu den Vertretern der Botschaften. Der österreichische Botschafter ist nicht anwesend. Aber es gibt eine Vertretung. Wir reden kurz übers Handy mit dem Botschafter und gehen dann zu Kunying. Toni bekommt einen Anruf. Nachdem er aufgelegt hat, sagt er, es sei ein Arzt aus Chiang Mai gewesen, der in Khao Lak als Volontär arbeite. Er habe das Foto unseres Mädchens im Fernsehen gesehen und Alexandra erkannt. Sie sei in Khao Lak. Wir schauen uns an. Ich atme ein, atme aus. Freude steigt in mir auf. Ich umarme Kunying. Wir setzen uns sofort ins Auto und machen uns auf den Weg. Ich kann es kaum erwarten. Ermahne mich selbst, Ruhe zu bewahren. Wir reden fast nichts. Wollen nur, dass die Zeit so schnell wie möglich vergeht. Wir kommen zu dem besagten Platz, an dem sich viele Ärzte tummeln. Toni fragt nach dem Arzt, der mit ihm gesprochen hat. Dann bedeutet er uns, ihm zu folgen.

Wir gehen los und im selben Augenblick erstarrt jedes Gefühl in mir. Diesmal liegen auf dem Boden noch mehr Reihen in weiße Tücher gehüllter Leichen. Und diese Reihen sind lang. Ich folge Toni wie ferngesteuert. Helmut geht vor mir. Irgendwann bleiben wir dann stehen. Toni spricht mit dem Arzt und sagt, die Leiche sei in den Tempel nach Takua Pa gebracht worden. »Wie weit entfernt ist Takua Pa?«, frage ich. »Etwa eine Stunde.« Den Trubel um mich herum nehme ich nicht wahr. Da sind Kameraleute, sie filmen. Unter einem großen Zelt hat man bereits Computer aufgestellt. Ich frage, ob man sich am Computer die Opfer ansehen könne. »Ja«, meint ein Assistent. Er setzt sich an den Computer. Die Bilder von umgekommenen Erwachsenen erscheinen am Bildschirm. Manche sind kaum zu erkennen. Er meint, man könne auch nach Kindern suchen.

Ich stehe hinter ihm und betrachte ein Foto nach dem anderen, jetzt sind es Bilder von Kinderleichen. Von Buben und von Mädchen verschiedenen Alters, ihr Anblick schmerzt, seelisch, körperlich. Hinter uns werden Paletten mit Hilfsgütern gestapelt. Ein Gefühl von enormer Menschlichkeit breitet sich in mir aus. Ich nehme wahr, was hier an Arbeit geleistet wird, ein Einsatz unter so schlimmen Bedingungen, dass jedes Wort, ihn angemessen zu benennen, fehlt. In diesem Moment höre ich die Stimme in mir: »Sana, du hast hier nichts verloren.« Ja, gefühlt habe ich es, doch das Hin-und-her-gerissen-Sein, das Gefühl, sich im luftleeren Raum zu befinden, und die unendliche Angst zu fallen, ließen meine Stimme leise werden.

Ich hatte bereits seit Tagen, wo immer ich hingekommen war, so wie auch in diesem Moment, meine Schutzkugel um mich aufgebaut. Wir hatten diese Methode bereits vor Jahren bei Romana gelernt. Jetzt war es so, dass ich Schutzkugel um Schutzkugel bildete. Hier in dieser Leichenhalle unter freiem Himmel war es so, als ob ich die Seelen der Umgekommenen in der Luft förmlich greifen konnte. Sie waren präsent. Umhüllten und füllten die vermeintlich luftleere Atmosphäre. Elektrizität schwirrte dort, wo angeblich nichts zu sehen war. Obwohl sich die Luft kaum bewegte, schien sie stark aufgeladen zu sein. Die erbarmungslose Hitze trug ihren, die Situation zusätzlich erschwerenden Teil dazu bei.

Wieder: »Sana, du hast hier nichts verloren.« »Ja«, danke ich und spüre die Notwendigkeit, diesen Ort wieder zu verlassen. Toni und Helmut beschließen, zum Tempel nach Takua Pa zu fahren. Ich stimme zu. Was hätte ich sonst tun sollen, obwohl es mich nicht dorthin zieht. Ich frage Toni, weshalb er nicht gleich gesagt habe, was uns erwarten würde. Er sieht mich nur stumm an. Ich verstehe ihn.

Wir bleiben gegenüber dem Tempel stehen. Steigen aus. Der Gestank nach Verwesung ist unerträglich. Helmut meint, er gehe hinein. Für den Dank, den ich ihm gegenüber in diesem Moment empfinde, gibt es kein Wort. Ich setze mich ins Auto, habe noch vor der Fahrt aus Phuket einen kleinen Notizblock als Geschenk für mein Mädchen gekauft. Ich beginne zu schreiben. Jeder Gedanke, jedes Gefühl befindet sich außerhalb von mir. Ich schreibe an sie. Verrückt werden kann ich später immer noch.

30.12.2004 – 18.00 Uhr

Liebe Alexandra-Anita!
Mama und Papi lieben dich. Kannst du dir vorstellen, wie sehr wir dich lieben? …

Ich schreibe ihr alles, was wir seit der Flutwelle erlebt haben. Ich nenne sie mit all ihren ihr von uns zugedachten Kosenamen: Mausi, süßes Wollknäuel, großes Mädchen, kleiner Buddha …

Es ist inzwischen dunkel geworden. Es dauert lange, unendlich lange, bis Helmut zurückkommt. Ich steige aus dem Auto, schaue ihn an. Er schaut mich an. »Ich habe unterschrieben. Sie haben die Kiste versiegelt.« – »Du hast sie erkannt?« – »Zu 97 Prozent. Es ist kein Licht drinnen gewesen. Sie hatten außerdem nur Taschenlampen und ich keine Brille. Das Mädchen hatte Locken. Die Leiche ist so entstellt!«
Er muss noch einmal hinein, um die Formalitäten abzuschließen. Ich frage, ob ich mitgehen solle. Nein, er mache das schon. Er ist stark. Gott, nur du weißt, wie sehr ich ihm für diese Stärke jetzt danke.
Ich schreibe weiter. Inzwischen rinnt mir der Schweiß aus jeder Pore. Ich spüre, wie mir das Haar nass über die Schultern fällt. Das salzige Wasser rinnt mein Schienbein entlang bis in die Schuhe hinein. Die Scheiben sind angelaufen. Auch an ihnen rinnen Wassertropfen entlang.

Mein Herz weigert sich zu akzeptieren. Was war das all die Tage, wo Romana und Papi sie sahen? Ich frage sie: »Mausi, hast du die Entscheidung, so früh zu gehen, tatsächlich getroffen? Wenn ja, so hast du als Seelenwesen wohl das Recht dazu. Doch ich sage dir, es schmerzt. Es tut so weh. Vielleicht auch, weil du gar so anders bist. Mit deinen Augen voller Liebe, so klein und schon so selbstständig, so hilfsbereit, so geschickt, so gesprächig, so offen und lebendig. Papi sagte immer: ›Das Mädi ist etwas Besonderes.‹ Deshalb fällt es mir schwer, dich im anderen Seelenreich zu meinen. Was meinst du, ist das ein egoistisches Denken? Was willst du uns beibringen? Was dürfen wir von dir lernen? Du große, weise Seele, du hast uns schon jetzt so viel gelehrt.«

Ich konnte ganz einfach mit ihr im Ton eines großen Kindes sprechen. Denn mit ihren zweieinhalb Jahren verfügte sie bereits über einen enormen Wortschatz. Zum Papi hatte sie ein inniges Verhältnis. Wann immer sie morgens aufwachte, rief sie ihn. Geistig. Er hörte sie und kam ihr entgegen. Das Köpfchen auf seiner Schulter liegend, wachte sie, in so bedingungsloser Liebe aufgehoben, auf, während er mit ihr auf seinem großem ledernen Drehstuhl sanft und langsam hin- und herschwang.

Es ist wieder nach Mitternacht, als wir in einem von unserem Reiseveranstalter aus Wien organisierten Hotel eintreffen. Wir haben für den nächsten Abend einen Flug nach Wien gebucht. Da es in Österreich erst gegen 19.30 Uhr ist, rufen wir Romana an und erzählen ihr alles. Sie sagt, Alexandra-Anita sei ganz sicher am Leben. Sie schlafe jetzt. Sie spüre ihr warmes Blut. Ihr Kreislauf sei intakt. Ihre Atmung funktioniere. Das Mädchen im Sarg sei ein anderes Kind. Es tut mir gut, dies zu hören. Gleichzeitig denke ich daran, dass jedes Kind eine Mutter hat und der Verlust des Kindes ein schweres, schmerzliches Gefühl und viele Wunden hinterlässt.

Wir haben jedenfalls die Entscheidung getroffen, vorerst einmal zurückzufliegen. Wir sind beide so ziemlich am Ende unserer Kräfte und Nerven. Romana meint, das Chaos sei gerade gewaltig. Wir sollten heimkommen und abwarten, bis sich die Situation beruhigt habe. Sie spüre, wenn sie sich geistig in den Körper von Alexandra-Anita begebe und sich mit der Erde verankere, wie diese bebe. Im Normalfall könne sie das Mädchen orten, aber das starke Beben in der Erde mache es ihr unmöglich, sich zu verankern. Da sich im nächsten Moment die Himmelsrichtung ändere und sie, für uns vorstellbar, hinauskatapultiert werde. Es koste sie sehr viel Kraft. Ihr Kopf sei nach einem solchen anstrengenden Akt ganz dumpf. Sie werde mit jemandem Kontakt aufnehmen, der gut im Orten mit Hilfe von Pendeln sei. Zurzeit sei dieser Mann aber nicht erreichbar.

Für den nächsten Tag haben wir eine Verabredung mit den Hotelleuten wegen der Übergabe unserer Dokumente. Das Hotel befindet sich am Patong Beach. Wir werden zum Frühstück eingeladen. Ich habe seit Tagen nichts gegessen. Mir ist auch jetzt nicht danach. Besonders, da ich das Gefühl habe, mich in einer verkehrten Welt zu befinden. Diese Leute hier um mich herum können unmöglich dieselbe Luft atmen wie ich. Ich beobachte ein Pärchen, das mit seiner bereits erwachsenen Tochter beim Frühstück sitzt. Gemütlich trinken sie ihren Kaffee, essen genussvoll ihre Papaya, Croissants, Eierspeise und packen nebenbei einiges an Obst und belegten Broten für eine Zwischenmahlzeit am Strand ein – nehme ich einmal an und bin überrascht, dass mir diese Nebensächlichkeit überhaupt auffällt.

Endlich erscheint einer der Mitarbeiter des Hotels mit einem Plastiksack. Wir gehen hinaus auf den Parkplatz, bekommen wieder Mundschutz und Plastikhandschuhe ausgehändigt. Ich öffne den Sack am Boden und entnehme ihm unsere Pässe und Geldbörsen. Die Pässe von Helmut, Alexander, meiner Mutter und mir sind vorhanden. Der Pass des Mädchens fehlt! Den Geldbörsen wurde alles Bare entnommen. Die Kreditkarten sind noch da. Inzwischen hat sich eine deutschsprachige Reporterin und Fotografin zu mir niedergekniet. Fragt, ob sie ein Foto machen dürfe. Ich verneine. Sie meint, sie werde nur ein Foto von den Dokumenten machen. Es ist mir egal. Wenn sie will, dann soll sie. Sie bohrt weiter und sieht in meiner Tasche, in die ich die Dokumente verstaue, den Steckbrief von Alexandra-Anita. »Ja, sie ist meine Tochter«, sage ich. Ob ich noch jemanden vermisse, will sie wissen. »Meine Mutter.« »Es tut mir sehr leid«, sagt sie noch, und ich sehe, sie meint es auch so. Das ist alles an Information, die ich von mir gab. Was jedoch später alles in den Zeitungen zu lesen war, war von den Redakteuren zusammengereimt und mit dem Bild von mir, wie ich am Boden knie, aufgebauscht. Natürlich hatte die Reporterin auch mich fotografiert. Wer eine Story interessant machen will, muss auch zu eher linken Mitteln greifen. Das gehört nun einmal zum Job einer Journalistin.

Tabuthemen in der Medienlandschaft

Man kann es ihr auch nicht verübeln. Ich selbst bin Journalistin. Seit neun Jahren Chefredakteurin einer vierzehntägig erscheinenden Konsumentenzeitung. Deren Themen sind nicht dieselben wie in anderen Zeitungen. Es gibt keine Politik und keine Tagesnachrichten. Unsere Themen sind konsumentenorientiert. Es gibt Themen wie Aktuelles, Kultur, Bauen und Wohnen, Reisen, Gesundheit, Lifestyle, Tiere und Motor. Im Laufe der Jahre verfolgten wir immer mehr eine ganzheitlich orientierte Linie. Wir bemühen uns um objektive Information. Da wir viel hinterfragen, sind wir für viele ein unbequemes Blatt. Besonders wenn es Tabuthemen wie Impfungen, Elektrosmog, Alternativmedizin, Gentechnik und viele mehr angstfrei aufgreift und behandelt. Hinter diesen Themen stecken wirtschaftliche Interessen mächtiger und kapitalstarker internationaler Konzerne.

Das Arbeiten an unserer Zeitung wurde immer mehr zum wirtschaftlichen Überlebenskampf. Wir rotierten rund um die Uhr. Unser bevorstehender Weihnachtsurlaub sollte uns Klarheit verschaffen, wie lange wir noch derart Kräfte raubend weitermachen wollten, oder vielmehr konnten. Denn die Zeit, die wir im Geschäft verbrachten, fehlte uns privat. Wir hatten das Gefühl, dass wir mehr funktionierten als wirklich lebten. Das Privatleben kam zu kurz. Viel zu kurz. Keine Zeit für die Familie, keine Zeit für die eigenen Bedürfnisse. Immer öfter hinterfragten wir den Sinn unserer Arbeit, obwohl sie mir persönlich im Prinzip viel Spaß machte. Ich liebe es, mit Menschen zusammen zu sein. Ich liebte die Mitarbeiter. Jede neue Ausgabe unserer Zeitung war für uns in der Redaktion wie die Geburt eines Kindes, das wir nach anstrengender Arbeit mit Freude in Empfang nahmen. Allein das Lob und die große Resonanz bei den Lesern machten uns immer wieder Mut. Sollte es jedoch nicht zu Veränderungen kommen, wäre es nur eine Frage der Zeit, bis wir unser Medium würden einstellen müssen. Dieser Umstand war zu einer Tatsache geworden. Was wir nicht ahnten, war, auf welche Art und Weise uns das Schicksal diese Überlegung abnehmen würde, nämlich so, wie wir es uns nie und nimmer vorgestellt hatten.

Vor Ort in Phuket

Doch zurück zu meiner Erzählung. Nach der Übergabe unserer Reisepässe fahren wir zur österreichischen Kriminalpolizei, wo wir einen DNA-Test machen. Wir haben keine Ahnung, wie so etwas abläuft, und sind beruhigt, als man nur mit einem langen dünnen Wattestäbchen unseren Mundspeichel abnimmt. Wir sind die Ersten – und der zuständige Kriminalbeamte bittet um Verständnis dafür, dass er noch so seine Anfangsschwierigkeiten mit dem Computerprogramm hat. Er kommt aus Vorarlberg, dem kleinsten Bundesland in Österreich, und es ist eine Freude, sich mit ihm zu unterhalten. Seine menschliche Art erleichtert diese bedrückende Angelegenheit sehr. Wir erzählen ihm von der Kiste mit dem Leichnam, die sich im Tempel von Takua Pa befindet. Er will sofort ein Team ausschicken, um die Leiche zu identifizieren. Endlich sind alle Daten eingetragen und das Formular ist ausgefüllt. Wir bitten ihn, uns, sobald er mehr weiß, sofort zu informieren. Danach nimmt die Odyssee mit der Kiste ihren Lauf. Die ganze Angelegenheit zu hinterfragen, kam mir erst später, sehr viel später in den Sinn.

Wir sind auf unseren Heimflug eingestellt. Fahren mit Toni noch zur City Hall, um uns von David und Kunying zu verabschieden. Ich umarme Kunying wie eine gute Freundin. Sie sieht mich an und sagt in ihrer sanften mütterlichen Art: »Sana, ich werde dich, sobald wir mehr wissen, informieren. Ich freue mich, dich bald wieder empfangen zu können. Pass auf dich auf. Du brauchst jetzt viel Kraft. Sei mutig. Alles wird gut.«

Irgendwie war zu spüren, dass die Geschichte hier erst begann. Trotz ihrer adeligen Herkunft war Kunyings Verhalten frei von Allüren. Der Respekt, der ihr entgegengebracht wurde, war schon in der Art der Wortwahl, mit der die Menschen ihr begegneten, zu spüren. Welche Macht sie tatsächlich hatte, sollten wir noch erfahren. So sorgte die geistige Welt bereits zu diesem Zeitpunkt für einen strahlenden Diamanten, von denen wir noch einige anziehen würden.

Wir werden geführt. Geführt von jener unsichtbaren Quelle, deren Liebe nie versiegt. Auch wenn so manches Vertrauen, das ich mit in die Wiege gelegt bekommen hatte, jetzt auf wackeligen Beinen stand: Der geistigen Führung war ich mir stets sicher. Mein erster Atemzug, als ich mich aus den Tsunami-Fluten befreien konnte, erfolgte mit dem gleichzeitig zu spürenden Vertrauen im Herzen, dass wir selbst in Leid, Pein und Todesgefahr der göttlichen Führung sicher sind. Der tiefere Sinn dahinter blieb mir in jenen Tagen noch verborgen. Was damals blieb, war ein Herz, das Schmerz empfand, wie ich ihn in dieser Intensität bis dahin nicht gekannt hatte.

Ich war es gewohnt, meine Gefühle für mich zu behalten. Jene, die meine Seelenwelt betrafen. Allein meine Augen vermittelten einen vagen Ausdruck dieser stummen Seelenwelt. Unmöglich, in mir wie in einem offenen Buch zu lesen. Für andere hatte ich immer ein offenes Ohr. Freute mich, wenn ich als geistiger Übersetzer zwischen Himmel und Erde dienen durfte. Fühlte innerlich enorme Dankbarkeit, so manchem Herzen bei der Öffnung für die feineren Schwingungen des Universums helfen zu dürfen, zur Liebesfähigkeit der anderen und jener mir selbst und anderen gegenüber beizutragen. Unabhängig davon, ob in der Beziehung zu den Mitarbeitern oder zu lieben Bekannten und Freunden. Besonders in der Firma ergab sich allein schon durch die Themenvielfalt, die eine Konsumentenzeitung bietet, ein intensiver Meinungsaustausch mit den Mitarbeitern. Der hohe Anspruch, den wir uns als Team selbst setzten, bedurfte immer wieder eines Hinterfragens unserer jeweiligen Themen.

Helmut und ich befinden uns am Flughafen von Bangkok in der Lounge von Lufthansa und Austrian Airlines. Nach der Landung unseres Flugs aus Phuket gehen wir durch die lange Transithalle bis zur Lounge. Es herrscht eine geschäftige, laute und hektische Atmosphäre, die mich befremdet. Diese abgestumpfte Welt vermittelte menschliche

Kälte. Abstrus und wahnwitzig, so fühlten sich wohl die junge Frau und ihr Begleiter, die uns schräg gegenübersaßen. Sie hatten noch das grüne Spitalsgewand an, da sie alles verloren hatten. Ja, alles Materielle. Doch nur das Unersetzbare, ihr Leben, war von wahrem Wert. Jede Äußerung von anderen, sie hätten all ihr Hab und Gut verloren, lockte mir nur ein müdes Lächeln ab.

Das junge Pärchen ist jedenfalls fassungslos darüber, dass die Uhren weiterticken, als sei nichts geschehen. Wie Außerirdische erscheinen sie, umgibt sie die Aura des Entsetzens über das Erlebte. Zwei Sitze weiter sitzt ein geschäftiger Unternehmer im Businessanzug, neben sich den Aktenkoffer, und trägt noch schnell einen per Handy ausgemachten Termin in seinen Terminkalender ein. Ich denke darüber nach, dass all dies der Normalfall und das Alltägliche meiner Welt ist. Immer diszipliniert, immer funktionieren – so wahrt die Außenfassade den Schein. Der Motor ist gut geschmiert. Etwas ablenkende Dekoration verstärkt den Schein und führt jeden Zweifel, jede Frage nach der Sinnhaftigkeit ad absurdum. Nur das Individuum selbst weiß manchmal um den Selbstbetrug. Doch es ist nur eine Frage der Zeit, bis die Wahrheit ans Licht kommt. Hier heißt es, einen neuen Durchblick zu bekommen, jenen, den uns die geistige Welt durch so manche Botschaft erahnen lassen wird.

Ein älteres Ehepaar, mit dem wir aus Wien abgeflogen sind, betritt die Lounge. Mir wird wieder bewusst, dass ich ohne meine geliebten Personen zurückfliege. Das Brennen dieses Schmerzes im Herzen erfasst jede Zelle meines Wesens. Wieder wird mir bewusst, wie ohnmächtig ich in dieser ganzen Situation bin. Was kann ich anderes tun als annehmen?! Für den Verstand ist hier und jetzt kein Platz. Der Wille mag ebenso verblassen. Allein die Hoffnung trägt.

Wir fliegen durch die Nacht. Wir haben im Büro angekündigt, dass wir kommen. Sebastian, Helmuts Jugendfreund und Partner, kommt uns mit seiner Frau Kristina und seinem Sohn abholen. Gegen 5.30 Uhr landen wir in Wien. Auf dem Weg zum Ausgang erhält Helmut eine Nachricht vom Kriminalbeamten aus Phuket. Er informiert uns, dass die Kiste mit der Leiche nicht mehr im Tempel gewesen sei, als seine Leute ankamen. Sie sei weg. Er würde sich erkundigen und uns dann wissen lassen, was vorgefallen sei.

Unsere Ankunft in Wien

Wir haben kein Gepäck, gehen daher gleich in Richtung Empfangshalle. Ich erblicke Sebastian, der uns entgegenkommt. Er nimmt mich in die Arme und sagt: »Dein Vater und Verwandte sind da.«

Ja, jetzt sehe ich sie. Etwas abseits stehen sie. Ich hatte mir doch vorgenommen, nicht zu weinen.

»Vater. Vater ...« In Tränen aufgelöst, fallen wir uns in die Arme. »Mein Kind, es ist so schön, euch zu sehen«, ist alles, was er stockend und mit Tränen im Gesicht herausbringt. Wir umarmen auch meine Tante, meine Cousine und ihren Freund. Außerdem ist unsere Haushälterin mit ihrem Mann und dem jüngsten Kind gekommen. Und unser lieber Freund Paul steht ebenfalls da.

Ich habe mich wieder gesammelt. Da kommt ein Fernsehteam und fragt, ob ich einige Fragen beantworten würde. Ich will zuerst ablehnen, doch wer weiß, vielleicht ist es für unsere Maus von Nutzen. Sie fragen, wo wir auf Urlaub gewesen seien, ob wir jemanden vermissen würden ...

Einige fahren mit uns nach Hause. Es tut gut, so liebe Freunde um sich zu haben. Wir schildern das bisher Erlebte. Diese inneren Bilder nach außen zu bringen, erleichtert ein wenig. Wir haben auch Fotos von der Hotelanlage nach dem Tsunami mit. Diese machten wir mit Tonis Kamera, als wir mit ihm zum Hotel fuhren, um uns vor Ort noch einmal umzuschauen und um nach unseren Dokumenten zu fragen. Bilder, die ich mir, wie ich beim Schreiben dieser Zeilen feststelle, nie wieder angeschaut habe. So wie all die Zeitungsberichte und viele Bilder mehr, die wir noch später von der Gegend in den Bergen von Khao Lak bis nach Phang Nga machen sollten. Es gab kein Bedürfnis, sie anzuschauen. Was wir durchlebt hatten, war erledigt.

Da ich noch immer sehr viel Schleim ausspucke, entscheiden wir, dass ich mit Kristina ins Allgemeine Krankenhaus fahre, um mich durchchecken zu lassen. Es ist Neujahr, und so früh am Vormittag ist auf der Erste-Hilfe-Station noch wenig los. Der Arzt meint, ich solle mich in der HNO-Abteilung untersuchen lassen, denn die Lungen seien dem Röntgenbild nach in Ordnung. Die HNO-Ärztin verschreibt mir Antibiotika, die ich die nächsten zehn Tage unbedingt einnehmen soll. Unter den gegebenen Umständen gedenke ich, diese Anweisung zu befolgen. Innerlich fühle ich jedoch eine starke Abwehr, da ich prinzipiell gegen Antibiotika oder überhaupt gegen Medikamente bin. Die Medikamente brachten keine Besserung. Wegen meiner Überempfindlichkeit bekam ich sogar einen Ausschlag am Rücken. Der Weg zu meiner Homöopathin wäre, wie ich noch ein Jahr danach feststellte, der, langfristig betrachtet, vernünftigere gewesen. Zu Hause ist Stephan bei uns. Er kommt gerade von Gaby aus dem Krankenhaus. Sie liegt auf der Intensivstation. Ihr Zustand ist stabil, doch wird sie ständig beobachtet.

Wir rufen meine Schwester in der Schweiz an, um nach Alexander zu fragen. Sie liegt im Spital. Die Kinder sind bei Felix' Vater. Sie haben inzwischen viel im Schnee unternommen. Wurden gut umsorgt und verwöhnt. Alexander hat Schuhe, Hose und Pulli bekommen. Die Fürsorglichkeit der Menschen um sie herum und eine intakte Umgebung vermitteln ihnen das Gefühl, dass die Welt doch noch in Ordnung ist.

Wir sehnen uns nach Alexander und so organisieren wir noch am selben Abend einen Flug für unseren Buben zurück nach Wien.

Bevor wir zum Flughafen fahren, kommen noch Monika, unser Kindermädchen, und ihr Freund auf Besuch. Sie hat noch Urlaub, da ja geplant war, dass wir erst zu Schulbeginn wieder zurück in Wien sind. Wenn wir sie bräuchten, bliebe sie sofort hier, meint sie ganz selbstverständlich.

Monika ist bereits fünf Jahre bei uns. Alexandra-Anita nennt sie immer liebevoll Aniti. Monika freute sich so sehr auf die Geburt Anitis, denn sie selbst wünschte sich immer ein Mädchen. Als ich während der Schwangerschaft zum ersten Ultraschall ging, um das Geschlecht des Babys feststellen zu lassen, gingen sie, Alexander und Helmut mit. Sie setzte sich neben mich aufs Bett, nahm Alexander zu sich und sagte, noch bevor die Untersuchung begann: »So, jetzt schauen wir uns deine Schwester an.«

Monika machte ihr immer kleine Zöpfchen, steckte viele bunte Spangen in ihr Haar. Sie wurde von den Kindern geliebt, da sie stets gut gelaunt, unternehmenslustig und fantasiereich war.

Als Alexander am Flughafen ankommt, übergibt ihn uns eine Stewardess. Die vielen kleinen Geschenke, die er vom Flugpersonal bekommen hat, sind Ausdruck spontaner Anteilnahme. Zumindest ist das den netten Zeilen, die man ihm für uns mitgegeben hat, zu entnehmen.

Ich hatte mich am Nachmittag kurz hingelegt. Es war ein Rückzug in die innere Welt. So aufbauend die Wärme der Menschen um mich ist, so viel Kraft kostet mich die physische Präsenz. Die Worte zu finden, um den Menschen mitzuteilen, dass unsere Situation keiner Worte bedurfte, geht an die Substanz. Alles, nur kein Mitleid, bitte. Unser Leid genügt uns. Wenn unser Leid das persönliche Leid eines anderen an die Oberfläche bringt, möge er an diesem wachsen. Wie heißt es doch? Beneide den, der leidet! Der Sinn dahinter ist so selbstverständlich logisch wie die Logik selbst. Zum Teufel mit dem Verstand. Hilft er mir jetzt aus meinem Leid heraus? Nein, im Gegenteil. Mein Gefühl ist es, das mich beherrscht. Und dieses Gefühl ist reine Wut. Ich fühle diese Wut in mir. Die Wut auf mich. Auf meine Ignoranz den vielen Zeichen gegenüber, die mir gegeben worden waren. Zeichen wie die Zweifel über die Sinnhaftigkeit meiner Tätigkeit. Oder die Leere, die ich aufgrund der immer wieder hie und da obsiegenden Oberflächlichkeit in meinem Verhalten empfand.

Nein, diese Gefühle kamen und wuchsen mit der Zeit. Es ist, als fahre man in eine Sackgasse und will nicht wahrhaben, dass es am Ende der Gasse dann tatsächlich aus ist. Je näher ich das Ende der Straße verspürte, umso stärker wurde der seelische Druck. Doch ich fuhr weiter, immer weiter, blieb am Gas.

Und dann kam er, der Knall: Tsunami. Jetzt war Stillstand. Stille. Leere. Dann das Annehmen. Das Annehmen kam schnell. Gott sei für diese Fähigkeit gedankt. In mir schrie förmlich alles nach dem Annehmen. Nur keine Fragen, einfach annehmen. Vertrauen und annehmen. Hoffnung und Glaube. Ohne das Annehmen dessen, was ist, gibt es kein Weitergehen. Gegenwehr bedeutet ein Abstrampeln ohne Ende, besser gesagt: bis zum Ende. Ein Ende ohne Gaben am Tisch. Gaben für den Vater. Nicht, dass er sie braucht. Der Gedanke allein ist schon lächerlich. Gaben, um mich zu reflektieren. Meinen Seelenweg in diesem Leben zu überdenken. Stillstand. Stillstand ist gut. Danach weitergehen. Aufstehen, sich hochrappeln, egal wie, frage nicht, tu es. Tu einfach und vertraue. Bitte und danke. Danke und bitte. Bitte um Führung. Danke für die Führung. Bitte um Hilfe. Danke für die Hilfe. Das Danken baut darauf auf, dass die Hilfe bereits geschehen ist, bevor du ihrer gewahr wirst. So wie es für mich in diesem Moment gut ist.

Ist es notwendig zu verstehen? Nein, ist es nicht. Vertrauen genügt.

Mein Vertrauen ist dahin. Irgendwohin den Bach hinuntergeronnen. Es hat sich in Luft oder sonst etwas aufgelöst. Keine Ahnung, ob es jemals zurückkommen wird. Es ist dahin. Sage ich. In Wirklichkeit weiß ich, wohin. Ja, die Angst hat sich das Vertrauen geliehen. Die Angst, die mir nur ein kleines, flaches Atmen erlaubt. Die mich meiner bis in die Lungenspitzen reichenden tiefen Atemzüge beraubt. Es ist die Angst vor dem, was kommt. Vor diesem Unbekannten. Wäre das Vertrauen noch da, gäbe es diese Angst nicht. Ich wüsste, dass alles gut ist, wie schlimm es sich im Augenblick auch zeigen mag. Oder wie schlimm es im Augenblick auch tatsächlich ist.

Es ist die Angst um die Wahrheit, die mit dem Verschwinden unserer Tochter zu tun hat. Es ist pure Angst. Sie ist so groß, so übermächtig. Sie lähmt jeden Gedanken, jeden Körperausdruck. Vergleichbar mit einer Maus, die aus der Ecke in die Augen der Katze blickt. Es ist genau der Bruchteil eines Augenblicks vor dem Zuschlagen. Das

Herz steht still. Der Atem steht still. Alle Gedanken stehen still. Das Gefühl der Angst lähmt. Alles. Der Körper ist bis hinter die Pupillen eisig und starr. Dieser unendliche Bruchteil eines Augenblicks. Beißt – sie – zu? Wann – beißt – sie – zu? Die Angst vor dem, was kommt. Keiner nimmt sie mir ab. Verdammt noch einmal. Es könnte jemand kommen und diese Katze verscheuchen. Es könnte ihr doch etwas an den Schädel fliegen! Sie einfach ablenken, nur weg von mir!

Und dann beginne ich zu verstehen. Zu verstehen, dass es nur einen Weg gibt. Den Weg des Vertrauens. Er ist mein Hauptweg. Es gibt zwar auch einige Seitenwege. Seitenwege, die zum Ausruhen einladen. Zum kurzen Verweilen, bevor sie wieder auf meinen Hauptweg zurückführen. Auf meinen Lebensweg. Den Weg, der für mich bestimmt ist. Oder den ich mir selbst zu gehen erwählt habe. So wie jeder von uns.

Nur leider haben wir unseren Lebensplan aus den Augen verloren. Noch vor oder bei der Geburt? Wir haben bewusst vergessen, um genau dann, wenn wir in einer Sackgasse gelandet sind, innezuhalten. In die Stille zu gehen, um zu beginnen zu hören. Zu hören, was die innere Stimme sagt. Die Stimme, die ihren Sitz im Herzen hat. Im Herzen, dem Sitz der Seele.

Diese Sackgasse kann oft eine Krankheit sein, ein Unfall, eine innere Unzufriedenheit oder sonst etwas, was mich aus dem eingefahrenen Gleis wirft. Mir Zeit verschaffen will, um mich der Wurzeln meines Lebensweges zu besinnen. Um mich an mein Versprechen mir und dem Vater gegenüber zu erinnern. Um meine Mission zu erfüllen. Doch bei Gott, es soll, es soll kein Tsunami sein! Nicht einer, der mir Mutter, Tochter und Freunde nimmt!

Ich bin auf dem Weg zu mir. Mit der Zeit verstand ich, dass der Weg zu ihr, zu unserer Tochter, der Weg zu uns selbst war. Ja, der Weg, den Helmut und ich von da an zu beschreiten hatten, sollte ein anderer werden.

Immer wieder sage ich es mir. Es geht hier entlang. Ich kann mich nur fallen lassen. Fallen lassen ins Netz des Vertrauens. Ins absolute himmlische Vertrauen, das Vertrauen darauf, dass mich liebevolle Arme auffangen, mir Geborgenheit geben. Dass auch das grauenvollste Geschehen Liebe bedeutet. Liebevolle Arme, die mir mein Vertrauen, meine Geduld und meine Hoffnung wiedergeben, das Vertrauen darin, dass alles gut ist, wie es ist. Weil es so ist.

Ich bete. Im Stillen. Allein und dann mitten im Trubel. Im Fitnesscenter. Während vieler Gespräche. Ich bete innerlich. So wie früher, als ich mir über Jahre, sehr, sehr viele Jahre, die Zeit für das Gebet nahm. Es waren nie Sorgen oder Anliegen, die ich ihm, meinem Vater, überbrachte. Es waren Gebete für die Familie, liebe Freunde und der Ausdruck eines tief in mir schwingenden Dankes. Es war Dank für diesen Lebenstanz. Und ich hörte immer, welcher Takt, welcher Schritt jetzt gerade zu tun war. Und ich ging ihn. Im vollsten Vertrauen, dass genau dies jetzt gut und zu tun war. Er spielte auf und ich tanzte dazu. Und es war gut so.

Es war auch jetzt gut so. Nur anders. Es gab keine Leichtigkeit. Es gab nur Schwere. Ein Gefühl, das ich zuvor kaum kannte. Das Gefühl der Schwere, das es zu akzeptieren, in mein Leben zu integrieren galt. Meine Gebete waren jetzt Hilfeschreie, verzweifelte Rufe um Hilfe, um Zeichen. Gebete, um mich gesehen, um mich gehört zu machen. Etwas, so seidig zart und fein, was mich das Unsichtbare hinter den Kulissen schauen und hören lässt.

Nach der Wiederholung des Neujahrskonzertes wurde das Interview vom Flughafen in den Nachrichten gebracht. Ich sah es nicht, doch unsere Nachbarn, während ihres Schiurlaubs, riefen an und drückten ihr Beileid aus. Die Anteilnahme auch vieler anderer Freunde, die es aus den Nachrichten erfuhren, war groß. Viele weinten, bevor sie noch ein Wort sagen konnten. Der Schock saß tief. Für viele unfassbar. Tränen befreiten. Sie drückten Gefühle aus, für die Worte fehlten.

Am nächsten Tag läutet es am frühen Nachmittag. Wir erwarten niemanden und sind überrascht, als ein Kriminalbeamter sich meldet.

Er sei gekommen, um uns mit Bedauern die Mitteilung zu machen, dass Alexandra-Anita tot sei. Der Schock sitzt. Er meint, alles Weitere würden wir vom Außenministerium erfahren. Unter der Nummer, die er uns hinterlässt, ist niemand erreichbar. Helmut ruft schließlich den Kriminalbeamten in Thailand an, der auch nichts Näheres weiß, als dass die Kiste mit der Leiche weg sei. »Dass so etwas passiert« – er meint damit den Kriminalbeamten – »ist für mich sehr bedrückend. Es tut mir sehr leid, aber wir wissen nichts Näheres.«

Tag eins im Unternehmen

Für den folgenden Tag haben wir am Vormittag eine Versammlung im Büro anberaumt. Nach dem leidvollen Ereignis und all den Feiertagen ist es der erste Arbeitstag im neuen Jahr. Helmut hat der Sekretärin mitgeteilt, er wolle von niemandem Beileid empfangen. Das war eine Anordnung! Ich merkte, wie den Mitarbeitern das Unterdrücken eines menschlichen Gefühls schwerfiel. Ich sagte daher allen, dass ich eine andere Sichtweise hätte und ihnen dankbar sei für ihr Mitgefühl.

Die Beziehung, die ich besonders zu den Redaktionsmitarbeitern hatte, war immer von gegenseitiger Achtung geprägt. So war es für mich selbstverständlich, dass es in dieser Situation für uns alle schwierig war, in angemessener Weise miteinander umzugehen. Wer mit dem Herzen fühlt, spricht auch ohne Worte. Wer mit dem Herzen fühlt, erfühlt den Schmerz anderer, empathisch. Wer kennt schon jene Benimmregeln, die uns stilsicher auf dem Parkett unserer Gefühle balancieren lassen? Wie soll sich jemand verhalten, der keinen festen Boden unter seinen Füßen spürt? Stoße ich an oder überschreite ich gar mit dem nächsten Schritt die Grenzen? Man kennt sich schon lange – und doch beginnt man, sich an bereits Bekanntes neu heranzutasten. Eine vertraute Welt hat aufgehört zu existieren. Das Neue hat noch kein Bild. Es fehlen die Konturen. Nicht einmal Rahmenbedingungen sind vorhanden!

Wie im Voraus besprochen, erzählen Helmut und ich das bisher Vorgefallene. Er bittet die Anwesenden, sich mehr als bisher einzusetzen, da er als Arbeitskraft ausfallen werde. Er meint deutlich jene Personen, die für die Werbeeinschaltungen bei uns verantwortlich sind.

Für mich ist die Arbeit eine reine Beschäftigungstherapie. Sie lenkt ab, wenn auch nur kurzzeitig. Die Mitarbeiter führen so manche Gespräche in meinem Namen. Übernehmen für mich die Antworten auf Beileidsgrüße vieler Geschäftsfreunde, vieler unserer Autoren, vieler Leser. Wir merken, welch starke Bindung wir als Medium zu unserer Umwelt haben. Das bestätigt uns, dass unser Medium nicht bloß gedrucktes Papier, sondern Träger von Botschaften von Mensch zu Mensch ist. Es ist die Einstellung zum Warum unserer Tätigkeit, die uns so unvergleichbar macht. Es ist die Liebe zur Arbeit, die den kleinen, feinen Unterschied ausmacht. Die unsichtbare Energie der Freude und Liebe an der Arbeit ist mit jeder neuen Ausgabe sichtbar geworden. Zu Recht dürfen wir stolz auf unsere Leistung sein. Der starke Gegenwind, der uns von der wirtschaftlichen Seite entgegenblies, bestätigte unseren wahren Wert.

So manche persönliche Zeilen der Leser waren, Tropfen für Tropfen, wie Heilbalsam auf meine Seele. Ich legte vorläufig einen eigenen Ordner für all diese Leserbriefe an.

Helmut übernahm es, mit einem Teil unserer Mitarbeiter eine Satellitenkarte von Khao Lak und Umgebung zu besorgen. Romana würde diese Karte zum Orten unserer Tochter brauchen. Eine solche Karte aufzutreiben, schien zunächst ein Ding der Unmöglichkeit. Und das war nur ein Beispiel dafür, mit welchen Rahmenbedingungen wir kämpfen mussten. Doch es war nun einmal so, dass der Schicksalsschlag, der uns getroffen hatte, ein sofortiges Umdenken erforderlich machte. Zu dumm derjenige, der jetzt noch auf weitere Zeichen wartete.

Meine vollste Aufmerksamkeit gilt zu dieser Zeit dem Mädchen. Ich rede mit ihr, schicke ihr Bilder, lese ihr aus ihren Büchern vor. Ich fülle bunte Gläschen, mit denen sie immer gespielt hatte – obwohl sie es eigentlich nicht durfte –, mit den »Zaubertropfen«. Es sind die Essenzen von Romana. Weil sie eine erhebliche Heilwirkung haben, sind sie auch in den Apotheken erhältlich. Wir haben das ganze Set zu Hause.

Die bunten Gläschen sind nun um ein in der Mitte stehendes Glas aufgestellt. Hinein kommen jeweils drei Tropfen aus den Fläschchen mit der Aufschrift Immunstärkung, Kraft und Liebe. Alles wird dann mit Wasser aufgefüllt. Ich verbinde mich von Herz zu Herz mit ihr und schicke ihr die Kraft der Zaubertropfen. Hier beginnt sie, mich zu korrigieren, indem sie zu mir sagt: »Mami, widme die Tropfen vielen anderen Kindern. Viele sind es, die sie so dringend brauchen.«

Ab diesem Moment widme ich sie allen Kindern, die seit dem Tsunami vermisst werden oder mit einem Trauma leben. Zusätzlich allen Kindern der Welt, die sie ebenfalls benötigen. Tatsächlich ist das ein typischer Charakterzug von Alexandra-Anita. Sie denkt an andere. Sie teilt mit anderen. Das machte sie von klein an.

Beide, Helmut und ich, ermahnen uns gegenseitig, unserem wunderbaren Buben, Alexander, die notwendige Aufmerksamkeit zu schenken. Er – ist – da! Was wäre, wenn auch er fehlte?!

Unsere Nerven sind ziemlich angespannt. Es ist teils eiserne Disziplin, teils das Gespür dafür, dass eine Eskalation droht, die mich rechtzeitig in meiner Haut bleiben lassen.

Romana

Per E-Mail informiert uns Romana zur Lage von Alexandra-Anita. *Momentaner Zustand: Ruhe rundherum, keine Leute schreien, kein Lärm, Luft kühl und gut. Sie muss außerhalb einer Stadt sein, kein Meeresrauschen ist zu hören. Dafür Geräusche von Bäumen. Sie hat Heimweh nach den Eltern. Ist traurig, aber nicht verzweifelt. Sie dürfte seit der Flutwelle nicht gesprochen haben. Ihre Stimmbänder sind ganz »farblos«, das dürfte die Schockverarbeitung sein. Allerdings redet sie »im Kopf« viel. »Keiner hat mir erklärt, was da passiert ist, warum reden die alle so komisch mit mir? Ich verstehe sie nicht!«*

Es kann sein, dass sie im Moment schläft und das alles träumt. Ich werde versuchen, ihr das zu erklären. Sie ist zwar nicht verängstigt, aber offenbar spricht sie nicht – mit niemandem. Sie nickt oder schüttelt den Kopf, spricht aber nicht. Ich werde sehen, was ich dafür tun kann. Jetzt kommen auch verstärkt Bilder von den Eltern in den Kopf – kurze Flashlights vom Urlaub und von Alltagssituationen. Und sie beginnt, ihre Umgebung nach den Eltern abzusuchen. Trotzdem passiert so viel rundherum, dass sie sich nur für kurze Zeit am Tag mit den Bildern von Eltern und Familie beschäftigt. Ihr Geist versucht hauptsächlich, mit allem fertigzuwerden. Das ist es einmal im Moment von mir.
lg
Romana

Am nächsten Tag, es ist der 4. Jänner, spricht Helmut mit Kunying, die sich gerade auf einem schwedischen Austauschabend über die weitere Vorgangsweise der stationierten Suchtrupps befindet. Sie übergibt Helmut an einen deutschsprachigen Herrn, Marvin Legert, der den Suchtrupp leiten wird. Sie würden morgen losfahren. Wir mailen ihr und dem Kriminalbeamten umgehend ein Foto von Alexandra-Anita. Wir haben inzwischen von Stephan ein Foto bekommen, das noch am Weihnachtsabend gemacht worden war – nur zwei Tage vor ihrem Verschwinden! Er hatte seine Videokamera und den Fotoapparat auf die Dschungeltour mitgenommen. So hatten wir wenigstens ein aktuelles Foto von unserem kleinen Mädchen!

Eine besonders liebe ältere Freundin und beliebte Autorin vieler Gesundheitsartikel in unserer Zeitung rief mich an und erzählte mir einige Erlebnisse aus ihrer Jugend, Fälle, in denen ihre Vorahnungen eingetroffen waren. Sie erzählte mir auch von der Vorahnung, dass ihr Sohn in ein Krankenhaus eingeliefert werden würde. Sie fuhr daraufhin gleich in das Spital. Als sie dort eintraf, ist ihr Sohn tatsächlich kurz zuvor eingeliefert worden. Alle wunderten sich, wie sie so kurze Zeit nach ihm, ohne dass ihr Bescheid gegeben worden war, im Spital eintreffen konnte! All das erzählte sie mir, um mir schließlich zu sagen, dass sie Alexandra-Anita am Leben glaube und meine, sie würde sich bei einem Mönch befinden. Es war interessant für mich, wie sehr diese Aussage der von Romana glich.

Helmut will wissen, ob das Foto bei Kunying angekommen ist. Leider ist ihr E-Mail-Programm aufgrund von Überlastung abgestürzt. Daraufhin fragt er den Kriminalbeamten, ob er es bekommen habe. »Ja, ich habe das Foto.« Dann verbindet dieser Helmut mit dem Gerichtsmediziner vor Ort. Der Gerichtsmediziner teilt Helmut mit, sie hätten die Leiche in der Kiste, die die australische Botschaft bereits beanspruchte, »undercover« zur Untersuchung der DNA bekommen. Die Identifizierung ergab einen negativen DNA-Test. Was bedeutet, dass die von Helmut unter den, wie er heute sagt, extremsten Bedingungen identifizierte Leiche nicht unser Kind war. Helmut war zum Zeitpunkt, als er die Leiche identifizieren sollte, übermüdet, nervlich ausgezehrt, er hatte keine Brille, es war schon Nacht und dunkel, die Leiche war total verstümmelt, und Toni, der Fremdenführer, hatte die Sache endlich hinter sich bringen wollen.

In der Firma läuft die Produktion der nächsten Ausgabe unseres Mediums weiter. Es ist die erste in diesem Jahr.

Daneben sind wir mit dem Auftreiben einer neuen, genaueren Landkarte der Gegend um Khao Lak beschäftigt. Denn als wir am 6. Jänner, dem Dreikönigsfeiertag, zu Romana in die Nähe von Graz fahren, erweisen sich die von uns mitgebrachten Karten als zu ungenau. Was tatsächlich stimmt, denn über diese Gegend gibt es hauptsächlich nur für Touristen zusammengestellte Karten, die Nationalparks anzeigen. Die meisten Orte und Straßen sind gar nicht eingezeichnet.

Im Laufe der nächsten Tage werden wir schließlich fündig. Doch muss die Karte erst bestellt werden und der Versand dauert bis zu zehn Tage. Unser Computertechniker treibt eine andere Karte im Internet auf und gibt diese per Mail an Romana weiter. Als nächster Schritt wird die Karte in Quadranten unterteilt, so wird die Durchgabe der Ortung leichter. Denn erstens sind sich die Ortsnamen sehr ähnlich, und zweitens sind sie für uns von der Aussprache her anfangs wahre Zungenbrecher.

Eine Liste aller bisher involvierten Personen wird gemacht. Ebenso entsteht eine eigene Homepage im Internet. Hier werden noch weitere Bilder von Alexandra-Anita verbreitet. Landkarten ergänzt. Ein kleines Team ist mit der Suchaktion beschäftigt. Es gilt, die Internetseiten aus Thailand mit allen Spitälern und den Namen der eingewiesenen Tsunamiopfer zu durchforsten. Öffentliche Stellen zu kontaktieren. Daten zu sortieren, sie weiterzuleiten, zu archivieren.

Auch hier gilt meine Dankbarkeit der geistigen Welt. Dafür, dass uns unser Umfeld von so großer Hilfe ist. Wie viele der Betroffenen müssen ihren Arbeitsplatz wieder einnehmen und sollen so funktionieren wie vor der Katastrophe?! Es ist einerseits gut, wieder in den normalen Alltagswahnsinn zurückzufinden. Andererseits will das Erlebte eine entsprechende Beachtung, eine Integration aus ganzheitlicher Sicht. Keiner von all den Anwesenden und Betroffenen vor Ort ist rein zufällig dort gewesen. Ja, das Wort »Zufall« sagt sinngemäß, dass einem etwas zufällt. In diesem Fall war es für hunderttausende Menschen in mehreren Ländern die Flutwelle, die auf sie und uns »zugefallen« ist. Wer solch einen Jahrtausend-Adrenalinstoß von apokalyptischem

Ausmaß überlebt, sollte tief in sich hineinhören, welche Botschaft ihm oder ihr vermittelt werden möchte. Es ist keine Vermutung, der diese Worte entstammen. Es ist tiefste Überzeugung, dass sich eine Vermutung zum unanfechtbaren Wissen wandelt.

Wir brauchen uns nur zu vergegenwärtigen, welche Wandlung die Menschheit im letzten Jahrhundert vollzogen hat. Diese Entwicklung in Jahrzehnte unterteilen und dann nur die letzten zwanzig Jahre von unserer Zeitrechnung präziser unter die Lupe nehmen.

So stehen wir aus heutiger Sicht einem beinahe antiken Menschen aus einer antiken Welt gegenüber, einem Menschen, dessen Zukunft anzuvisieren so manches geistige Weltbild erschüttert. Besonders das Fundament des abendländisch-christlichen Gedankengutes würde wie ein über zwei Jahrtausende falsch gespieltes Spiel als Kartenhaus zusammenstürzen. Es ist mit Dogmen behaftet und dient der geistigen Manipulation, um ja das Gewissen bei der Stange zu halten.

Schaue ich mir diese Bewertung aus einer ganzheitlichen Sicht an, so hatte diese Entwicklung ihre Berechtigung. Denn im Rahmen der Dualität fiel der Mensch so tief in die Materie, dass er sie bis ins Kleinste erforschte und so manches an stolzer Leistung hervorbrachte. Der technische Fortschritt hat Gigantisches vollbracht. Sei es in der Medizin, der Architektur, der Computertechnik oder im Bereich der Großindustrie. Doch das Tun aus Macht heraus anstatt aus Liebe war der Köder an der Angel seines Egos. Jeglicher Respekt vor der eigentlichen und wahren Kraft des Geistes ging dabei verloren. Ganz nach dem Motto: Der Mensch will sich und die Natur bezwingen.

»Macht euch die Erde untertan«, hat Gott gesagt, doch was er da gesagt hat, hat er wohl sicher anders gemeint als das, was der Mensch daraus gemacht hat. Er wollte, dass wir die Erde zu unserem irdischen Paradies machen. Ihr – gleich einem Partner oder einer Partnerin – Achtung schenken und die Beziehung zu ihr von Herzen hegen und pflegen, dass wir uns im gegenseitigen Vertrauen auf das wahre Wunder »Leben« einlassen.

Wir sollten uns die Tatsache bewusst machen, dass unser Planet Erde ein lebender Organismus voller Emotionen ist. Die Erde und unsere Körper sind sich bis auf die Form sehr ähnlich. So besteht die Erde gleich uns Menschen zu etwa 80 Prozent aus Wasser und der Rest sind verschiedenste Arten feststofflicher Materie. Unser Gehirn ist ähnlich gebaut. Leider nutzen wir nur etwa ein Zehntel seiner Kapazität! Wahnwitzig, diese Vorstellung. Noch wahnwitziger wird es, wenn wir bedenken, dass die bisherigen Fortschritte und Errungenschaften aus diesem geradezu mickrigen Potential unseres Gehirns erschaffen wurden! Jene Erfinder, die am technischen oder medizinischen Fortschritt beteiligt waren und sind, haben auch kein Mehr an Gehirnschmalz investiert. Nein, in Wirklichkeit sind es noch nicht einmal zehn Prozent unseres Gehirns, auf die die meisten Menschen zurückgreifen.

Wer ist dann der Herr im Hause des menschlichen Tempels? Anders gefragt, welcher Versklavung hat sich die Menschheit unterzogen?

Man bedenke, dass die zivilisierte Gesellschaft auch noch stolz auf ihre Entwicklung ist. Ein geschickter Schachzug unseres Egos. Damit beschäftigt, immer mehr zu leisten, meinen wir, unseren Wert zu erhöhen. Mit steigenden Bedürfnissen, die uns die Werbung suggeriert, bekommen wir die Wurst gerade so weit von uns entfernt gehalten, dass wir glauben, sie noch erhaschen zu können. Damit das Absurde noch griffiger wird, nennen wir uns Leistungsgesellschaft! Wir meinen, im Garten Eden zu sitzen, und schleppen doch die Last der Leistungsketten mit jedem Atemzug durch die Tage bis zur irdischen Endlichkeit.

Diese Endlichkeit wird uns bewusst, als wir Gaby im Spital besuchen. Sie liegt noch immer auf der Intensivstation. Ich war vorher noch nie auf so einer Station, die für manche die Endstation ist. Wir bekommen grüne Mäntel umgehängt und müssen durch eine Sicherheitstür. Die Energie in diesem großen Raum lässt mich erschaudern. Mehrere Betten sind auf beiden Seiten des Raumes aufgestellt. Teilweise sind die Patienten hinter den Apparaten, an die sie angeschlossen sind, kaum zu sehen. Gabys Zustand ist noch immer sehr ernst. Alle Operationen sind gut verlaufen. Doch die Narkosen und all die Medikamente kosten sie viel Kraft. Ihre Stimme ist sehr leise, so wie jede ihrer Bewegungen sehr langsam ist. Natürlich wissen wir, dass sie alle diese Strapazen durchstehen wird. Das ist ihr an den Augen abzulesen. Für Stephan ist sie derzeit Mittelpunkt seines Lebens. Es mag für Außenstehende wie der Blick in eine Traumwelt anmuten, wenn Gaby von ihrer geistigen Arbeit mit den Erzengeln spricht, die ihr all die Hilfe für eine schnelle Regeneration zukommen lassen.

Als sie später auf die interne Station und dann nach Hause kommt, erzählt sie jedem Besucher über ihre himmlische Rettung, die bereits in dem Moment begann, als das Wasser sie umspülte.

Wenn er auch sehr schmerzhaft ist, so kann sie den Tod ihres geliebten Sohnes, Robert, doch annehmen, wurde sie ja bereits indirekt auf diesen vorbereitet.

Es sind kaum vier Monate vergangen, seit wir zusammen im Norden Thailands in unserem Haus waren. Wir haben einen lieben Freund zu Besuch. Irgendwie scheint er, im Nachhinein betrachtet, nur gekommen zu sein, um Gaby und Stephan auf das Ableben von Robert vorzubereiten. Natürlich klingt das damals anders. Zum Glück, denn es gibt wohl keine Eltern, die nicht alles unternähmen, um das Unmögliche doch möglich zu machen.

Der Satz meines ersten Leitartikels in diesem Jahr: »Die Zeit heilt alle Wunden« ist uns allen jetzt nur ein schwacher Trost.

An einem Samstag ruft die Kindergartentante Alexandra-Anitas an. Sie war auf Urlaub in der Karibik und ist gerade erst zurückgekommen. Sie ahnte noch nichts von dem, was passiert war. Da sie aber wusste, dass wir nach Thailand auf Urlaub geflogen waren, wollte sie sich erkundigen, wie es uns ginge.

Ich erzähle ihr. Sie meint dann, dass sie sich mit mir noch vor Weihnachten treffen wollte, um mir zu berichten, wie anders Alexandra-Anita als die meisten ihrer bisherigen Kinder sei. Und dabei habe sie nun vierzig Jahre Praxis! Unser Mädchen könne diese Situation gut durchstehen. Sie sei so offen allen gegenüber und so anpassungsfähig. Sie sei stark und ein ganz besonderes Kind. Was die Kleine mit ihren kaum zweieinhalb Jahren schon wisse, würde den meisten Kindern erst bis zum Austritt aus dem Kindergarten beigebracht werden können. »Leider hatte ich nie die Gelegenheit, dir all das zu sagen«, meint sie. Das tut weh, besonders, weil es stimmt.

Allein die Tatsache, dass Alexandra-Anita ihren Kindergarten selbst gefunden hatte, ist eine sonderbare Geschichte. Kaum zwei Jahre alt, fragte sie mich, ob sie in den Kindergarten gehen dürfe. Ich war der Meinung, sie sei noch zu jung. Ihr Bruder sei auch erst mit drei in den Kindergarten gekommen – was für sie keinen Grund darstellte, es auch so tun zu müssen. Sie wollte in den Kindergarten. Jetzt.

So passierte es, dass mich tags darauf ihre zukünftige Kindergartentante im Fitnesscenter ansprach. Als sie von Alexandra-Anita erfuhr, schlug sie gleich vor, ich möge doch einfach am Nachmittag mit dem Mädchen zu ihr kommen. Ein paar Tage später war es so weit. Zusammen mit Monika und Alexandra-Anita ging ich in den nur fünf Gehminuten von uns entfernten Kindergarten. Die Kleine war sofort begeistert und hielt uns Erwachsene geradezu für überflüssig. So erlebte ich sie die kommende Woche an ihrem ersten Kindergartentag als ein Mädchen, das unbedingt von mir zur Kindergartenklingel hochgehoben werden wollte, um selbst zu klingeln und um – nach Erscheinen der Kindergartentante – einfach hineinzuflitzen. Als ich sie für ein Doch-ein-Bussi zurückrief, sprang sie lachend zu mir – und war schon wieder fort.

Inzwischen verfolgt Romana täglich die Lage von Alexandra-Anita. Sie sagt, sie sei bei einem heilkundigen Waldmönch. Er wohne, sehr zurückgezogen, etwas abseits der anderen Bevölkerung. Er sei sehr achtsam ihr gegenüber. Er binde sie in seine tägliche Arbeit in der Natur mit ein. Sie sei gut aufgehoben bei ihm. Mit Hilfe eines guten

Bekannten, der Spezialist im Orten mit dem Pendel ist und der bereits mehrfach mit ihr zusammengearbeitet hat, hat Romana den genauen Ort, Ban Sai Kao, lokalisiert.

Ihre geistige Vorgangsweise, mit der sie mit Alexandra-Anita in Kontakt zu treten gedachte, war die, dass sie sich in der Erde Thailands verankerte und dann von dort ein Seil zu unserem Mädchen spannte. Das für eine längere Zeit bestehende Problem für sie ist dann aber, dass die Erde im asiatischen Raum stark bebt und sie im übertragenen Sinne aus der Verankerung herauskatapultiert wird. Sie kann Alexandra-Anita zwar anpeilen, doch orten lässt diese sich auf diese Weise nicht. Als ich Romana frage, wie sie denn feststelle, ob Alexandra-Anita lebt, erzählt sie mir, dass sich Lebendige von Toten vor allem durch folgende Punkte unterscheiden: Im Vergleich zur kalten Temperatur bei Verstorbenen fühlt sie bei lebenden Personen einen funktionierenden Kreislauf, kann das warme Blut sowie eine aktive Atmung wahrnehmen. Wobei sie, um dies festzustellen, in das Energiefeld der entsprechenden Person schlüpft.

Neben ihrer Methode, vermisste Menschen zu orten, gibt es zwischen Himmel und Erde viele andere, die den meisten von uns jedoch völlig unbekannt sind.

Eines Abends, es ist der 17. Jänner 2005, ruft Romana an und meldet uns, dass Alexandra-Anita sich eine starke Vergiftung zugezogen habe. Es könne auch ein Schlangenbiss sein. Sie werde gerade auf einer Trage von zwei Männern einen Waldweg, der seitlich von einem Fluss begrenzt ist, hinuntergetragen. Die Männer hätten vor, zum Fluss zu gelangen, um dann mit einem Boot schneller zur Hauptstraße voranzukommen. Sie bearbeite jetzt Alexandra-Anitas Organe, besonders das Herz, in regelmäßigen Abständen. Das Mädchen habe Fieber, befinde sich teilweise in einer Art Delirium. Die Männer gingen sehr fürsorglich mit ihr um, obwohl sie teilweise selbst am Ende ihrer Kräfte seien. Wir sollten jemanden vor Ort verständigen.

So ruft Helmut gegen 22.00 Uhr europäischer Zeit den uns telefonisch bekannten Marvin Legert, Toni und auch den Kriminalbeamten an. In Thailand ist es gegen 3.00 Uhr morgens. Er erklärt ihnen die Lage, und alle meinen, sie würden gleich morgens zu besagtem Platz fahren. Ich verbinde mich geistig mit dem Mädchen und schicke ihr und ihren Begleitern Kraft. Natürlich bleibe ich diese Nacht hindurch wach. Gegen 2.30 Uhr morgens meldet Romana, sie hätten es zur Straße geschafft und seien bereits im Auto in Richtung Phuket unterwegs.

Wir beschließen noch in dieser Nacht, gleich am nächsten Tag zusammen mit Romana nach Phuket zu fliegen. Romana kann aber nur einen Tag bleiben, da sie danach ein Seminar halten muss, das sie bereits vor einem halben Jahr angekündigt hat und zu dem sich internationale Teilnehmer angemeldet haben. Als Stephan hört, dass wir runterfliegen, entschließt er sich mitzufliegen. Er ist nach dem Tsunami so abrupt zurückgeflogen, dass er das Gefühl hat, er könnte diesen Prozess jetzt abschließen. Und Gaby geht es schon viel besser. Sie befindet sich auf der internen Station, wird gut gepflegt und erhält jede Menge, wenn nicht sogar zu viele Besuche. Gaby ist überzeugt, dass Alexandra-Anita lebt. Sie hat während der letzten Wochen intensiv mit der geistigen Welt, vor allem mit den Erzengeln, gearbeitet und so sowohl ihren eigenen Heilungsprozess als auch ihre Hellfühligkeit und Hellsichtigkeit enorm weiterentwickelt. Sie findet Stephans Entscheidung gut – und so sitzen wir zu viert in der Maschine, die spätabends von Wien nach Phuket abfliegt. Helmut hat Toni informiert und einen Leihwagen für Stephan und uns organisiert.

Toni selbst war – wie wir von ihm erfahren – nun doch nicht ganz vom Tod Alexandra-Anitas überzeugt. Da auf den Steckbriefen seine Telefonnummer stand, erhielt er einen Anruf von einer Restaurantangestellten aus unserem Urlaubshotel, die unser Mädchen am Tag nach dem Tsunami mit Einheimischen in den Bergen gesehen hatte. Da wir schon zehn Tage vor dem Tsunami in unserem Hotel Urlaub gemacht hatten, ist dem kinderfreundlichen thailändischen Volk gerade unser Mädchen aufgefallen. Die Hotelangestellte selbst sei aus dem Norden Thailands und fahre jetzt dorthin zurück. Toni hatte weder Telefonnummer noch Adresse der Frau, doch machte ihn dieser Anruf sehr stutzig.

Auf Tempeltour in Phuket

Ankunft in Phuket um 18.00 Uhr. Wir fahren in unser in der Nähe des Flughafens gelegenes Hotel, übernehmen die Autos und machen uns noch am selben Abend zu jenem Ort auf, an dem Alexandra-Anita lokalisiert worden war. Romana hatte mit ihrem Bekannten telefonisch noch einmal den letzten Stand überprüft. Es sollte ein Tempel sein. Wir fahren die dreißig Kilometer von Phuket City zum besagten Ort. Es ist bereits dunkel und als wir dort ankommen, sind alle Gebäude verschlossen. Es ist eine sehr kleine, eher ungepflegte, teilweise verlassene Tempelanlage. Ich rufe trotzdem Alexandra-Anitas Namen. Nichts rührt sich. Wir gehen um die Anlage herum, doch dann meint Toni, es sei in Thailand nicht üblich, sich um diese Zeit in einer Tempelanlage zu bewegen. Mir ist sehr schwer ums Herz. Der Gedanke, dass sich das kleine Mädchen hier oder sonst wo befindet, womöglich schwer krank ist und ich es nicht in meinen Armen halten kann, lässt mich still weinen.

Wir beschließen, gleich am nächsten Morgen in der Früh wieder herzufahren. Unterwegs machen wir noch bei einem Spital halt. Hier hängen noch immer die Fotos vermisster Kinder. Helmut träumt in dieser Nacht die Wörter: »Kulturen synchronisieren«. Doch erst im Laufe der Zeit verstehen wir auch diese Botschaft und die darin enthaltene Aussage wirklich. Doch sollte es noch länger, viel zu lang, dauern, bis wir zu dieser Erkenntnis fanden.

Am nächsten Morgen brechen wir sofort auf die Tempeltour auf – eine Tour deshalb, weil wir, als wir im besagten Tempel niemanden vorfinden, von Toni zum nächsten und dann weiter zum nächsten Tempel gefahren werden. Überall zeigen wir das Foto von Alexandra-Anita.

Einige Tempel bestehen nur aus einzelnen Kartausen, andere wiederum sind so groß, dass sie sogar Schulen beherbergen. Manche Mönche sind auf Nahrungsspenden von ihrer morgendlichen Pilgerwanderung angewiesen. In vielen Tempeln gibt es eine Küche, in der die dargebrachten Lebensmittel der Tempelbesucher oder aus Zeremonien verarbeitet werden können. Wir stellen fest, als wir einen Obermönch aufsuchen und ihn mittags am Boden vor der lauten Glotze vorfinden, wie profan so manches Mönchsleben sein kann.

Ich erinnere mich an die Worte eines lieben Freundes, der Thailänder ist und meinte: »Viele werden Mönch für eine kurze Zeit. Es ist schließlich auch ein bequemes Leben. Man hat einen Platz zum Schlafen, bekommt sein Essen und hat oft nicht viel zum Leben der Gemeinschaft beizutragen. Und doch ist es selbst für eine kurze Zeit sehr wertvoll, denn man kommt dabei auch in die Schwingungen der schönen Gesänge, lernt zu meditieren und mit sich selbst auszukommen.« Gerade mit sich selbst auszukommen, sich mit sich selbst zu konfrontieren, dazu allein sein zu können jagt vielen die Angst in den Nacken.

Wer bin ich? Warum bin ich? Worin besteht mein Lebenssinn? Fragen, die sich manche stellen, und diese sind sogar oft bereit, ja sogar erfreut, Antworten auf diese Fragen zu bekommen. Doch sich den Antworten und den damit verbundenen Aufgaben und Konsequenzen zu stellen – das ist ein anderes Kapitel.

Zuerst müssen wir schließlich leben. Oder, wie wir meinen, dem Leben unseren Vorstellungen gemäß einen Sinn geben. Zum Beispiel durch Leistung. Es zuerst einmal zu etwas bringen. Sich Wissen aneignen. Wozu gibt es denn alle diese Bücher? – Und mit diesem hier ein weiteres! – Dann warten noch Pläne über Pläne und all diese vielen Herzenswünsche. Alles ist dringend. Alles ist wichtig. Bei diesem Tempo gibt es nun wirklich kein Ohr für Antworten oder gar die Fähigkeit, für sein Leben auch noch Verantwortung zu übernehmen.

Laut Romana soll Alexandra-Anita auf dem Weg der Genesung sein. Sie sieht sie in einem kleinen Raum. Man hat sie nicht in ein öffentliches Spital gebracht, sondern zu naturheilkundigen Mönchen. Wir telefonieren auch mit Gaby, die sie ständig von orangefarbenen Tüchern umgeben sieht – was auf das Gewand der Mönche zurückzuführen ist. Als ich mich umsehe, sehe ich an die zehn solcher orangefarbener Kutten zum Trocknen aufgehängt.

Wir sind schon seit Stunden unterwegs. Die Lage wird immer trostloser. Wir hatten uns das alles anders vorgestellt. Unser aller Nerven sind angespannt. Die stundenlange Fahrt in der Hitze tut ihr Übriges. Schließlich passiert etwas Sonderbares. Wir fahren zu einem etwas höher gelegenen Tempel, steigen aus und gehen einige Schritte. Rauch liegt in der Luft, ansonsten herrscht Stille. Da erscheint ein Mönch und sagt – noch bevor Toni unser Anliegen vorbringt – von sich aus: Wir würden ein kleines Mädchen suchen. Auf Romana deutend, fragt er, woher diese Frau ihre außergewöhnlich starken Kräfte habe. Nachdem sich Toni eine Weile mit dem Mönch unterhalten hat, übersetzt er uns, dass die Mönche heute eine Mitternachtsmeditation machen würden. Sie wollten dabei feststellen, ob Alexandra-Anita noch lebt. Er solle dabei sein und als Medium für Romana fungieren. Romana möge sich zur entsprechenden Zeit einklinken – was für Romana kein Problem ist. Selbst in Graz oder – wie in ihrem Fall – bereits im Flugzeug. Wir überlassen den Mönchen das Foto von Alexandra-Anita für die Meditation.

Inzwischen ist es Nachmittag geworden. Wir beschließen, ins Hotel zurückzufahren, zu essen und dann Romana zum Flughafen zu bringen. Unsere eigenen Rückflugtickets verlängern wir erst einmal. Romana meint bei der Verabschiedung, wir könnten jederzeit auf ihre Kräfte zurückgreifen. Ich frage mich nur: Wie? Ich fühle mich mutlos. Und weiß gleichzeitig, dass es weitergeht. Hier hat wieder einmal etwas anderes seinen Lauf genommen.

Als wir Stephan abends im Hotel treffen, ist er zwar müde, aber zufrieden. Er war im Tempel, am nächsten Tag würde man für Robert eine Zeremonie organisieren. Er solle auch Fotos von Alexandra-Anita mitbringen, denn so könne man die Bildergalerie im Computer durchgehen und sie vielleicht unter den Toten finden.

So wie in dieser Nacht bin ich alle die kommenden Nächte sehr dankbar, dass sich Schlaf einstellt. Die behütende Hand meiner geistigen Führung sorgt dafür, und ich danke ihr. Die Ungewissheit schmerzt. Das Vertrauen, um den Sinn in allem, ist ein kleiner Trost. Ich bitte um und danke für Führung. Immer und immer wieder. Bitte und Dank sind zu einem Mantra geworden. So innig, dass ich fühle, wie die himmlische Welt ihre Flügel des Mitgefühls über mich spannt, nicht müde wird, mir meine Tränen zu trocknen, und mich, einem Gefäß gleich, mit Mut, Hoffnung und Glauben erfüllt.

Am nächsten Morgen holt uns Toni ab, und wir erfahren, dass die Mönche in tiefer Meditation und mit einer besonderen Kerze festgestellt haben, dass Alexandra-Anita lebt. Doch seien sie nicht in der Lage, sie zu lokalisieren. Wir sollten in zwei Tagen mit ihnen zusammen eine Meditation durchführen.

Wir rufen Marvin Legert an und vereinbaren, ihn zu besuchen, um uns gegenseitig kennen zu lernen. Er berichtet uns, dass er zusammen mit seiner thailändischen Frau Pranee am Morgen nach unserem Anruf losgefahren sei und dank Romanas Beschreibung der Gegend um Ban Sai Kao diesen Ort tatsächlich auch gefunden habe. Doch sei man dort fremden Leuten gegenüber wenig offen. So hätten sie nichts Näheres herausfinden können.

Inzwischen haben wir erneut Kunying kontaktiert. Sie meint, Freunde hätten ihr gesagt, es sei derzeit ein Guru aus Chiang Mai hier, zu dem wir alle zusammen gehen könnten. So finden wir uns schließlich zwei Stunden später auf dem ausgebauten Dach einer großen Tischlerei mit schöner Dachwohnung. Wir warten im Wohnzimmer. Aus einem dem Dach ausgegliederten Zimmer, das sonst, meine ich, den Familientempel darstellt, hören wir die immer wieder laut aufschreiende Stimme des Gurus. Als wir den Raum betreten, sitzt ein älterer Mann mit langem, weißem Haar am Boden. Sein Blick ist wirr, die Augen sind sehr unruhig. Um ihn herum hat er sein Arbeitswerkzeug aufgestellt. Seitlich von ihm sitzt eine Person, die als

»Übersetzer« fungiert und ihm auch unseren Fall erklärt. Er bedeutet mir, vor ihm Platz zu nehmen. Kunying solle neben mir sitzen. Der Guru nimmt einen Stab, an dem ich, Kunying und er sich festhalten. Er beginnt, mir Fragen zu stellen. Er will wissen, wie ich heiße, wo ich lebe, wie das Mädchen heiße, wann sie geboren worden sei. Dann fragt er Helmut und mich, was wir jeweils tun, wenn er sagt, sie würde leben, und wenn er sagt, sie sei tot. Helmut meint, wir könnten beides akzeptieren. Ich mache ihm aber durch Telepathie klar, dass ich jetzt schon spüre, dass er mir wenig sympathisch ist. Er fragt mich, ob sich in unserem Garten auf der linken Seite ein Baum befinde. »Wo? Vor oder hinter dem Haus?«, frage ich. »Auf der linken Seite.« – »Ja, mehrere Bäume.« Das Gesagte wird zwischendurch ständig übersetzt. Nun beginnt er im Ton und in der Artikulation etwas heftiger zu werden. Immer wieder will er den Stab in die Höhe reißen. Ich halte ihn fest und versuche, ihm direkt in die Augen zu schauen, doch er blitzt nur mit diesen im Raum herum. Plötzlich hüpft er wie ein Rumpelstilzchen aus seinem Sitz hoch, schreit laut auf und knallt zwei Holzstücke fest gegeneinander, um sie dann fallen zu lassen.

Daraufhin sagt er, das Mädchen würde noch im Hotel bei den Stufen unter Schutt vergraben liegen. Er macht eine Skizze und deutet auf eine Stelle, wo wir suchen sollen. Würde das nicht stimmen, so sollten wir sein Haus in Chiang Mai verbrennen.

Wir beschließen, obwohl wir alle wenig von ihm überzeugt sind, der Sache nachzugehen. Helmut, Marvin und Toni fahren nach Khao Lak zum Hotel. Ich bereite parallel hierzu mit Kunying für eine wöchentliche Zeitung, die Phuket Gazette, ein Suchinserat vor. Danach bringt mich Kunying mit ihrem Chauffeur ins Hotel. Sie ist eine großartige Frau. Ich bin ihr für diese wunderbare Zuwendung sehr dankbar.

Das Hotel liegt etwa dreißig Kilometer nördlich von Phuket City. Die schwedische Botschaft und die Hilfsorganisationen aus Schweden haben sich hier einquartiert. Es herrscht reger Betrieb. Ich gehe schnell aufs Zimmer, um allein zu sein. Fühle mich innerlich zerrissen.

Diese Heiß-kalt-Duschen zehren an mir. An meinen Nerven. Ich fühle Verzweiflung. Verzweiflung darüber, dass ich wie sonst nie zuvor in meinem Leben auf die Hilfe anderer angewiesen bin.

Was soll ich nur tun? Welchen Schritt als nächsten machen? Ich bitte meine liebe Mutter um Hilfe. Sage zu mir selbst: »Beruhige dich, steh auf, geh weiter. Es gibt immer ein Weiter. Immer.«

So beschließe ich zu »dowsen« – ein kinesiologischer Kipptest. Wozu habe ich während eines Seminars diese Technik des Abfragens im wahrsten Sinn des Wortes in meinem Körper installiert?! Man kann dazu den Körper, nur die Finger, ein Pendel oder eine Rute benützen. Es wird eine Frage gestellt. Bewegt sich der Körper augenblicklich nach vorne, als würde man vorfallen, so sagt der Körper: ja. Eine Rückwärtsbewegung entspricht einem Nein, so als müsste man sich bremsen, um nicht rückwärts zu fallen. Ebenso können auch Pendel und Rute individuell auf Ja und Nein programmiert werden.

Übrigens kann diese Technik jeder anwenden, ohne über besondere Fähigkeiten verfügen zu müssen. Je öfter man sie anwendet, desto sicherer fühlt man sich selbst. Auf die Frage: ‚Lebt Alexandra-Anita?‘, antwortet mir mein Körper mit einem klaren Ja.

Ich beschließe, alle im Stadtplan ausgewiesenen religiös-kulturellen Institutionen abzufahren. Ich gehe zur Rezeption, lasse mir ein Taxi rufen und fahre los. Ungeplant fahren wir auch zur Moschee, wo man mich sehr freundlich willkommen heißt. Wir enden bei der katholischen Kirche, deren Tore als einzige um diese Zeit geschlossen sind. Mich haben Helmuts Traum und die Botschaft des Synchronisierens der Kulturen zu dieser Fahrt veranlasst. Ich spreche überall ein kurzes Gebet.

Stephan ruft mich zwischendurch an, fragt, wo ich sei, und sagt, er komme mich abholen. Helmut und die anderen seien am Rückweg. Helmut meint, er habe keine negativen Schwingungen im Hotel gespürt. An der angegebenen Stelle liege etwa zwanzig Zentimeter Sand, darunter nur Beton. Marvin wolle aber am nächsten Tag mit

Spürhunden wieder hinauf. Hunde, die speziell zum Aufsuchen von Leichen eingesetzt würden, gebe es nicht. Marvin würde dafür einen Hund, der für die Drogensuche ausgebildet worden sei, in Begleitung seines Polizisten bekommen.

In Thailand ist das Thema Tsunami schon abgeflacht, deshalb ist es auch schwer, eine Zeitung zu finden, die uns noch einmal unterstützt. Wir fahren trotzdem zur City Hall und reden mit den wenigen Journalisten, die noch da sind. Ich entwerfe einen Text, dieser wird von einer Journalistin am Computer ins Thai übersetzt und uns gleich ausgedruckt, wofür ich sehr dankbar bin. Jetzt können wir selbst einen Steckbrief entwerfen.

Stephan fliegt dann nach Wien zurück. Die von den Mönchen durchgeführte Zeremonie für Robert war für ihn sehr bewegend. Er weinte viel, fand etwas Erleichterung. Es hat ihm gutgetan. So gut, wie es unter diesen Umständen eben sein kann. Er hatte auch am Computer beim Durchforsten der Kinderleichen zugeschaut. Ohne Erfolg. In diesem Fall zum Glück.

Roberts Leiche hatte man noch immer nicht gefunden beziehungsweise identifiziert. Man war noch dabei, die tiefgekühlten Leichen nach Alter, Geschlecht und, wenn möglich, Herkunft zu sortieren. Was hinter den Kulissen tatsächlich passierte, ist sicherlich ein Kapitel für sich. Allein die Struktur zum Überblicken der vielen Leichen und das Computerprogramm dazu sind bei einer Katastrophe wie dieser zu bedenken. Schlussendlich bleibt immer noch die Möglichkeit, dass das Meer so manchen Körper für immer verschlungen hat. Die Container mit den Leichen befinden sich im Norden von Phuket. Jene, die diese Arbeiten durchführten, müssen emotional einen inneren Knopf eingebaut haben, der auf »sachlich« gedrückt ist, denke ich mir. Jedenfalls muss man dafür schon von Geburt an mit sehr starken Nerven ausgerüstet sein. Man kann sich solch starke Nerven aber teilweise auch antrainieren – das spüren auch wir mit jedem Tag mehr.

Für uns heißt es als Nächstes, einen Steckbrief zu entwerfen und davon tausend Kopien zu machen. Es gibt auch einen Finderlohn von 300.000 Baht als Anreiz, sich an der Suche nach Alexandra-Anita zu beteiligen. Ich persönlich war gegen diese Idee, doch war sich die männliche Welt darüber einig. Toni hat ein kleines Team organisiert, das die Steckbriefe in Phuket City verteilt. Er entwickelt mit der Zeit ein Eigenleben, fühlt sich gleich einem persönlichen Hilfskommandanten von Helmut. Für mich ist es klar, warum er als selbstständiger Touristenführer tätig war, denn in einem Betrieb, in dem meist Teamarbeit gefragt ist, hätte er mit seiner arroganten Art nur Anpassungsschwierigkeiten gehabt. Aufgrund seines für Thais untypischen großen athletischen Wuchses ähnelt seine Gangart einem lässigen Daherlatschen. Frauen gegenüber kann es leicht passieren, dass er die Hand zur Begrüßung gibt und dabei vergisst, von der Zeitung aufzublicken. Wenn er am Handy telefoniert, ist am akkuraten Tonfall schwer zu unterscheiden, ob er eine angeregte Unterhaltung führt oder gar streitet. Und sein Geruchssinn ist eindeutig auf Geld trainiert. Wenn ich es sarkastisch ausdrücke, ist er seinem Herrl ein treuer Hund, solange der ihn edel füttert. Doch als stolzer Vater dreier Buben beweist sein Familiensinn, dass sein Herz trotz Machomanieren am rechten Fleck sitzt.

Zu Recht meint Toni, dass wir das Hotel aufgrund der Entfernung zu Phuket City wechseln sollten. So quartieren wir uns in eine nette Pension mitten in der Stadt ein. Es ist inzwischen eine Woche vergangen, seit wir in Phuket angekommen sind. Helmut meint, ich solle beginnen, ein Tagebuch zu führen. Ich weigere mich. So lange kann und darf es einfach nicht dauern. Ein Tagebuch zu beginnen, würde bedeuten, mich auf Ungewisses einzulassen. Hätte mir damals jemand gesagt, dass daraus ein Buch werden sollte, so hätte ich den Gedanken daran vehement zurückgewiesen. Einfach zurückgewiesen. Er wäre absolut unfassbar gewesen. Diese Belastung hätte meine nervlichen Kapazitäten überschritten.

Ich zähle jeden Tag, seit wir die kleine Maus vermissen, und versetze mich in deren Situation. Wie kommt sie in ihrem zarten Alter damit zurecht? Sie ist eine starke Persönlichkeit; allein, wo hat Stärke ihren Platz, wenn jede Erklärung für die Sinnhaftigkeit derselben fehlt? Die einzige Erklärung ist auf der Seelenebene zu finden. Der Zugang zu diesem Wissen in unserem konkreten Fall war mir zu diesem Zeitpunkt noch nicht eröffnet. Etwas später sollte es die einzige Botschaft voller Hoffnung, Glaube, Vertrauen und Liebe sein. Bis dahin und auch danach galt es, die Unendlichkeit an möglichen Möglichkeiten zu erfahren und sie einen liebevollen Zugang in unser Herz finden zu lassen. Und das dauerte und dauerte.

Mein Tag beginnt weiterhin mit Gebeten zum himmlischen Vater und vielen kosmischen Licht- und Liebeswesen. Dann geht es weiter mit dem Vorlesen aus Alexandra-Anitas Lieblingsbüchern, mit dem Aufzählen aller Leute, die sich auf sie freuen und auf sie warten. Und natürlich nehme ich sie immer in meine Arme, streichle ihre Wange und sage ihr, wie lieb Mami sie hat, wie unendlich lieb ich sie hab. Nie bleiben meine Augen dabei trocken. Nie hätte ich mir damals auch nur annähernd vorstellen können, wie lange dieser Prozess noch dauern würde. Aber unser lieber Vater lässt eben gerade so viel zu, wie man als Erdling ertragen kann.

Mönche lokalisieren Alexandra-Anita

Für heute ist bei den Mönchen zu Mittag eine längere Meditation angesagt. Sie dauert an die drei Stunden und dient der Lokalisierung von Alexandra-Anita. Der Mönch, er ist das Oberhaupt des Tempels, strahlt viel Güte aus.

Sein Blick ist zugleich fest und weich. Seine Art zu reden vermittelt, dass ihn kaum etwas aus seiner Mitte bringen kann. Man spürt, er will sich mit seinen Handlungen selbst gerecht werden. Die Außenwelt ist nur ein Spiegel, der ihn reflektiert. Anwesend sind außerdem zwei seiner Schüler, die nicht im Tempel leben, ein junges Mädchen und ein Mann Mitte dreißig. Eine nette Krankenschwester, Frau Deng, soll übersetzen. Sie spricht ausgezeichnet Deutsch. So übersetzt sie uns, als der Mönch zu erzählen beginnt, dass bei ihnen im Tempel bereits ein europäisches Ehepaar gewesen sei, das seinen Sohn gesucht habe. Als er diesen beschreibt, sehe ich vor mir ein bereits mehrmals in Zeitungen veröffentlichtes Bild. Das süße Lausbubengesicht eines Zehn- bis Zwölfjährigen mit Sprossen und einer Brille. Er lächelt sanft, nickt ruhig und meint in sich ruhend, der Bub sei tot. Er sei seinen Weg gegangen.

Der Mönch bedeutet Toni, den Raum zu verlassen, was diesen sehr aufständisch werden lässt. Der Mönch beharrt allerdings darauf, und so verlässt Toni, wenn auch nur widerwillig, den Raum. Alle anderen Personen im Raum nehmen vor dem Mönch eine möglichst bequeme Sitzhaltung am Boden ein.

Der Mönch verbindet sich im Geiste mit Helmut und überträgt ihm Kraft, die Helmut nach hinten kippen lässt. Sein Schüler hat sich inzwischen geistig in die Verbindung des Mönchs zu Helmut eingeklinkt. Das Mädchen nimmt mit meinem Höheren Selbst Kontakt auf. Sie scheint ein starker Kanal zu sein, denn aus ihr sprudelt es nur so heraus. Der Mann und das Mädchen haben die Fährte von Alexandra-Anita aufgenommen. Die Deutsch sprechende Krankenschwester übersetzt uns alles. Sie meint, sie lokalisieren sie auf der Landkarte im Süden Phukets, wo sie mit Erwachsenen unterwegs sein solle. Sie würden aber nicht lange im Süden bleiben, sondern wieder in den Norden, in die Berge ziehen. Die Erwachsenen seien sich nicht ganz einig, was sie tatsächlich tun sollten.

Alle sind äußerst konzentriert. Der Mönch dirigiert die geistigen Fäden, indem er einmal von der einen Person, dann von der anderen Informationen einholt. Helmut ersucht er, mit Romana per Handy Kontakt aufzunehmen. Da sie weiß, dass wir die Meditation durchführen, klinkt sie sich schnell ein. Der Mönch hatte inzwischen Vertrauen zu ihr gewonnen, und man konnte erkennen, dass er mit ihr in eine geistige Verbindung getreten war.

Die Meditation verläuft harmonisch, ist aufschlussreich, spannend und anstrengend zugleich. Besonders, da Toni nach einer gewissen Zeit Eintritt begehrt, den ihm der Mönch jedoch verweigert. Als die Meditation beendet ist, zeigt sich der Mönch dazu bereit, mit uns mitzufahren. Toni fährt, doch er ist sehr aufmüpfig. Kein Wunder, wurde sein Ego doch aufs Tiefste beleidigt. So fahren wir in den Süden, biegen aber falsch ab. Wir fahren zurück. Als Helmut meint, Toni solle langsam fahren, bleibt dieser fast stehen. Den Mönchen lockt Tonis Verhalten nur ein müdes Lächeln ab.

Wir rufen Romana an. Sie erfasst die schlechte Atmosphäre im Auto und sagt, wir hätten zuerst Ruhe und Klarheit zu schaffen.

Ich bin jetzt emotional aufgewühlt, zornig und wütend auf Toni. Zugleich weiß ich, dass es so nicht weitergeht, und bitte die geistige Welt, mir zu helfen, meine Gefühle für ihn in Verständnis zu verwandeln. Dazu kommt, dass von Anfang an unklar war, ob der Mönch mitfährt, weil er uns geistige Unterstützung bieten oder weil er den Weg aufspüren will. So ist viel Zeit vergangen. Es ist bereits dunkel geworden. Wir fahren den Mönch zum Tempel zurück. Ich beharre darauf, noch einmal in den Süden zu fahren. Ich bemerke, dass hier keine Steckbriefe hängen. Wir steigen aus und befestigen einige an Lichtsäulen und anderen markanten Stellen. Schließlich brechen wir ab, da es bereits zu dunkel ist. Es ist der 24. Jänner 2005. Unser Sohn Alexander feiert heute seinen sechsten Geburtstag.

Mir wird schwer ums Herz. Einerseits suchen wir hier verzweifelt nach unserem Mädchen, andererseits ist unser Bub weit entfernt zu Hause. Unser Trost ist, dass Monika sicher eine Idee hatte, die ihn vergessen lässt, dass Mama und Papa weit weg von ihm sind. So rufen wir an, gratulieren ihm, schicken ihm viele Bussis und erfahren, dass seine Freunde bei ihm zu Besuch sind und er eine tolle Geburtstagsparty genießt. Seine süße Stimme zu hören, baut Helmut und mich wieder etwas auf. Wir wollen noch ins Central Festival, ein Shopping-Center in Phuket City, um für ihn ein Geburtstagsgeschenk zu finden. Hier schauen wir auch im Internet nach unseren Mails. Daneben ist im gleichen Stock das Computergeschäft, wo wir Bilder von unserer Maus einscannen und in Farbe auf Hartpapier ausdrucken.

Wir wollten uns hier eigentlich etwas entspannen, uns ablenken und abschalten, doch der Lärm ist für uns heute zu stark. So verlassen wir unverrichteter Dinge das Shopping-Center.

Vor dem Schlafengehen rufe ich im Geiste noch meine Mama. Sie geht mir so sehr ab. Ich liebkose sie mit all den Kosenamen, die ich für sie hatte. Ich höre ihre sanfte Stimme, sehe ihren liebevollen Blick und spüre ihre weiche, einfühlsame Art. Meine Augen sind voller Tränen. Mit diesen ihm Gesicht, sage ich ihr, wie sehr ich sie liebe – und schlafe so schließlich weit nach Mitternacht ein.

In der Firma bereitet man bereits die zweite Ausgabe 2005 vor. Ich bespreche mit meinem Redaktionsteam einige Punkte. Ich weiß, sie können jetzt auch ohne mich auskommen. Jeder Mitarbeiter kennt die einzelnen Arbeitsschritte – sowohl allgemein als auch hinsichtlich seines Themenbereichs. Meine Assistentin sollte sich bei mir melden, falls Fragen auftauchten oder wenn sie wo anstehen sollten. Ich habe vollstes Vertrauen in alle und sage es ihnen auch.

Am selben Tag sollen weitere tausend Kopien des Steckbriefs gemacht werden. So fahren wir zu einem Kopiergeschäft gegenüber dem indischen Tempel. Ich habe schon immer einen starken Bezug zur indischen Philosophie gehabt und überquere die Straße zum Tempel. Es ist an die fünfzehn Jahre her, dass ich die Bhagavad Gita, die Bibel der Hindu, gelesen habe und mich von den Geschichten aus ihrer Götterwelt angezogen fühlte. Wie es sein soll, wird gerade von einem jungen, großen Brahmanen mit edlen Gesichtszügen und langem, im Nacken zusammengebundenem Haar eine Zeremonie durchgeführt. Ich setze mich zu den anderen und nehme die andächtige Atmosphäre in mir auf. Überall sind Unmengen von Blumen in den schillerndsten Farben aufgestellt. In der Mitte wurde ein Feuer entzündet, das vom Brahmanen mit immer neuen Holzstücken mehr und mehr zum Lodern gebracht wird. Würdevoll und Achtung gebietend sitzt er mit entblößtem, muskulösem Oberkörper da und wirft die Opfergaben in das Feuer. Verschiedenste exotisch anmutende Düfte werden vom Wind verweht. Der helle Klang der Musik und der klare Gesang des Brahmanen sind wie ein heilsamer Rausch für meine Seele. Ich bin voll Dank dafür, dass ich am Geschehen teilnehmen kann, und empfinde diese Teilnahme als ein Geschenk des Kosmos.

Da das Kopieren gut über eine Stunde dauerte, gesellt sich Helmut erst gegen Ende der Zeremonie dazu. Wir sind die einzigen Fremden unter allen Einheimischen. Man fragt uns, ob wir Hindu seien. Ich sage, dass mir deren Philosophie gefalle und es für mich nur Menschen mit unterschiedlichem Glauben gebe. So kommen wir mit den Anwesenden ins Gespräch. Als sie die Kopien sehen, fragen sie nach. Auf diese Weise erfahren wir, dass ein junger Mann mit besonderen Gaben anwesend sei. Wir werden zu ihm geführt. Er sitzt unter dem Bild von Sai Baba, einem indischen Guru, der als Heiliger verehrt wird und zu dem die Leute, zu dessen Lebzeiten, aus der ganzen Welt pilgerten.

Da der junge Mann nur Thailändisch spricht, wird ihm unsere Geschichte übersetzt. Er nimmt das Foto von Alexandra-Anita, fragt nach dem Geburtsdatum, nach der Geburtszeit und dem Wochentag, an dem sie geboren wurde. Dann blickt er zum Altar, bewegt seine Finger, so als würde er zählen, um uns danach zu sagen: »Alexandra-Anita lebt, sie hielt sich in den Bergen von Khao Lak auf, dann in Phuket und ist wieder in die Berge zurück oder am Weg dorthin.« Ich bin ob dieser Nachricht zwar wenig überrascht, aber irgendwie doch perplex, sodass ich in dem Getümmel nicht weiter nachfrage. Um uns hat sich eine Traube von Menschen gebildet, alle wollen das Foto sehen, und alle zeigen auf ihre Art ihr Mitgefühl. Wir bedanken uns bei dem jungen Mann und fahren zum Hotel, wo wir uns mit einer in Phuket lebenden Freundin von Marry treffen.

Marry

Marry kennen wir seit Jahren von Chiang Mai her, wo sie im Tao Garden einen Vortrag über ihr Projekt mit Tieren gehalten hatte. Sie ist eine Holländerin, die früher in Singapur lebte und sich dort um den Zoo kümmerte. Von offizieller Stelle holte man sie dann nach Bangkok, um mit ihrer Hilfe die Straßenhunde in den Griff zu bekommen. Doch als das Projekt enorme Ausmaße annahm und sie finanziell im Stich gelassen wurde, zog sie nach Chiang Mai. Hier gründete sie ein Tierheim. Sie sammelte Straßentiere, rettete Versuchstiere aus den verschiedensten Labors, kümmerte sich um verwaiste, ihr oder anderen Menschen zugelaufene oder zu ihr gebrachte Tiere. Berühmt wurde sie dann durch ihren Bären Teddy. Ich lernte Teddy und seine verspielte Art selbst kennen und wundere mich, ehrlich gesagt, über meinen damaligen Mut, der mich mit diesem mir an Kräften bei Weitem überlegenen Tier herumtoben ließ. Ich erinnere mich nicht, die geringste Angst verspürt zu haben, als er mein Fußgelenk zwischen seinen Zähnen hielt. Aus Neid über ihren Erfolg hat man Teddy später vergiftet. Doch Marry wurde trotz ihrer zierlichen Statur nicht müde, mit allen ihren Tieren dorthin überzusiedeln, wohin sie es für richtig hielt. Ihr hartnäckiges Anliegen war und ist es bis heute, den Menschen, besonders den Kindern, den liebevollen Respekt vor den Tieren aufklärend zu vermitteln. Eine thailändische Zeitung hat ihr dafür sogar eine eigene Kolumne eingerichtet.

Im Laufe der Zeit ist eine tiefe Freundschaft zu ihr entstanden. Als sie in der Zeitung von uns las, rief mich Marry auf meinem Handy an. Als wir einander hörten, nahm ein Wasserfall an Gefühlen seinen Lauf. Stille und Schluchzen, die sich abwechselten, machten erst nach geraumer Zeit den ersten Sätzen Platz. Marry erzählte mir, dass sie, nachdem sie die Nachricht in der Zeitung gelesen hatte, ein Schwall von Informationen aus anderen Dimensionen erfüllte.

Als ich sie kennen lernte, war mein erster Eindruck von ihr, dass sie wohl eine Art Außerirdische sei. Unsere gemeinsamen Erlebnisse bestätigten mich in diesem Eindruck. Besonders ein Ausflug in die Berge, wo wir zusammen mit einer von Andrew angeleiteten Meditation eine Zeitreise erlebten, ist mir in lebhafter Erinnerung. Andrew war Professor an der Uni in Bangkok, wo er Englisch und Meditation unterrichtete. Er ist auch die Person, die Gaby indirekt auf Roberts Ableben vorbereitet hatte.

Marry ist davon überzeugt, dass Alexandra-Anita von Luang Puh Sok, einem zu seinen Lebzeiten vom Volk andächtig verehrten Mönch, gerettet worden ist. Heute noch steht die Statue von Luang Puh Sok im Tempel von Prinz Chumphon. Beide, Luang Puh Sok und Prinz Chumphon, sind Schutzpatrone der thailändischen Marine. Prinz Chumphon war einst ein Mitglied der königlichen Familie, dem der Adelstitel entzogen worden war, nachdem er eine bürgerliche Ausländerin geheiratet hatte. Beim Volk war er sehr beliebt, und es war allgemein bekannt, dass er ein sehr vergeistigter Mann war, der auch viel über die Naturheilkunde wusste. Marry meinte, dass die Rettung unseres Mädchens den Glauben an das Wunder und die geistigen Kräfte den Menschen zurückbringen würde.

Das Treffen mit Marrys Freundin ist sehr kurz, da wir unbedingt noch in den Norden bis nach Takua Pa und dann weiter in die Berge nach Ban Sai Kao fahren wollen. Sie ist eine aus der Karibik stammende sehr herzliche Frau mit einer ruhigen Art und einem sehr besonnenen Blick. Der kurze Austausch genügt, um uns zu vermitteln, dass wir uns im Herzen sehr nahestehen. Es werden wenige Worte gewechselt, dafür tiefe Gefühle ausgetauscht. Es ist wie das Treffen mit einer alten Bekannten, bei dem die lange Zeit der Trennung keine Rolle spielt. Solche Begegnungen sollten wir noch öfter machen. Wir umarmen uns. Sie schenkt mir ein Jade-Amulett, verpackt in einem rosa Stofftäschchen.

Beim Checkpoint kurz vor der Auffahrt zur Saragin-Brücke, die die

Insel Phuket mit dem Festland verbindet, hängen wir einige der Flugblätter aus. Der Checkpoint ist eine Kontrollstation der Polizei, doch meist sitzen die Polizisten nur im Schatten und plaudern eher angeregt miteinander, als dass sie vorbeifahrende Autos und deren Insassen kontrollieren würden. Außerdem müsste man jedes einzelne Auto aufhalten und hineinschauen, wollte man nach einer Person suchen. Durch die zum Sonnenschutz verdunkelten Scheiben lässt sich nicht einmal erkennen, ob eine oder mehrere Personen in einem Auto sitzen. Manchmal kann es passieren, dass sie doch mal ein Auto anhalten, um so ihren »Kontrollpflichten« wenigstens dem Anschein nach nachzukommen.

In Takua Pa, etwa hundertzwanzig Kilometer von Phuket City entfernt, übergeben wir Tonis Vater, einem pensionierten Polizisten, tausend Kopien des Steckbriefs. Auf dem Weg nach Ban Sai Kao machen wir einen Stopp im Stemper-Café. Den deutschen Besitzer und seine Thai-Frau kennen wir noch aus dem Urlaub von Weihnachten her. Ich freute mich damals über die köstlichen Torten, die genauso gut schmeckten, wie sie aussahen. Bei ihnen ist das Wasser nicht ganz bis ins Haus gekommen. Nur der Keller wurde überflutet. Wir hinterlassen einige Flugblätter und machen uns weiter auf den Weg in die Berge. Der Ort hat wie die meisten Ortschaften hier nicht wirklich einen Ortsanfang oder ein Ortsende. Wir bleiben an mehreren Häusern stehen, steigen aus und Toni spricht mit den Leuten. Sie wüssten hier von keinem Fall, sie seien alle sehr freundlich, berichtet er uns. Ich habe nicht das Gefühl, dass sie uns gegenüber Argwohn hegen. Es sind einfache Leute, die ihren Lebensunterhalt meist durch harte Arbeit in den Kautschukplantagen verdienen. Viele waren in Khao Lak im Tourismus beschäftigt. Die meisten Familien haben den Verlust von Angehörigen zu beklagen. So fahren wir die Straßen ab und unterhalten uns mit den Ansässigen. Bei allen hinterlassen wir den Steckbrief. Eine Frau aus einer Gruppe, mit der wir auf der Straße reden, erzählt, dass sie im Radio von Khok Kla die Meldung gehört habe, ein Ausländerkind sei gefunden worden und suche seine Eltern.

Die Stadt Khok Kla liegt auf unserem Weg nach Phuket City. Allmählich wird es dunkler. Wir fahren weiter, um die Radiostation aufzusuchen, und erfahren dort, dass die Meldung eine Falschmeldung gewesen sei. Denn tatsächlich hatte ein Vater eine Suchmeldung nach seinem Sohn aufgegeben. Der kleine Hoffnungsschimmer in unseren Herzen ist verflogen. Nach Phuket City zum Hotel ist es gut eine Stunde. Betrübt und übermüdet machen wir uns auf den Heimweg. So geht es an vielen Tagen. Meist kommen wir erst gegen Mitternacht ins Bett und für gewöhnlich vereinbaren wir mit Toni ein Treffen am nächsten Morgen gegen 8.00 Uhr.

Alexandra-Anita – das Falang-Kind

Da seine Telefonnummer auf den Steckbriefen veröffentlicht ist, sind wir darauf angewiesen, dass Toni uns über Anrufe informiert. So kann es passieren, dass er fährt und uns – wie einmal auf der Heimfahrt – so ganz nebenbei mitteilt, es sei ein Anruf gekommen: Alexandra-Anita sei von einem Mann an der Hand einer Thailänderin gesehen worden, als diese am Markt einkaufen gegangen sei. Es sei der 2. oder 3. Jänner 2005 gewesen, und zwar in den Bergen von Khao Lak. Der Mann habe gefragt, woher sie das Mädchen habe, da es ja ein Falang-Kind (ein westliches Kind) sei. Es sei ein Kind, das seine Eltern verloren habe, habe die Frau darauf gemeint und sie würde vorerst auf das Kind aufpassen. Natürlich möchten wir mit diesem Mann persönlich sprechen. Und zwar gleich morgen früh. Toni sagt, er arbeite am Karon Beach an einer kleinen Tankstelle. Er werde anrufen und fragen, ob er da sei.

Es geht ziemlich an die Substanz, wenn ich dann vor einem Mann stehe und auf eine Kommunikation angewiesen bin, die sich aus Wortbrocken ergibt. Ich will es genau wissen, nehme den Steckbrief in die Hand und deute mit dem Finger auf das Foto von Alexandra-Anita. Schau dem Mann in die Augen und deute mit demselben Finger auf seine Augen. Bediene mich so der Fingersprache, um sicherzugehen, ob er mit seinen Augen das Mädchen auf dem Steckbrief gesehen hat. Er nickt. Ich frage mit dem Einsatz der Körpersprache: Wo? Toni sagt, er habe sie in Amphoe Kapong gesehen. Wie gesagt, sei das in der ersten Jännerwoche gewesen. Doch seither seien sowohl die Frau als auch das Kind nicht mehr gesehen worden. Die Frau sei außerdem in die Gegend zugezogen und stamme ursprünglich aus der Region um Surat Thani. Woher genau, wisse niemand oder wolle niemand wissen. Ihr Name sei Ooi, erfahren wir noch – natürlich ein sehr geläufiger Thai-Name. Informationen, die uns wenig weitergeholfen haben, als wir in Amphoe Kapong eintreffen, wo uns Tonis Vater bereits erwartet.

Toni glaubt, dass der Mann von der Tankstelle von einem kleinen Ort gleich hier in der Nähe als dem möglichen Wohnort der Frau gesprochen hatte. So fahren wir also einige Kilometer weiter, um schließlich auf der Hauptstraße einer kleinen Gemeinde zu landen. Offiziell wissen die Bewohner hier nichts. Besagte Person ist im Dorf unbekannt. Es bildet sich immer schnell eine Traube von Menschen um uns, und wir verteilen an diese unsere Flugblätter. Viele sind einfach neugierig und wollen erfahren, worum es geht, wenn Falangs sogar in ihr abgelegenes Dorf finden. Mir missfällt die Art, wie uns Toni mit der Übersetzung in der Luft hängen lässt. Obwohl er sehr lange mit den Leuten spricht, vermeldet er uns gegenüber nur kurz, dass das Mädchen hier nicht gesehen worden sei. Immer wieder überkommt mich das Gefühl, dass so manches im Raum ungesagt bleibt. Andererseits wollen die Leute oft einfach nur viel wissen, und ich denke, er erzählt den Leuten, worum es in unserem Fall geht. Entsprechend hören wir so manches Staunen ausdrückende »Ooohh« und der Blick der Leute geht immer wieder in unsere Richtung.

Zu Tonis Vater, der nur Thailändisch spricht, fällt es mir schwer, einen Kontakt herzustellen, da er jeglichen Augenkontakt vermeidet. Was natürlich auch dem traditionellen Verhalten der Thais einer westlichen Frau gegenüber entspricht. Auf der Rückfahrt halten wir an einer größeren Polizeistation bei Kapong an. Wir hinterlassen auch hier die Steckbriefe unserer Tochter und alle der Polizei dienlichen Daten.

Während Toni und Helmut mit den Polizisten sprechen, gehe ich nach draußen. Eine Frau, die den Steckbrief mit der ausgeschriebenen Belohnung von 300.000 Baht sieht, meint provokativ lächelnd zu ihrem etwa dreijährigen Sohn, während sie ihn von sich wegschiebt, ob sie ihn an mich verkaufen solle. Obwohl sie nur Thailändisch spricht, zeigen mir ihre Gesten ganz genau, was sie meint. Natürlich klammert sich der süße kleine Bub daraufhin noch mehr an seine Mutter.

Wieder zurück in Phuket City sehe ich an der Wand neben einer kleinen Bäckerei den Steckbrief von unserem süßen Mädchen mit ihren großen Augen und den vielen Locken rund um das Gesicht. Mir gefällt der orangefarbene, Freude ausstrahlende Hintergrund der Fassade, und so mache ich hier das erste Mal ein Foto. Bisher hatte ich mich geweigert, Fotos, Videoaufnahmen oder schriftliche Aufzeichnungen von unserer Suche zu machen.

Wir beschließen, noch weitere zweitausend Steckbriefe zu kopieren, um diese auch in den Bergen von Khao Lak verteilen zu lassen. Auf dem Weg zum Kopiergeschäft sehe ich einen Kindergarten. Es ist bereits späterer Nachmittag. Die Kinder werden gerade von ihren Eltern abgeholt. Ich frage die Leiterin des Kindergartens, ob sie auch ausländische oder Waisenkinder hätten. Nein, es handle sich um einen staatlichen Kindergarten, wo nur einheimische Kinder seien, meint sie. Ich zeige ihr das Bild von Alexandra-Anita. Ein Pärchen, das ihren kleinen Sohn abholt, erkennt das Foto aus der Zeitung. Die Augen der Mutter werden glasig. Ihr Sohn ist im gleichen Alter wie unser Mädchen. Sie kann unseren Schmerz nachfühlen und möchte uns gerne zu einer Child Foundation bringen. Hier kümmert man sich um Waisenkinder wie auch um solche Kinder, die von ihren Eltern nicht selbst betreut werden können. Sei es wegen Krankheit oder aus anderen Gründen. Auch hier kennt man Alexandra-Anita nicht, doch hinterlassen wir einige Steckbriefe und tauschen Visitenkarten aus, denn der Leiter der Foundation ist ein Engländer.

Inzwischen erhalten wir einige Anrufe von uns sehr nahestehenden Personen. Der Leiter des Tao-Yoga-Zentrums im Tao Garden bei Chiang Mai, wo wir unser Haus haben, will wissen, ob es etwas Neues gebe. Er möchte uns mitteilen, dass im Tao Garden zurzeit an die hundertsechzig Personen, Gäste aus der ganzen Welt, täglich für uns meditieren. Sehr ähnlich verläuft auch das Gespräch mit meiner Cousine aus Serbien. Sie bittet mich, stark zu sein. Sie träumt sehr viel von mir, sieht mich abgemagert und erschöpft. Wir mögen weiterhin mutig sein, auch Alexander brauche uns. Sie alle beten täglich für uns und unser kleines Mädchen. Ich denke, all diese geistige Hilfe, unsichtbar und doch fühlbar, hält uns aufrecht und gibt uns Kraft durchzuhalten.

Wir haben nie ein Programm für den nächsten Tag. Und doch werden wir von morgens bis abends durch den Tag geführt. Unsere Freundin Marry aus Chiang Mai meint, dass jene Personen, die Alexandra-Anita bei sich haben, aufgrund der Zeitungsmeldung annehmen mussten, ihre Eltern würden sie für tot halten. Die entsprechende Veröffentlichung hatte Toni gleich nach unserem ersten Abflug veranlasst. Wir selbst erfuhren erst später davon. Jetzt, wo wir, ihre Eltern, aber da sind und sie finden wollen, wissen jene Personen, die sie bei sich haben, nicht, wie sie sich verhalten sollen, ohne dafür bestraft zu werden, ein Kind illegal bei sich behalten zu haben.

Laut Marry soll sich Alexandra-Anita jetzt im Süden Phukets, in Baan Aow Makam, aufhalten. Da es schon wieder gegen Mitternacht ist, meint Marry, wir sollten am folgenden Morgen zusammen mit dem Mönch in dieses Dorf fahren. Der Mönch möge in die Dorfversammlung gehen, mit Alexandra-Anitas Geist in Kontakt treten, gleichzeitig die Leute fragen, ob nach dem Tsunami bei ihnen wieder alles in Ordnung sei und ob es Kinder gebe, die Hilfe brauchten. Der Mönch sei sozusagen der Mediator, der auf dem Weg der Liebe vermitteln könne. Marrys Stimme klingt sehr bestimmend. Weiters möge Toni die Situation aus einer entsprechenden Entfernung unauffällig beobachten. Helmut solle als Alexandra-Anitas Vater und Beschützer sie mit seiner Nase aufspüren. Sobald wir sie sehen, sollten wir sie uns einfach schnappen. Alexandra-Anita werde erstmals wieder zu sprechen beginnen. Wiederholt sagt Marry, dass Alexandra-Anita als besonderer Engel gekommen sei, um im Auftrag und Schutz von Prinz Chumphon die Botschaft des verlorenen Glaubens an das Wunder zurückzubringen. Ich frage Marry, woher sie diese Informationen habe. Sie kämen von Prinz Chumphon, der durch sie spreche. Sie sei ein Kanal, durch den die ihr bekannte Energie von Prinz Chumphon mit den Informationen klar und deutlich durchkämen, ohne dass sie etwas dagegen tun könne.

Ich verspüre vor dem Schlafengehen noch den Wunsch, unseren Buben anzurufen. Es sind sechs Stunden Zeitunterschied und in Wien ist es daher kurz vor 18.00 Uhr. Alexander fragt auch gleich, nachdem er meine Stimme hört: »Mami, wann kommst du?« Ich sage ihm, wie sehr ich ihn liebe und dass Papi ihm heute eine Schleuder gekauft habe. »Die kann man selber bauen«, kam als Antwort. »Stimmt, doch als Papi die Schleuder sah, dachte er sofort an dich und kaufte sie.« Er will von mir wissen, wie groß unser Zimmer sei und ob es eine Verbindungstür habe. Ich wiederum will von ihm wissen, ob er heute schon etwas genascht habe, und erfahre so von den vielen Torten zu seinem 6. Geburtstag: Eine ist von unserem Kindermädchen Monika; eine andere von Tommy, dem Sohn von Helmuts Partner, eine kleine Torte mit Marzipanzwergen, und eine von Rene. Rene ist Alexanders Zahnarzt und der Sohn unserer lieben Freunde, die mit uns zusammen in Khao Lak waren. Wir versprechen ihm, seinen Geburtstag nachzufeiern. Er wird den ganzen Partyschmuck im Zimmer hängen lassen. Jetzt ist er gerade noch dabei, Buchstaben zu lernen. Er wünscht sich noch, dass wir bald zurückkommen, um mit ihm im Schnee spielen zu können. Monika verrät uns, dass er unbedingt einen Iglu bauen möchte. Ich sage Monika, wie dankbar ich ihr für ihre Hilfe sei und dass es guttue zu wissen, dass sie mit ihrem fröhlichen Gemüt jetzt an Alexanders Seite sei. Ich weiß auch, wie sehr sie ihr kleines Mädchen Aniti, wie sie Alexandra-Anita liebevoll nennt, liebt und dass sie sich genauso sehnlich wie wir wünscht, sie wieder zu Hause zu haben.

Dass die Zeit in der Welt der Mönche anders tickt als in unserer normalen Welt, erleben wir am folgenden Morgen. Gegen 7.30 Uhr sind wir im Tempel, um den Mönch zu bitten, mit uns nach Baan Aow Makam zu fahren. Wir wissen, dass die Mönche frühmorgens mit ihren Bettelschalen von Haus zu Haus unterwegs sind, um ihr Essen für den Tag von den Leuten zu bekommen. Um 8.00 Uhr kommt er zum Tempel zurück und widmet sich seinen Essens- und Gebetszeremonien. Wir mögen fahren, sein Geist fahre mit uns, meint er.

So fahren wir zu dritt in die besagte Gegend. Die Straßen sind leer, es gibt viele Einfamilienhäuser, doch von einem Dorfplatz oder Kommunikationszentrum gibt es keine Spur. Helmut und ich verspüren hier keine besondere Energie, die uns anspricht. Die meisten Geschäfte haben zugesperrt. Wo keine Touristen mehr sind, gibt es auch kein Geschäft zu machen. Es liegt eine eher trostlose Stimmung in der Luft. Wir beschließen zurückzufahren. Toni hat mit der örtlichen Taxiorganisation ein Treffen vereinbart, um die Taxifahrer zu stärkerer Mithilfe und Ausschau nach Alexandra-Anita zu bewegen. Auf der Fahrt zum Hotel erhalten wir einen Anruf von Marry. Sie erzählt uns, dass sich ein italienischer TV-Reporter gerade in Phuket befinde. Wir mögen uns mit ihm treffen und sie gibt uns seine Handynummer durch. Wir rufen Raolfo an und treffen uns mit ihm eine Stunde später an der Chalong Bay in einem bei den Thailändern beliebten Hafenrestaurant. Er hat gleich seinen Kameramann und Techniker mitgebracht und bittet uns um ein Interview. Auf dem Weg zur Chalong Bay bekommen wir einen weiteren Anruf. Es ist Marvin. Für den Abend sei im Hotel Hilton ein Treffen mit einem Fernsehteam vereinbart. Im Hotel veranstalte der Premierminister ein Bankett. Wie ich meine, handelt es sich um eine Werbekampagne für die nächsten Wahlen. Aus diesem Grund seien viele Zeitungen, Radio- und Fernsehteams vor Ort. In Thailand hat das Thema Tsunami an Aktualität verloren. Immerhin ist seither ein Monat vergangen. Um über vermisste Kinder zu schreiben, braucht man schon sehr harte Fakten. Trotzdem ist dieses Fernsehteam bereit, mit uns zu reden und unseren Fall eventuell zu senden.

Wir vereinbaren ein Treffen mit Marvin an der Chalong Bay. Er befindet sich ganz in der Nähe und stößt nach etwa zehn Minuten zu uns. Seine sanfte Stimme und seine ruhige Art machen seine Gegenwart angenehm. Umso merkwürdiger ist Tonis Verhalten. Er ist unruhig, innerlich aufgebracht und aus seinen Augen blitzt Zorn. Er fühlt sich durch Marvins Anwesenheit persönlich zurückgesetzt. Er redet auf den Techniker ein und – wie sich herausstellt – will kommunizieren, dass Marvin keine Vertrauensperson sei. Er würde Thai verstehen, doch täte er so, als verstünde er nichts. Für mich ist es zu diesem Zeitpunkt rätselhaft, in welchem Zusammenhang und in welcher Absicht er das jetzt aufs Tapet bringt.

Ich sammle mich innerlich, denn Raolfo scheint ihm wenig Aufmerksamkeit zu schenken. Er fühlt vielmehr mit uns als Eltern, deren Situation wenig beneidenswert ist. Ein Umstand, der mich beruhigt und mich auch aus vollem Herzen über das bisher Geschehene wie über die damit verbundene Botschaft erzählen lässt. So sprudelt es aus mir heraus, dass die Menschheit durch den Tsunami aufgerüttelt hätte werden sollen.

Es sei die Mutter Erde, die uns zu einer ganzheitlichen Weiterentwicklung unseres Bewusstseins, eine feinere Wahrnehmung zu entwickeln, bewegen möchte. In spirituellen Kreisen auch oft als Aufwachprozess beschrieben. Der Planet Erde erhöhe seine Eigenschwingung, die, davon ausgehend, dass alles im Universum aus Wellen besteht, natürlich auch auf uns Menschen Auswirkung hat. Wir befinden uns in einem geistigen Transformationsprozess. Was für mich bedeutet, sich seiner spirituellen Herkunft gewahr zu werden und diese Verbindung wieder herzustellen. Persönlich kommuniziere ich immer mit meinem Höheren Selbst, mit meiner geistigen Welt, wenn ich mich frage, was gilt es als Nächstes für mich zu tun. »Aha, auch so etwas gibt es«, meint Raolfo. Nun, ich persönlich bin überzeugt davon. Ich würde es mit der Seele vergleichen. Jener Energie, die mich atmen lässt, ohne dass ich hinterfrage, wie es passiert. Es hat uns einfach keiner davon erzählt, welche verborgenen Schätze in uns schlummern. Ja, welch ein kostbarer Schatz, als Mensch verkleidet, wir selbst doch sind. Dass unser Licht, aus dem wir bestehen, manchmal auf Sparflamme leuchtet, liegt am geringen Selbstwert, den wir uns selbst geben. Und oft an unserer Ausschau und Suche im Außen. Wir graben meist am falschen Ort nach dem Schatz und bedienen uns dabei des künstlichen Lichts.

Unser Planet weiß, dass er ein Lichtkörper ist und sich in Schwingungsebenen bewegt, die nur für besondere Sinnesqualitäten fassbar sind. Es ist auch eine besondere Zeit, in der wir leben. In Wirklichkeit hat unser Planet seine Frequenz bereits längst erhöht, nur der Faktor Zeit gibt uns Erdlingen die Möglichkeit, noch an dieser Reise teilzunehmen. Die Zeit ist begrenzt und doch dehnbar und erlaubt es uns, uns jederzeitig in diesen Wandlungsprozess einzuklinken. Der innere Ruf dazu kommt aus der geistigen Welt.

Mein innerer Ruf sagt mir in dieser Situation, ich möge aufmerksam sein und Toni im Auge behalten. Er ist inzwischen sehr mürrisch geworden. Und redet noch, nachdem wir schon bei der Verabschiedung sind, auf das Kamerateam ein. Ich vermute, der Grund für sein Verhalten liegt in Marvins Anwesenheit. Bisher war allein er es, der uns nach dem Tsunami wie auch die letzten zwei Wochen seit unserer Ankunft begleitete. Tatsächlich stand er uns rund um die Uhr zur Verfügung. War für alle Aktivitäten offen und chauffierte uns, wohin es gerade gehen sollte. Helmut hatte sich ein Leasingauto gleich nach unserer Ankunft genommen. Denn Tonis altes Auto war in einem miserablen Zustand und vermittelte den Eindruck, an der nächsten Ecke stehen bleiben zu wollen. Und es war damals tatsächlich so: fahruntauglich!

Das hatte Helmut auf die Idee gebracht, ihm eine größere Summe zum Kauf eines Gebrauchtwagens zu geben. Ich war prinzipiell damit einverstanden, ihm dieses Geschenk zu machen. Fürchtete aber gleichzeitig, dass aus diesem Geschenk ein Fass ohne Boden werden könnte. Toni wusste bereits von Helmuts Angebot. Es abzulehnen, fiele ihm schwer, meine ich etwas sarkastisch dazu. Natürlich kann es sein, dass er sich durch Marvins Gegenwart in seiner Position als Mann an vorderster Front etwas zurückgesetzt fühlte. Doch dafür hatte ich nun wirklich kein Verständnis. Und ich bemühte mich auch nicht darum.

Wir haben noch eine Stunde bis zum Interview mit dem thailändischen Sender ITV. So fahren wir noch in den Internetshop im Central Shopping Center, der von uns beinahe täglich frequentiert wird, um ein aktuelles Foto von Alexandra-Anita aus unserem E-Mail-Ordner herunterzuladen. Jenes Foto, das am 24. Dezember aufgenommen worden und noch auf Stephans Kamera zu finden war. Es war das einzige aktuelle Foto unseres Mädchens, das es mit seinen gelockten Haaren zeigte und das auch auf dem Steckbrief zu finden war. Nach einigen Kompatibilitätsproblemen mit dem Drucker vor Ort kommt uns ein Mann zu Hilfe. Wie sich herausstellt, ist Wolfgang ein deutscher Fotograf, der seit vielen Jahren in Phuket lebt. Dank seiner engelhaften Hilfe haben wir alsbald Alexandra-Anitas Foto in Händen und zu viert geht es zum Interview ins Hilton-Hotel. Dieses ist ein gigantischer Komplex, wo Helmut, Marvin und ich mit einem Elektrowagen zur Rezeption gebracht werden. Toni fährt in der Zwischenzeit das Auto zum Parkplatz. Von der Rezeption aus ruft Marvin die TV-Dame an, um ihr zu melden, dass wir angekommen seien. Inzwischen kommen die Delegation des Premierministers und dieser persönlich an. Aus welchem Zufall auch immer, tritt der Premierminister auf Marvin und Helmut zu und gibt beiden die Hand, bevor er weitergeht. Jetzt treffen auch die TV-Kameraleute ein. Wir stellen uns einander vor und bald läuft auch schon die Kamera und das Interview beginnt. Wir betonen, dass unser Mädchen nach dem Tsunami lebend gesehen worden sei. Die genauen Informationen dazu hätten wir auch in der österreichischen Botschaft niedergeschrieben und abgegeben. Weiters ist es uns wichtig zu erwähnen, dass wir, wo immer unser Mädchen jetzt ist, diesen Leuten sehr dankbar dafür sind, dass sie auf Alexandra-Anita aufgepasst haben, wir ihnen eine Belohnung von 1 Million Baht geben möchten und auf jeden Fall die Polizei aus der Sache raushalten werden.

Das Interview läuft noch, als Toni schließlich ebenfalls eintrifft. Seine Körpersprache ist auf maximale Lautstärke eingestellt. Nach dem Interview beginnt er auch sogleich, mit aufgebrachter Stimme mit einigen Leuten des TV-Teams zu reden. Ich bitte die Dame, die uns interviewt hat, ob sie übersetzen könne, was er sagt. Es waren Sätze wie »Marvin versteht Thai, tut aber so, als ob er nichts versteht«,

»Er weiß außerdem über die Sache mit Alexandra-Anita nichts«. Alles absolut unpassend. Wir sind sehr verärgert. Ich beginne, innerlich zu kochen. Wir tauschen mit der Reporterin noch die Telefonnummern aus. Das Interview würde man jedenfalls noch am selben oder am folgenden Tag in der Sendung »Hotspots« bringen. Wir danken und verabschieden uns. Helmut meint nur kurz angebunden: »Gehen wir in ein Restaurant, wo es ruhig ist.«

So landen wir in einem Steakhouse am Karon Beach. Einige Schweden sind noch zu Gast. Alle bestellen außer mir. Mir ist nicht nach Essen, ich will reden. So bin ich es, die sich an Toni wendet und ihn fragt, warum er sich eingemischt habe, nachdem das Interview bereits gelaufen gewesen sei. Es ergibt sich eine Diskussion, wobei Toni hauptsächlich darauf beharrt, dass Marvin wisse, worum es gehe. Marvin sagt, Toni habe ihn während des Interviews ständig angerufen. Doch natürlich habe er während des Interviews das Gespräch nicht angenommen, obwohl er seine Nummer am Display gesehen habe. Daraufhin habe Toni ihm wütend den Stinkefinger gezeigt. Es reicht mir. Meine Stimme ist laut und schneidend, als ich losfahre: »Helmut und ich sind hier, um unsere Tochter Alexandra-Anita zu finden. Mich interessieren keine persönlichen Egotrips, weder von ihm noch von Marvin.« Wir hätten es schwer genug damit, dass wir in einem fremden Land mit für uns fremder Sprache auf die Hilfe anderer angewiesen seien. Toni will widersprechen, meint lapidar, er habe wohl falsch gehandelt, und will aufstehen. Doch meine Augen blitzen, als ich ihm befehle, sich zu setzen. Ich bin noch lange nicht fertig. Innerlich weiß ich, dass die geladene Energie eine Aussprache aller Beteiligten erfordert. Jetzt bin ich noch dran und deshalb fahre ich fort: Würden Helmut und ich ihm nicht vertrauen, auch weil wir mussten, ob wir wollten oder nicht, wären wir nicht bereits zehn Tage lange mit ihm fast rund um die Uhr unterwegs? Wir hätten uns gegenseitig auf allen Ebenen zu unterstützen und die Energie auf ein gemeinsamen Ziel zu fokussieren: Alexandra-Anita. Helmut und ich seien schon genug damit belastet, ständig in einer Umgebung zu sein, in der weder etwas uns Vertrautes noch unser Sohn Alexander sei.

Marvin steht auf, geht zu Toni und bittet ihn um Entschuldigung, sollte ihn irgendeine seiner Handlungen verletzt haben. Toni nimmt diese Entschuldigung, wenn auch etwas zögernd, an.

Alexandra-Anita in Malaysia

In demselben Moment ruft mich Marry an. Um sie besser verstehen zu können, gehe ich auf die menschenleere Straßenseite gegenüber. Mit adrenalingetränkter Stimme beginnt sie, aufgeregt auf mich einzureden: Wir müssten zur Polizei gehen, denn Alexandra-Anita sei nun mit Leuten Richtung Satun im Süden Thailands unterwegs. Wir hätten der Polizei alles zu sagen. Diese Leute würden sie nach Malaysia bringen wollen. Es handele sich bereits um einen Verkauf des Mädchens. Wir hätten schnell zu handeln, damit sie nicht über die Grenze kommen.

Ich schlucke, will meinen Ohren nicht trauen. Es klingt für mich so abstrus. Das kann einfach nicht der Wahrheit entsprechen. Wie könne sie mir nur so etwas sagen, meine ich zu ihr. Emotional bin ich bereits bis in jede Faser meines Körpers aufgekratzt. Hektisch gehe ich, in Tränen aufgelöst, auf und ab. Allein der Gedanke, dass es tatsächlich so sein könnte, lässt mich halb ohnmächtig werden. Malaysia. Oh Gott! Wie sollten wir da noch irgendeine Hoffnung haben? Wie nur jetzt mutig und ausdauernd bleiben? Die Nachricht zieht mich in die Tiefe. So tief, dass ich nur mehr Leere und Dunkelheit verspüre. Der Boden unter meinen Füßen geht verloren. Kein Haltegriff da, der mir zumindest einen Hoffnungsschimmer gegeben hätte. Ich widerspreche. Ich muss ihr einfach widersprechen. Und schließlich: Was sollten wir der Polizei sagen? Im Norden Thailands wäre eine, womöglich verrückte Person, die uns folgende Fakten mitteilte … Natürlich handelt es sich um Fakten. Geistige Fakten. Sehr überzeugend.

Doch unbeeindruckt meint Marry: Es sei nun einmal so. Es seien zwei Männer und eine Frau. Sie seien sich aber untereinander über den Ablauf nicht ganz einig. Die Grenzen zu Malaysia müssten ins Visier genommen werden. Alexandra-Anitas Steckbrief oder zumindest Bilder von ihr sollten entlang der Grenze verteilt werden.

Mein Verstand läuft Amok. Was nur, wenn sie Recht hat? So verrückt sie auch war, so weiß ich, dass sie auch immer wieder Recht hatte. Was nur, wenn sie tatsächlich Recht hat?

Es ist wieder spät nach Mitternacht. Unmöglich, jetzt noch etwas zu unternehmen. So bleibt mir nur eines, gleich am folgenden Morgen Kunying um Hilfe zu bitten. Mit dieser und einigen Bitten mehr im Herzen schlafe ich schließlich erschöpft ein.

Ich wache wie immer sehr früh auf. Ab ins Badezimmer und unter die kalte Dusche. Körperlich fit und frisch, begebe ich mich wieder ins Bett zu meiner Morgenmeditation. Es ist mehr ein Gebet, meist eine Zwiesprache. Ich bin sehr dankbar für die Kraft, Ausdauer und Disziplin, die mich stets begleitet. Selbst nach meinen Entbindungen war ich bei beiden Kindern nach etwa vier Stunden wieder zu Hause.

Nun gut, unser guter Engel Niki wartete stets auf mich und half mir meist die ersten paar Tage. Wunderbare Mami, nur du allein weißt, wie sehr ich dich vermisse. Deine bedingungslosen, heilsamen Liebkosungen und deine engelhafte Geduld. Wo immer du jetzt auch weilst. Ich weiß, es geht dir gut. Nur, ich vermisse dich einfach. Dein zartes Wesen, deine sanfte Stimme. Deine zärtlichen Blicke. Deine feinfühlige Art. Liebste Mami. Es schmerzt einfach so sehr. Wohin nur mit diesem pochenden Schmerz. Ja, ich höre deine Worte. Bleib stark. Ja, bin ich. Bleibe ich. Verspreche es dir.

Ich trockne meine Tränen mit dem Leintuch ab. Dieser morgendliche Loslass-Prozess hilft mir, durch den Tag zu gehen, die Verbindung zu meinem Höheren Selbst wahrzunehmen, mich leiten zu lassen. Mich voll und ganz der inneren Führung anzuvertrauen. Ich könnte mich stundenlang diesem schwebenden Bad mit der geistigen Welt hingeben. Ich nehme auch jetzt wie immer geistigen Kontakt zu dem Mädchen auf. Sende ihr aus vollem Herzen Kraft und Liebe. Liebesenergie ist es auch, die ich an alle in ihrem Umfeld sich befindenden Personen sende.

Innig bitte ich um und danke ich für die Hilfe. Ich bete und spreche die Heiligen aller Kulturen an. Laut. Bitte um und danke für Hilfe bei den nächsten Schritten. Es fällt mir einfach schwer zu akzeptieren. Ich fühle mich innerlich erbost über die Situation, in der ich mich befinde. Lasse dieser Wut freien Lauf. Ich spreche laut aus, was jetzt zu sagen ist. Ja, ich weiß, ich werde geführt. Doch verdammt noch mal, wohin? Was nur kommt als Nächstes? Wie lange noch ausharren? Welcher Sinn steckt hinter allem? Ich schluchze, während ich mir, die Fragen laut stellend, Luft verschaffe. Mein Brustkorb ist wie aufgestaut. Aufgestaut mit Wut. Ich fühle, wie sie mich sprengen will. Hinaus will. Weinkrämpfe durchschütteln mich. Mein Aufbegehren und meine Wut sind so stark, dass wellenartige Schauder meinen Körper durchdringen. Mein Gesicht ist zu einem fließenden Bach von Tränen geworden. Ich lasse geschehen, lasse mich treiben. Irgendwo werde ich schon landen. Und schließlich langsam, ja ganz langsam, kehrt Ruhe ein. Ich lasse mich in dieses Meer der Ruhe fallen. Gebe mich ihm ganz hin.

Das Klingeln meines Handys reißt mich raus aus dieser wohltuenden Situation, mit der ich mich gerade angefreundet habe. Es ist Helmut. Er ist bereits vor über einer Stunde aus dem Zimmer gegangen und sitzt mit Toni vor der Hotelanlage: Wann ich denn runterkomme, fragt er. »Ich komme gleich«, ist meine kurze Antwort. Ich wasche mein rotes, tränendurchtränktes Gesicht, kleide mich an und gehe zu den beiden. Ein neuer Tag nimmt seinen Lauf.

Zuallererst gebe ich Kunying die von Marry mitgeteilte Nachricht durch. Sie wird tun, was sie tun kann. Und wie sich herausstellt, kann sie viel. Wenn auch vergebens. Helmut und ich möchten heute in die österreichische Botschaft, um mit dem Botschafter ein persönliches Gespräch zu führen und dort einen vorläufigen Bericht niederzuschreiben. Wir verspüren beide den Wunsch, auf dem Weg zur Botschaft noch beim indischen Tempel einen Halt für ein Gebet zu machen. Helmut hat einen Kompass bei sich. Die Schwingungen des Tempels ermöglichen ihm, leichter in Kontakt mit dem Höheren Selbst von Alexandra-Anita zu treten. Zusammen mit der am Boden liegenden

Karte von Thailand ortet er mit Hilfe des Kompasses die Richtung. Ich zünde eine Kerze und Räucherstäbchen an, versinke auch hier in einem Gebet, mit dem ich die Götter um Führung bitte. Es scheint, dass das Synchronisieren der Kulturen seinen Lauf genommen hat, ohne dass wir uns dessen bewusst geworden wären und diesem Faktum gezielt unsere Aufmerksamkeit geschenkt hätten. Es passiert.

Im Foyer der Botschaft sitzt die Repräsentantin eines bekannten österreichischen Reiseveranstalters. Wir kommen ins Gespräch. Sie sei gerade im Hotel, in dem wir in Khao Lak auf Urlaub gewesen waren, in der Rezeption gewesen, als der Tsunami gekommen sei. Sie und viele andere seien auf die Holzlatten des Daches geklettert und so vor dem Wasser in Sicherheit gewesen. »Aha«, denke ich, »sie war also auch eine von denen, die ich damals ganz nebenbei registriert habe.« Auf dem Tisch vor ihr liegt das Foto eines etwa zehn- bis zwölfjährigen Buben. Ich erkenne es wieder. Hatten wir doch von diesem Jungen bei den Mönchen, die für uns das Meditationsritual für Alexandra-Anita zelebriert hatten, gesprochen. Sie sagt, der Leichnam des Jungen sei bereits gefunden worden.

Der Botschafter ist noch nicht da. Er komme gleich, heißt es. Wir kennen das Botschaftspersonal bereits von mehreren Besuchen her. Während wir warten, schreiben wir an einem uns zur Verfügung gestellten Computer unseren Bericht nieder. Darin erwähnen wir Personen mit übersinnlichen Fähigkeiten wie Romana und Marry genauso wie weltliche Fakten, den Anruf der Hotelangestellten sowie den Mann von der Tankstelle, der Alexandra-Anita auf dem Dorfmarkt gesehen hatte, und jene Frau, die sie damals bei sich hatte. Leider kennt man nur ihren Vornamen. Sie stammt auch nicht aus dieser Gegend. Eigentlich ist sie nur eine, wie viele andere mehr, der Arbeit wegen zugewanderte Person. Als der Botschafter mit einem Hilfsteam erscheint, werden wir in ein Zimmer gebeten, wo wir all das bisher Erlebte vorbringen. Irgendwie musste Kunyings Aufforderung, die Grenzen zu Malaysia verschärft zu kontrollieren, bis zu ihm vorgedrungen sein.

Der oberste Kommandeur der Polizei in Bangkok habe die Anordnung tatsächlich weitergegeben, besonders genau zu kontrollieren und nach ausländischen Kindern Ausschau zu halten. Man sei in der Botschaft beeindruckt von dieser Aktion und an einem Kontakt zu Kunying sehr interessiert.

Meine Erleichterung über diese Nachricht ist nicht in Worte zu fassen, hatte ich doch mit Kunying seit meinem Anruf noch nicht gesprochen. Sie lässt mich auch im Kreis der Diplomaten still weinen. »Ach, himmlischer Vater, wie sehr danke ich dir nur für diese Nachricht.« Hoffnung ist wieder da. Hoffnung steigt in mir auf. Und Dankbarkeit dafür, dass ich wieder hoffen darf. Irgendwie fällt es mir leichter, unser liebes Mädchen doch in Thailand wissend, Mut zu schöpfen, sie doch eines Tages wieder in die Arme nehmen zu dürfen. Wir sagen auch, dass wir am nächsten Morgen zur thailändischen Polizei gehen wollen, um auch dieser unseren Report zu übergeben.

In der Zwischenzeit hat Helmut für Toni eine höhere Summe vorbereitet und übergibt ihm diese für sein Auto. Noch am selben Abend fliegt Toni nach Bangkok, wo die Gebrauchtwagen um vieles günstiger sind als auf der Touristeninsel Phuket. Wir beide sind insofern erleichtert, als wir nun, ohne auf Toni Rücksicht nehmen zu müssen, selbstständig unterwegs sein können. Da er selbst kein Auto mehr hatte, fuhren wir immer zu dritt mit unserem Mietauto, was anfangs aufgrund seiner Ortskundigkeit auch sehr hilfreich war, uns mit der Zeit aber unseren Freiraum raubte. Von frühmorgens bis spät in die Nacht hinein hatten wir keine Sekunde, in der wir uns hätten zurückziehen können.

Unser Hotel war mitten im Zentrum von Phuket City. Es hatte keinen Garten oder sonstige Ruheräumlichkeiten. Die Rezeption befand sich im ständig frequentierten Restaurant und dieses lag direkt an der Straße. Nun, das Hotel lag zentral, war sauber und erfüllte somit unsere dem Zweck entsprechenden Bedürfnisse. Trotzdem sehnte ich mich so sehr nach einem Platz der Stille, einem Ort, an den wir uns auch länger meditativ zurückziehen konnten. Ich verspürte, dass wir zu dieser Zeit keine andere Wahl hatten, als diesen Prozess durchzugehen und durchzustehen. Doch gleichzeitig fühlte ich auch, wie die Hektik unsere Aufmerksamkeit viel zu sehr nach außen zog. Unbemerkt befanden wir uns bereits wieder in einem unternehmerischen Tun. Es wurde organisiert, delegiert, agiert, und das bis auf wenige Stunden Schlaf rund um die Uhr.

»Ach, Vater, ist es das, was du uns jetzt abverlangst? Wie lächerlich. Ach, verzeih mir, gütiger Vater. Als wenn uns die geistige Welt auch nur irgendetwas abverlangen würde. Warum wissen wir nur so wenig über diese himmlischen Sphären? Wenig? So gut wie nichts wissen wir. Haben vielleicht so manche Vorstellung von ein paar Engelchen auf weichen Wölkchen. Vielleicht auch noch musizierend dahinschwebend. Und der Große Meister mit weißem Bart führt das Konzert in dieser sorgenlosen Himmelsatmosphäre. Wen wundert es da, dass man sich freuen soll, wenn man zum Vater zurückkehren darf? Leider gibt es da noch eine andere Möglichkeit. Was, wenn der Lift nicht in die paradiesischen Höhen, sondern tief in den Abgrund der Hölle führt? Womöglich bleibt der Lift stecken und ich lande in der Astralwelt. Wo, bitte?

Oh Gott, in welches Abhängigkeitsverhältnis haben wir uns nur bringen lassen, egal welcher Glaubensrichtung wir auch angehören. Wie konnte sich die Menschheit nur so weit von dir entfernen! Als ich dich in der Bibel suchte, wurde ich zugegebenermaßen schon beim Kauf dieser stutzig. Deine Einzigartigkeit verblasste, als ich gefragt wurde, welche Version ich denn gerne hätte. Irgendwann wurdest du auch zu alt, und man machte eine neuere Version von dir. Heute würde man sagen, man hat ein Update von dir downgeloaded. Vielleicht dachte ich zu naiv, als ich meinte, die göttliche Wahrheit gebe es nur in einer Version. Nur mein Herz sagte mir schon, als ich noch ein kleines Kind war, dass deine Großartigkeit jedem von uns innewohnt. Tatsächlich bist du sehr wohl in allen heiligen Büchern zu finden.

Dort, wo man nicht dem Gedruckten, sondern dem Symbolhaften hinter dem Wort seine Aufmerksamkeit schenkt. Und wieder einmal bist du bescheiden im Hintergrund. Zur Täuschung hast du das Ego nach vorne geschickt. Wahrlich ein geschickter Schachzug von dir. Na ja, von wem sonst? Und nur jene, die wirklich und ehrlichen Herzens nach dir fragen, die finden den Weg zu dir. Sag mal, Vater, ach, ich nenn dich einfach gerne so: Was passiert eigentlich, wenn wir alle irgendwann bei dir landen? Hast du Platz für uns alle? Oder schickst du uns vielleicht auf andere Planeten, damit wir auch dort einmal unsere Nasen hineinstecken. Wo bist du denn zu Hause? Dir gehört doch alles. Gibt es so etwas wie einen Lieblingsplatz von dir? Ich denke, ich kenne die Antwort: Du bist überall dort, wo du eingeladen wirst. Ja, im Wirken. Ach was, du bist auch dort, wo du nicht eingeladen bist. So ganz bescheiden im Hintergrund. Also bist du nicht einer von der aufdringlichen Sorte. Ach, du weißt, ich möchte dich nur necken. Ich finde es einfach gut zu wissen, dass du immer überall bist. Doch, das wusste ich schon immer. Es tut nur gut, es wieder von dir zu hören. Das ist so wie mit Lob und Anerkennung. Hören wir einfach gerne. Oder Worte der Liebe. Sie tun einfach gut.

Und weißt du, wenn da so ein aufgeblasenes Mannsbild vor dir steht und sich auch noch arrogant benimmt, da vergesse ich schon leicht, dass du das bist. Na klar, weiß ich doch. Du kommst als Herausforderung, die uns immer wieder lernen lässt, dich in allen deinen Werken zu erkennen. Sehr smart, na ja, kommt auch von dir. Hätte ich auch zusammengebracht. Doch, doch. Ich lerne schnell. Und du bist ein toller Lehrer. Ich hab dich lieb. Sehr lieb. So wie unser kleines Mädchen, weißt du. In ihr zeigst du dich geradezu vollkommen. Warum nur nehme ich mir so wenig Zeit, um mich mit dir zu unterhalten? Nämlich dann, wenn es mir gut geht. Jetzt, wo sich Trauer und Schmerz wie das Ein- und Ausatmen die Hand geben, ist es keine Kunst, in deinen Armen nach Trost und Geborgenheit zu suchen.«

Ich bin froh darüber, dass in Thailand fast in jedem Auto eine

Schachtel mit Kleenex-Papiertüchern zu finden ist. Während ich aus dem Fenster die Leute auf der Straße beobachte und innere Zwiesprache halte, fließen mir die Tränen nur so die Wangen hinunter. Was für einen Film haben wir nur eingeschaltet? Wer bestimmt die Laufzeit?

Es ist bereits später Nachmittag. Wir fahren zu Marvin, damit uns Pranee den Bericht für die Polizei ins Thai übersetzt. Marvin hat die tolle Idee, dass wir zusammen auf zwei Stunden in ein Dampfbad gehen. Einfach relaxen, sowohl dem Körper als auch dem Kopf eine Verschnaufpause gönnen. Das Spa befindet sich gleich in der Nähe. Es ist sehr einfach und liegt mitten in der Natur. Die Gäste sind fast nur Einheimische. Das Schwitzen tut uns gut. Besonders meinen Lungen und meinem Hals- und Nasenbereich. Noch immer stark verschleimt, spucke ich alle zwanzig Minuten enorme Brocken aus. Es ist mir manchmal peinlich, wenn ich auf einmal nicht mehr weiterreden kann, weil mein Mund schon wieder voller Schleim ist. Selbst in der Firma habe ich stoßweise Taschentücher in Griffnähe, um nicht ständig zum Ausspucken auf die Toilette rennen zu müssen.

Da wir an diesem Tag nichts mehr unternehmen können, gehen wir wie fast jeden Abend noch zu den fahrenden Essbuden unweit von unserem Hotel. Auch hier sind wir mitten unter Einheimischen. Toni hat uns hier eingeführt, und so brauchen wir nicht viel zu erklären, weil der Mann bei dem Stand, zu dem wir gehen, bereits weiß, was wir bekommen. Zu essen kriegt man nur abends. Tagsüber befindet sich hier ein großer Marktplatz. Wir erhalten noch einen Anruf von Gerda, einer lieben Bekannten aus Wien. Sie hat gerade ein Seminar mit einem ihr seit längerer Zeit bekannten Schamanen aus München gemacht und dieser meint, dass wir laut Phuket-Karte Nachricht über Alexandra-Anita aus der Gegend um die City Hall beziehungsweise dem ihr gegenüberliegenden Health Care Center bekommen würden. So beginnt unser Programm am nächsten Tag gleich mit dem Besuch dieses Gesundheitszentrums. Es ist ziemlich verlassen, dient seit dem Tsunami der Versorgung mit medizinischen Mitteln. Die Fotos an den Wänden zeugen vom starken Einsatz vor Ort. Eine freundliche Dame erscheint, der wir unsere Situation erklären. Sie hätten mit der Unterbringung von Personen nichts zu tun gehabt und seien hauptsächlich eine Anlaufstelle für Frauen. Wir hinterlassen bei ihr ein Bild von Alexandra-Anita, unsere Handynummer und die Adresse unseres Hotels, für den Fall, dass …

Pranee hat inzwischen den Bericht übersetzt, also fahren wir zum Hauptkommandanten des Polizeireviers in Phuket. Nachdem der Ort des Geschehens in der Phang-Nga-Region liegt und die Stadt Takua Pa die Hauptstadt dieser Region ist, ist das dort ansässige Hauptrevier für unser Anliegen zuständig. Da dort am Folgetag ein Treffen der hochrangigsten Kommandanten aus der gesamten Gegend stattfinden soll, werden wir dazu aufgefordert, am nächsten Tag in der Früh einfach mitzufahren. Ich spüre, wie sich mein Magen beim Namen der Stadt Takua Pa verkrampft. Die Erinnerungen sind wie unbarmherzige Messerstiche. Doch ich weiß, dass ich diese inneren Blockaden zu bearbeiten habe. Sie jetzt zu wandeln, verspüre ich keine Lust. Fühle mich einfach zu schwach, selbst wenn ich für Außenstehende nicht diesen Eindruck erwecken mag. So ermahne ich mich dazu, zumindest an all die wunderbaren Begegnungen und die großzügige Hilfsbereitschaft der Menschen zu denken.

Um 7.30 Uhr sollen wir am vereinbarten Treffpunkt sein und pünktlich fahren wir im Polizeiwagen in Richtung Norden los. Es sind an die hundertzwanzig Kilometer bis Takua Pa. Die Strecke ist mir wohlbekannt. Die Straßen sind bereits freigeräumt. Nur an der Natur und den an manchen Stellen riesigen Trümmer- und Schrottbergen erkennt man noch die Spuren der Flutwelle. Und natürlich sind die direkt am Strand gelegenen Hotelanlagen zu Geisterstädten geworden, wenn sie überhaupt noch vorhanden sind. Bevor man Khao Lak erreicht, liegt an einem Berg eine Polizeistation, wo noch immer die Tafeln mit Bildern von vermissten Personen stehen. Die meisten davon sind Fotos von Kindern. Diese Bilder wecken in mir auch die Erinnerung an all die anderen Ereignisse, die sich direkt nach dem Tsunami ereignet hatten. Die Kolonnen von Autos, die sich durch die Hitze gequält hatten. Alle, die nicht bleiben mussten, wollten nur eines, nämlich so schnell wie möglich weg. Die Bilder der vielen Hilfstransporte und Einsatzfahrzeuge. Dazwischen Lastwägen, die normalerweise Getränkekisten transportieren, doch sehe ich noch immer jene vor mir, die die Leichen von zehn Personen oder mehr zu den zu provisorischen Leichenhäusern umfunktionierten Tempeln transportierten. Höre noch die mantrahaften Gesänge der Mönche, die für den Aufstieg der gegangenen Seelen beten. In der größten Hitze trafen sie massenhaft am Ort des Unglücks ein, um diesen wertvollen Dienst Stunde für Stunde, ganze Tage hindurch zu leisten. Männer in ihren orange- oder weinroten Kutten, kahl geschorene Frauen in weißen Umhängen. Volontäre aus ganz Thailand trafen ein und halfen, wo es zu helfen galt. Aus welchen Ländern die vielen Hilfsorganisationen waren, war an den Flaggen an ihren Autos und auf ihrer Kleidung zu erkennen.

Andreas und die Kinderhändlermafia

Nie, ja wirklich nie wäre ich damals auf die Idee gekommen, dass es in Thailand auch Personen mit ganz anderen Gedanken als jenen zu helfen gab. Durchorganisiert bis in die höchsten Ebenen sind diese weltweit vernetzt und stets vor Ort. Nützen das Chaos in Katastrophenfällen und handeln, bevor die offiziellen Stellen zum Zug kommen. Organisationen, die der Kinder- und Immobilienmafia angehörten, und jene, die skrupellos raubten und die Habseligkeiten jener stahlen, denen an diesen unter den gegebenen Umständen sowieso wenig lag.

Selbst jetzt ziehe ich diese Gedanken nicht im Geringsten in Betracht. Eine solche Möglichkeit ist in meinem Unterbewusstsein einfach nicht vorgesehen und somit nicht gespeichert. Ich bin auch sehr perplex, als Andreas, ein mit einer Thailänderin verheirateter Deutscher, eine in diese Richtung gehende Bemerkung von sich gibt. Helmut und ich haben ihn etwa zehn Tage zuvor im Internetbereich des von uns frequentierten Shopping-Centers kennen gelernt. Während des Gespräches hatte sich herausgestellt, dass auch er seine Tochter vermisste. Er und seine Frau waren überzeugt davon, dass sie lebt. Auf meine Frage, was er glaube, wo sie denn sei, schaute er mich erstaunt über diese Frage an und sagte: »Was glaubst du, was man für solche Kinder zahlt?« »Was meinst du mit ‚solche‘?«, frage ich. »Ja, Falang-Kinder, also westliche, und jene, bei denen wenigstens ein Elternteil europäischer Abstammung ist. Diese sind wegen ihres Aussehens enorm beliebt und gefragt.« Ich schlucke und verdränge den Gedanken daran, dass auch Alexandra-Anita ein Opfer von Kinderhändlern sein könnte. Was nicht sein darf, darf nicht sein. Darf einfach nicht sein.

Andreas und seine Frau führen eine kleine Bungalowanlage, idyllisch direkt am Strand gelegen. Ihm war nichts passiert, seine Frau aber wurde schwer verletzt und die Tochter ist vermisst. Da er damals nicht wusste, wo seine Frau war, folgte er seinem Gefühl und ging zu den Wasserfällen, wo er sie tatsächlich fand. Sie musste ins Spital gebracht und entsprechend versorgt werden. Seine Frau erzählte ihm, dass sie das Wasser durch die Vordertür eines Raumes im Erdgeschoss eines Gebäudekomplexes auf der gegenüberliegenden Seite der Hauptstraße hineingespült und durch die Hintertür wieder hinausgeschleudert hatte. Gleich einem sie leitenden Licht hätte ihr Buddha den Weg gezeigt und auch die Rettung ihrer vierjährigen Tochter Rose. Mit Andreas blieben wir auch weiterhin in Kontakt, denn es gab viele Parallelen zwischen ihm und uns und unsere Wege sollten sich noch öfter kreuzen.

Nach etwas mehr als einer Stunde erreichen wir Takua Pa. Da der Polizeikommandant aus Phuket und sein Fahrer zum ersten Mal hier sind, lotsen wir sie zum Hauptquartier. Von ausdrucksstarker Persönlichkeit ist der Kommandant der Phang-Nga-Region. Im Gegensatz zu den meisten seiner Kollegen spricht er ein sehr gutes Englisch. Er übernimmt unseren Bericht, Bilder von Alexandra-Anita sowie unsere Kontaktadressen. Ansonsten ist er kurz angebunden, da die Sitzung bereits begonnen hat.

Interessant fand ich, dass nach dem Tsunami anfangs so mancher Bericht über Kleinkinder veröffentlicht worden war, z. B. darüber, dass in Sri Lanka bis zu zwanzig Eltern Anspruch auf ein sechs Monate altes Baby, das man lebend gefunden hatte, geltend machten. Ungefähr zwei Wochen nach dieser Meldung stoppten abrupt alle Nachrichten, welcher Art auch immer, zum Thema Kinder und Tsunami. Vielleicht zufällig, vielleicht auch nicht. Die freie Medienlandschaft gibt es nicht.

Ich erinnere mich noch an den Anruf eines Lesers, der, nachdem wir einen sehr kritischen Artikel zum Thema Impfen bei uns veröffentlicht hatten, meinte, es handele sich um eine Sekte, die dahinterstecke. Wenn alle Medien positiv zum Thema Impfungen schreiben, ist jede gegenteilige, besonders kritische Meinung dazu einfach dubios, ja geradezu sektiererisch. Das war jedenfalls vor Jahren so. Die Gesundheit ist heute ein Milliardengeschäft, und jeder daran Beteiligte will seinen Anteil vom großen Kuchen bekommen. Koste es oft, was es wolle, und seien es Menschenleben. Zum Glück spielen immer mehr Ärzte bei diesem Geschäft nicht mehr mit. Sehr viele Ärzte haben erkannt, dass der Mensch mehr als nur einen Körper hat und dass die Welt der Gefühle und des Denkens der Patienten einen wesentlichen Teil zur Krankheit genauso wie zur Gesundung beiträgt. Empfehlenswert ist hier selbst für den Laien das Buch von Bruce Lipton »Intelligente Zellen«. Wissenschaftlich fundiert und doch sehr verständlich geschrieben, beschreibt es, was den Menschen tatsächlich ausmacht, wie Krankheiten entstehen und Heilung geschieht.

Wir befinden uns bereits auf der Rückfahrt nach Phuket, als Marry anruft. Sie meint, Alexandra-Anita sei mit einem jungen Thai namens Ben auf der Flucht vor den anderen. Sie würden sich auf der Insel Penang befinden und wollten nach Phuket, um sich vom Steckbrief unsere Kontaktdaten zu organisieren. Das Mädchen habe jetzt ganz kurze Haare und sei malaiisch angezogen. Das Problem des jungen Mannes sei, dass er kaum Geld habe, und da es keine Touristen gebe, gebe es auch keine regulären Fähren aufs Festland.

Interessanterweise meldet sich inzwischen auch ein guter Freund und Spezialist im Umgang mit dem Maya-Kalender, auch 13-Monde-Kalender genannt. Er meint, das Ereignis habe bei mir bereits bei der Geburt festgestanden, durch mein Kin 152. Meine Mutter würde außerdem durch den Schock noch an Alexandra-Anita hängen, um sie zu beschützen. Hier solle eine Trennung durchgeführt werden. Ich gebe ihm die Telefonnummer von Romana und ersuche ihn, auch ihr das uns Geschilderte zu erzählen, damit sie die Loslösung durchführen kann. Wir sollten uns große Kerzen besorgen und sie in einem Gebet für die Mami anzünden, damit sie den Weg ins Licht finde.

Wir sind im Hotel angelangt. Toni meldet uns, dass er mit seinem neuen Wagen schon angekommen sei. Ich verspüre die Notwendigkeit, mich noch zu duschen, bevor wir uns dann bei den Essbuden treffen und mit seinem neuen Auto eine Runde fahren, vorbei am Tempel von Prinz Chumphon und am chinesischen Tempel, wo wir jeweils Kerzen und Räucherstäbchen anzünden. Es freut mich, dass Toni sich stolz fühlt als Besitzer eines – sagen wir – ordentlichen Wagens.

Tonis Frau hat uns große weiße Kerzen besorgt. Helmut und ich bereiten uns auf eine Meditation vor. Es ist bereits der 31. Jänner 2005. Meine innere Verzweiflung ist groß, die Last der Trauer enorm. Die Stille im Zimmer und das Licht der Kerze öffnen meinen Kanal zur geliebten Mutter, unserer Niki. Ich übergebe mich dem Fluss der Tränen und bitte sie, diese nicht persönlich zu nehmen. Sie fehlt mir einfach sehr, obwohl ich weiß, dass es für sie besser ist, dort zu sein, wo sie jetzt ist. Sie hat bereits genug Schmerzen in ihrem Körper erduldet. Ich sage ihr, wie sehr ich sie für ihren Mut im Umgang mit diesen bewundere. Ihre Kraft und Ausdauer waren geradezu von übermenschlicher Größe. Ich danke ihr, sie als Mutter gehabt zu haben, auch dafür, dass sie so eine wundervolle Großmutter war. Tag und Nacht hat sie uns mit bedingungsloser Liebe umgeben. Helmut und ich bitten sie um Hilfe. Sie habe jetzt einen anderen Überblick, was das ganze Geschehen betreffe. Sie möge uns helfen, die Bänder der Liebe zueinander finden zu lassen.

Marry meldet uns, dass die beiden von Penang nach Langkawi unterwegs seien. Ben habe nie vorgehabt, das Mädchen zu kidnappen. Er sei in die ganze Sache von einem Tag zum anderen hineingerutscht. Er wolle jetzt nach Satun und dann weiter nach Trang zu seiner Mutter.

Wir rufen Romana an, um sie nach Alexandra-Anitas Situation zu befragen. Sie fühlt, wie das kleine Mädchen schaukelt; es sei eingeschlafen und froh, nicht mehr hin und her geschoben zu werden.

Trotz allem stimmt es mich froh, dass zwei Personen unabhängig voneinander und Tausende Kilometer voneinander entfernt zu so gleichen Ergebnissen gekommen sind. Das vermittelt mir ein Vertrauen in die Situation und lässt mich Boden unter meinen Füßen spüren.

Nachdem ich meine Schwester und meinen Vater gebeten habe, dass auch sie jeweils eine Kerze für die Mami anzünden mögen, schreibe ich noch die Geschehnisse des Tages auf. Danach lege ich mich ins Bett. Lange Zeit habe ich mich geweigert, ein Tagebuch zu führen. Schließlich sollte diese entsetzliche Lage keine Geschichte werden, sondern zu einem schnellen Ende kommen. Doch schon über zwei Jahrzehnte daran gewöhnt, mir ständig und überall Notizen zu machen, hatte ich das Gefühl, einige Fakten niederzuschreiben, sei sicher von Vorteil.

Wie an jedem Morgen gehe ich in Meditation, lese Alexandra-Anita das Kitzelmännchen-Buch, danach noch das Koalabär-Buch vor. Nehme sie dabei wie immer in meine Arme, sage ihr, wie sehr ich sie lieb habe, und streichle, zwicke oder ziehe sie mit dem Kitzelmännchen an den im Buch genannten Körperteilen. Drücke ihr zärtliche genauso wie wilde Schmatzis auf ihr Bäuchlein, und höre sie dabei lachen. Genau so, wie wir es immer erlebt haben.

Mamis Kerze brennt noch immer. Ich mache ein Foto. Helmut und Toni sind zum Hafen gefahren, um Fähren von Langkawi nach Phuket zu checken. Doch reguläre Fähren kommen erst in etwa einer Woche, somit ist ein legales Übersetzen ausgeschlossen. Was tun?

Der nächste Anruf von Marry lautet: Ben und Alexandra-Anita seien in Langkawi, doch Ben sorge sich um die Ausreise mit Dokumenten, die Alexandra-Anita als Waisenkind ausweisen sollen. Sie seien damit zwar im Zug nach Malaysia durchgekommen, doch sei es ihm jetzt zu riskant.

So wie jeder Tag beginnt auch dieser ungewiss, um dann von Minute zu Minute seinen Lauf zu nehmen. Unser Gefühl sagt uns, wir sollten zum indischen Tempel gehen, um uns dort Orientierung und Kraft zu holen. Diesmal gibt uns der Tempelhüter, nachdem wir die Stille und Energie des Platzes während des Gebetes genossen haben, zwei Mandarinen und Bananen mit. Wir kennen uns schon und der Austausch verläuft stets in stiller Begrüßung und ebensolcher Verabschiedung. Wir wollen uns im Shopping-Center jetzt noch Koffer besorgen, da unsere in den Fluten verloren gegangen sind. Verbinden dies mit dem Durchschauen unserer E-Mails und unserer Zeitung im Internet.

Eine Flut von Telefonaten mit Marry, Toni und Marvin folgt. Ben und Alexandra-Anita seien auf dem Festland in Sutan. Soll jemand runterfahren? Wohin genau? Die Fahrt dauert mehrere Stunden. Wo sind sie dann? Wir sehen keinen Sinn darin und beschließen, dass keiner fährt. Dann kommt ein Anruf von Gaby. Ich frage sie, ob sie durch ihre Form des Dowsens nachfragen könne, ob ein Mönch namens Luang Puh Sok über das Mädchen wachen solle, denn laut Marry würden der Mönch und Prinz Chumphon aus der Ebene der geistigen Welt Alexandra-Anita gerettet haben, weil es ihre Mission sei, den Glauben an die geistige Welt wieder unter die Menschen zu bringen.

Der Mönch, der in Thailand als großer Heiliger bekannt war, soll seine schützende Hand über sie halten. Laut Gaby würde das stimmen, und der junge Mann bei Alexandra-Anita sei ein im Herzen sehr gläubiger Mann. Er meine es sehr gut mit ihr und fühle sich immer mehr als ihr Beschützer. Er habe ein schlechtes Gewissen, sei voller Scham, habe inzwischen auch die geistige Reife, sodass er sich wünsche, das Ganze wieder in eine richtige Bahn zu bringen. Geld spiele für ihn keine Rolle, doch habe er Angst vor der Polizei. Er solle Alexandra-Anita sehr lieb gewonnen haben, und sie habe großes Vertrauen zu ihm.

Der nächste Anruf von Marry enthält die Meldung, dass die beiden in einem Tempel seien, da der junge Mann Unterschlupf suche, doch kein Geld habe. Der Tempel sei auf dem Festland in einem Ort namens Che Bilang. Wir diskutieren darüber, ob es Sinn mache runterzufahren. Es ist bereits 21.00 Uhr abends. Toni sagt, er fahre, und macht sich auf den Weg. Der gute Wille ist da, wenn auch kein gutes Ergebnis. Er ruft gegen 5.00 Uhr morgens an. Er sei bereits seit zwei Stunden da, würde in diesem Ort alles abklappern, es seien auch Tempel da, doch es sei noch zu früh, um diese zu betreten und dort nachzufragen. Doch selbst tagsüber wird er nicht fündig und beschließt dann gegen Mittag, wieder zurückzufahren.

Helmut und ich haben die Idee, noch einen Versuch bei einer Fernsehstation zu machen und ein kurzes Video vom Vortag des Tsunamis senden zu lassen. Da unser Freund Stephan seine Videokamera bei sich hatte, als er in die Berge fuhr, und Gaby das Mädchen aufgenommen hatte, könnten wir einen Videoclip zusammenstellen. Wir besprechen mit Herrn Palatin in unserem Büro in Wien die Idee und er macht sich sofort an die Arbeit.

Wir mobilisieren alle unsere Kräfte, um offene Ohren für unser Anliegen zu finden. Welche Sender kommen in Frage, welche sind in Phuket vor Ort, wer ist die Ansprechperson? Und tatsächlich schaffen wir es, für den nächsten Tag einen Termin bei TV 11 zu bekommen. Bis dahin brauchen wir das Video. Schaut gut aus in Wien. Die Videokassette von Stephan ist bereits auf dem Weg zu Palatin.

Am darauf folgenden Vormittag bekommen wir das Video zugemailt, brennen dieses auf eine CD und fahren zu TV 11, wo es tatsächlich am Abend des nächsten Tages gesendet wird. Die verantwortliche Mitarbeiterin erzählt mir noch, dass ihr Mann und sie über unseren Fall wegen der vielen Steckbriefe, die wir verteilt hatten, öfters diskutiert hätten. Sie selbst hätten auch Kinder und würden wie so viele mehr mit uns fühlen. Ich fühle wie ein Segen von Dankbarkeit mein Wesen durchdringt. Wir schauen uns an. Von Mutter zu Mutter. Es ist wieder einmal ein Moment, in dem ein tiefer Austausch über die Tore zur Seele stattfindet. Wo die Qualität des Herzens ihren Platz einnimmt, gibt es kein Du, kein Ich. Man fühlt sich eins, nimmt die Gefühle des anderen wahr, denn sie sind zu den eigenen geworden. Ich bedanke mich. Kein Wort. Nur ein Nicken mit dem Kopf. Ich schicke ein Danke an die göttliche Führung. Welch ein Seelenbalsam jetzt allein das Trocknen der Tränen ist.

Mit dem nächsten Tag ist es inzwischen Anfang Februar. Wir sind bereits über drei Wochen in Phuket. Helmut meint, sollte sich bis

Ende der Woche nichts getan haben, dann sollten wir zurückfliegen. Ich gebe ihm Recht. Nur der Gedanke daran, allein und ohne unser Mädchen zurückzufliegen, löst bei mir einen brennenden Schmerz aus.

Wie an fast jedem Tag erhalte ich den ersten Anruf von meinem Vater. Wie es uns gehe? Was es Neues gebe? Und er erzählt mir, er sei am Begräbnis jenes Journalisten aus meiner Geburtsstadt gewesen, der mich mehrmals angerufen hatte, um sich nach unserer Lage zu erkundigen. Wir führten nette Gespräche, wenngleich ich nie wollte, dass er etwas über uns schreibt. Ein junger Mann, gerade zweiunddreißig Jahre alt: Herzinfarkt.

Immer wieder telefoniere ich mit meiner Schwester in der Schweiz, mit meiner Cousine in Serbien, mit den Mitarbeitern in Wien. In Wien werden die Seiten für die kommende Ausgabe bereits umbrochen. Ich lasse mir diese faxen, um sie einzeln durchzugehen. Die vertraute Arbeit vermittelt mir das Gefühl, etwas Konstruktives zu leisten. Denn das Schweben in einer ansonsten unbekannten, so irrealen Welt verlangt mir sehr viel Kraft ab. Wenngleich wir inzwischen mitbekommen haben und noch mehr mitbekommen werden, dass diese für uns so irreale Welt für viele der tägliche ganz normale Alltagswahnsinn ist.

Marry sagt, der junge Mann sei verängstigt, da er irgendwie fühle, dass ihm die anderen auf der Spur seien. Sie wüssten, dass seine Mutter in Trang lebe. Er habe seinen Plan geändert und fahre nicht nach Trang. Er würde doch über den Seeweg, der als Schmuggelweg für Kinder bekannt ist, nach Phuket fahren. Die Überfahrt würde auf einem Fischkutter an die drei Tage dauern. Die Kutter halten immer wieder bei kleinen Inseln an, um sich vor der tagsüber herrschenden Hitze zu schützen. Sie sind klein und meist nachts und nur langsam unterwegs. Wo soll das nur hinführen, denke ich. Was nur, Kind, machst du durch? Ja, du bist ein starkes Mädchen. Ein sehr starkes sogar. Trotzdem, ach Vater, welche Geschichte hat jetzt hier ihren Lauf genommen? Was nur tun, um Ruhe zu bewahren? Ruhe in diesem Sturm der Gefühle. In diesem Wechselbad von Angst, Verzweiflung,

Ohnmacht und Glaube, Hoffnung, Vertrauen. Ich horche in mich hinein, fühle mich schwach. Keine Resignation, einfach nur Schwäche und Hilflosigkeit. Denn ich habe keine Ahnung, was in dem Topf mit unzähligen Möglichkeiten als Nächstes passiert. Ich habe mich fallen zu lassen und anzunehmen. Einfach zu sein. Wohin auch immer der Fluss mich treibt, mich treiben zu lassen. Oh Gott, wie leicht ist im Vergleich dazu das Leben im Tun. Im Aktivsein.

Mein Alltag war für gewöhnlich gut durchorganisiert. Frühmorgens gegen 5.30 Uhr aufstehen. Übungen machen, um den Körper fit zu halten. Kurze Meditation. Ab ins Bad, danach Frühstück für die Kinder gemacht. Diese stehen meistens bereits vor 7.00 Uhr von alleine auf. Das Kindermädchen kommt um 7.30 Uhr. Die Haushaltshilfe um 8.00 Uhr. Ich zische ins Büro. Der Arbeitstag besteht aus unzähligen Telefonaten und Besprechungen mit den einzelnen Mitarbeitern aus den jeweiligen Ressorts oder aus der Verkaufsabteilung. Es folgen Termine mit Kunden. Neue Ideen wollen kreiert werden. Erledigen der E-Mails, die meine Assistentin bereits vorsortiert hat. Ab und zu komme ich dazu, auch Texte im Büro zu verfassen. Meistens nehme ich diese aber als Arbeit mit nach Hause, die ich nächtens erledige, wenn alle bereits schlafen.

Auch wenn ich morgens den Tag dank meines Terminkalenders bereits klar überschaut habe, war Flexibilität stets gefragt und ein wesentlicher Baustein meiner Lebenseinstellung. Spontan musste oft dies oder jenes noch in allerletzter Sekunde entschieden werden. Momente, in denen Adrenalinstöße durch meinen Körper fuhren, gehörten zum Geschäft, puschten und förderten abstraktes Denken – und ich liebte sie. Besonders die Momente danach, wenn alles wieder einmal geschafft war. Gerade noch abgehetzt, sich im Gefühl einer wohligen Zufriedenheit zurücklehnen, erleichtert ausatmen, das Team und sich selbst loben. Wie herrlich, welch eine Wohltat.

Doch ständig auf einer Ladung Strom zu sitzen und ununterbrochen die Spannung elektrischer Schläge zu verspüren, war ganz einfach unmenschlich. Qualvoll, leidvoll.

Ein nettes Ehepaar aus Amerika hat aufgrund der Steckbriefe den Wunsch verspürt, mit uns Kontakt aufzunehmen. Sie leben seit einiger Zeit in Phuket. Würden uns gerne helfen. Es wird eine sehr herzliche Begegnung. Der Mann meint bei der Verabschiedung noch, wir mögen an unseren Sohn denken, auch er brauche uns jetzt, und er hat zweifelsohne Recht.

Einer unserer Mitarbeiter hat über das Internet in thailändischen Zeitungen einen Detektiv, der sich im Süden Thailands gut auskennt, ausfindig gemacht. Wir nehmen Kontakt auf, doch ohne Fakten gibt es für ihn keinen Ansatzpunkt.

Wir bereiten auch eine Anzeige vor, um diese in thailändischen Zeitungen zu veröffentlichen. Treffen uns mit einem Reporter von Thai Lat. Er will uns helfen und unseren Fall redaktionell aufbereiten und ohne Bezahlung publizieren.

Mein Mantra: Worin nur liegt die Antwort auf unsere Situation?

Es ist der Tag unseres Abfluges nach Wien. Helmut und ich machen zusammen eine Morgenmeditation. Wir verbinden uns mit dem Höheren Selbst von uns und von Alexandra-Anita. Wir sagen ihr, wie lieb wir sie haben, wie unbeschreiblich lieb wir sie haben. Unsere süße kleine Maus. So groß ist der Wunsch, mit ihr zusammen zu ihrem Bruder zu fliegen. Sie endlich in die Arme zu nehmen. Wieder vereint zu sein. Es schmerzt zu wissen, dass sie getrennt von uns ist. Wir fliegen an diesem Tag zurück nach Wien. Wir bitten alle Lichtwesen, dass sie uns beistehen mögen. Alexandra-Anita soll wissen, dass wir mit allen unseren Gedanken und unserer ganzen Liebe bei ihr sind. Immer sind Mami und Papi bei ihr. Wir haben sie unendlich lieb. Der Gedanke, dass wir an diesem Abend im Flieger sitzen und tatsächlich ohne unser Mädchen abfliegen sollen, verkrampft mir den Magen. Vater, wohin soll das nur führen?

Marry meint, Alexandra-Anita und der junge Thai seien auf Phi Phi Island, einer bekannten Urlaubsinsel. Jetzt jedoch ohne Touristen, so wie überall. Sie kämen nur langsam voran. Ben könnte eine Fähre nach Phuket nehmen. Wir fahren zum Hafen, um uns die Ankunftszeiten anzuschauen. Eine Fähre soll um 10.30 Uhr, eine weitere um 16.00 Uhr ankommen. Wir klappern noch weitere Fährhäfen in Phuket ab, doch da es keine Passagiere gibt, haben alle geschlossen. Pünktlich um 10.30 Uhr sind wir zurück beim ersten Hafen. Gegen 11.00 Uhr kommt die Fähre an. Etwa fünf Passagiere steigen aus, Alexandra-Anita ist nicht darunter. Fühle ich mich enttäuscht? Ja, ich fühle mich enttäuscht und abgekämpft. Und wieder einmal: So hatte ich mir das alles nicht vorgestellt.

Mein Glaube an die geistige Welt ist enorm und gewiss. Nur: Worin nur liegt die Antwort auf unsere Situation? Der Tag ist voll innerer Einkehr und gleich einem Mantra stelle ich mir immer wieder die Frage: Worin nur liegt die Antwort auf unsere Situation? Sei es beim Packen der Koffer, beim Durchlesen der E-Mails, beim Kauf von Geschenken für Alexander, beim Treffen mit Toni, seiner Frau und seinen Kindern, beim Fotomachen mit diesen, im Gespräch mit Marvin und Pranee. In meinem Hinterkopf höre ich ständig die Frage: Worin nur liegt die Antwort auf unsere Situation? Welche Botschaft gilt es zu verstehen?

Wir rufen noch Romana an und bitten sie, auf geistiger Ebene nachzuschauen, wie es Alexandra-Anita gehe. Sie sagt, die Kleine erbreche sich ständig, es liege am unerträglichen Gestank von Fischen und Diesel, dazu komme die enorme Hitze, sie fühle sich total erschöpft, ihr Blutkreislauf sei aber in Ordnung, Alexandra-Anita werde sich bald erholen. Sie werde sie mit Essenzen versorgen, die sie jetzt unterstützen würden. Romana meint, wir könnten nach Wien fliegen, denn das Ganze würde noch dauern.

So fahren wir im Mietauto Richtung Flughafen. Marvin und Pranee begleiten uns auf ihrem Motorrad. Toni in seinem Auto. Kaum sind wir losgefahren, kommt ein Anruf von Karin, einer ehemaligen Mitarbeiterin aus Wien. Sie hatte mich ein paar Tage zuvor mitten in der Nacht angerufen, wusste damals nicht, dass wir uns in Thailand befanden. Doch als sie aufgrund meines Leitartikels von unserer Situation erfahren hatte, griff sie sofort zum Telefon und wollte sich erkundigen, wie es uns gehe.

Nun teilt sie mir aufgeregt mit, unser Mädchen sei so ziemlich am Ende ihrer Kräfte und würde demnächst in eine Art Kloster zu Jesuiten oder Zisterziensern gebracht werden. Ich frage: Woher sie das wisse? Von einem Freund. Er habe uns, als wir sie mit den Kindern in ihrem Restaurant besuchten, gesehen und damals länger mit Helmut gesprochen. In den letzten Tagen habe er vor seinem geistigen Auge ständig Bilder von uns gesehen, doch er habe die Botschaften nicht deuten können. Erst als ihm Karin alles über unseren Fall erzählt habe, habe er begonnen, den Inhalt der Botschaften zu verstehen. Zuletzt habe er eben Bilder von Alexandra-Anita inmitten von Personen mit langen weißen Gewändern und einem Schurz gesehen. Man würde sie dort aufnehmen und pflegen.

Diese Mitteilung regt mich auf und zerreißt mich innerlich, macht mich ratlos. Sollen wir abfliegen oder der Sache nachgehen? Wir besprechen umgehend mit Toni und Marvin, was als Nächstes zu tun sei. Rufen auch die österreichische Botschaft an, ob sie Verbindungen zu Hilfsorganisationen speziell in Phuket oder im Süden von Thailand hätten. Der uns bekannte und einzig noch anwesende Botschaftsmitarbeiter weiß nichts davon, verspricht, am nächsten Tag nachzufragen. Helmut entscheidet, dass Toni, Marvin und Pranee gleich zur christlichen Gemeinde in Phuket sowie zu einem weiteren evangelischen Orden und wir weiter zum Flughafen fahren sollten. Sie sollten uns gleich anrufen, und wir hätten dann vor dem Abflug, da wir erst von Phuket nach Bangkok fliegen mussten, genug Zeit, um je nach Situation handeln zu können. Helmut gibt das Mietauto ab, und nach dem Einchecken bekommen wir einen Anruf von Toni, der uns mitteilt, heute sei nichts mehr zu machen, es sei bereits zu spät, trotz wiederholten Läutens seien die Tore zunächst verschlossen geblieben. Schließlich sei nach einiger Zeit doch eine Person erschienen, die jedoch nichts von einem kleinen Mädchen gewusst habe und vorgeschlagen habe, am nächsten Morgen mit der Kirchenleitung zu sprechen. Sie würden alle drei noch schnell zu uns fahren und sich verabschieden. Am nächsten Tag würden sie der Sache gründlich nachgehen.

In Bangkok angekommen, ruft Helmut Marry an. Sie ist heilfroh, dass wir uns melden. Persönlich sei sie schon ziemlich verzweifelt. Entrüstet habe sie auch zu ihrem geistigen Kanal gesagt, was denn all dies bedeuten solle und wozu es diene. Da habe sie die Antwort bekommen: »Glaubst du nicht mehr an Wunder?«

Sie war ebenfalls schon etwas müde, denn die Bilder, die sie von Alexandra-Anita bekam, zeigten das Mädchen in einem sehr geschwächten Zustand und so, als ob sich die ganze Geschichte noch etwas in die Länge ziehen würde.

Kurz vor dem Abflug nach Wien erhalte ich noch eine SMS von meiner Schwester: Ob wir nicht eine TV-Weltausstrahlung machen könnten, weil Alexandra-Anita nicht mehr in Thailand sein solle. Ich erfahre später von ihr, dass sie diese Nachricht von einem medialen Astrologen hatte. Sende ihr retour, dass das Mädchen wahrscheinlich in Malaysia gewesen und über den Seeweg bereits wieder nach Thailand zurückgebracht worden sei.

Ehrlich gesagt, weiß ich überhaupt nichts wirklich. Ich kann einfach darauf vertrauen, dass alle diese zugegebenermaßen in sich sehr stimmigen Meldungen ihre Richtigkeit haben. So bin ich auch trotz meiner kaum zu beschreibenden inneren Verzweiflung der geistigen Führung sehr dankbar über diese große Hilfe, die uns von so vielen Seiten zuteilwird. Doch auch jetzt höre ich in meinem Hinterkopf ständig die Frage: Worin nur liegt die Antwort auf unsere Situation?

Landung in Wien

Wir landen in Wien. Es ist 5.00 Uhr morgens. Ich freue mich auf unseren Sohn Alexander. Unterwegs nach Hause bekommen wir von Monika, unserem Kindermädchen, eine SMS, Alexander leide plötzlich unter Übelkeit und habe etwas Fieber, wir mögen ihn schlafen lassen. Gegen 6.30 Uhr kommt er von allein, endlich kann ich mein Kind im Arm halten.

Da Alexander am Tag unserer Rückkehr nach Wien nicht in die Schule will, fährt er mit mir ins Büro. Dort verkündet Helmut, dass vorläufig keine Ausgabe unseres Mediums mehr erscheinen solle. Es ist eine Entscheidung aus dem Bauch heraus. Ich stimme ihm voll und ganz zu. Wir haben den 7. Februar 2005. Die erste Ausgabe erschien am 2. Februar 1966. Also neununddreißig Jahre zuvor.

Wie jeden Tag führe ich auch jetzt meine innere Zwiesprache, bitte um Führung, unterhalte mich mit Alexandra-Anita, sende ihr Kraft. Hole mir selbst Kraft aus den unzähligen Zuschriften unserer Leser. Sie enthalten so viel an liebevollen Worten, herrlichem Trost und Zeilen tiefer Weisheit. Ich atme sie ein, lade mich auf mit dieser heilenden geistigen Medizin. Wellen der Dankbarkeit durchfluten mich, fließen durch meine Adern, erfassen jede Zelle, lindern die offenen Wunden. Geben Mut, zu glauben, zu hoffen und zu vertrauen.

Am Morgen danach bringe ich Alexander in die Schule. Möchte wissen, wie er sich tut, ob es irgendwelche Auffälligkeiten gebe. So erfahre ich, dass eine geschulte Fachkraft mit ihm ab und zu arbeitet, um zu sehen, ob anhand von Zeichnungen oder Erzählungen gewisse auffällige Hinweise festzustellen sind. Er dürfte das Erlebte und das damit Zusammenhängende sehr gut verkraftet haben, er ist offen und macht überall aktiv mit. Das hört sich gut an und ich bin sehr dankbar dafür. Ich denke, das liegt daran, dass wir zu Hause vor und mit ihm über alles reden, und daran, dass er spürt, dass er Teil eines Prozesses ist. Ich sage ihm auch, dass wir so froh sind, dass ihm nichts passiert sei und wir ihn bei uns haben dürfen. Es schmerzt einfach und ich bin traurig darüber, dass die kleine Maus nicht auch da ist. Und wenn ich weine, fühle ich mich danach besser. Er versteht das. Manchmal weint er mit mir. Besonders, wenn er merkt, wie sehr ihm die Oma Niki abgeht. Bei ihr fand er immer ein zärtliches Nest voller Wärme und Geborgenheit. Sie ist es auch, die ihm ständig den Rücken vor dem Schlafen kratzte, ihn massierte, sein Haar kraulte. In ihrer Engelsgeduld und Sanftheit war sie einzigartig. Oft fuhren wir zu fünft im Auto nach Zell am See in unsere Ferienwohnung. Die Fahrt dauerte manchmal bis zu vier Stunden. Und im Unterschied zu den meisten Kindern schliefen unsere sehr wenig im Auto. Niki verstand es, den Kindern über Stunden hinweg Geschichten zu erzählen, Fingerspiele zu machen, beide so zu verwöhnen, dass nicht einer von ihnen eifersüchtig auf den anderen wurde. Das Besondere dabei war, dass sie so präsent bei der Sache war. Das spürten die Kinder und so gab es auch kaum ein Raunzen. Ich schaute sie immer wieder an und lobte sie für ihre Art. Helmut und ich waren uns in unserem Naturell sehr ähnlich. Beide starke Persönlichkeiten, die sich in ihrer Arbeit verwirklichten. Kaum war eine Idee da, wurde auch schon alles aktiviert, um diese umzusetzen. Das Gebären von zwei Kindern erweckte meinen fürsorglichen Mutterinstinkt und verhalf mir, mich hie und da auch als Ruhepol zu erfahren.

Wenn etwas nicht so ganz nach Alexanders Wunsch lief, weinte er nach seiner Niki. Er konnte dabei so herzzerreißend weinen, dass ich dann immer mit ihm weinte. Wir schluchzten beide und sagten unserer Niki, wie sehr wir sie vermissen. Was für eine wunderbare Oma und Mutter sie war. Tatsächlich spürten wir, wie sie uns mit ihrer Zärtlichkeit umarmte. Und weinten daraufhin umso mehr.

Wie sehr wünschte ich mir, mich jetzt bei ihr ausweinen zu können. Hatte das vorher noch nie getan. Weder bei ihr noch bei irgendjemand anderem. Im Stillen – ja – da weinte ich oft. Mein Partner, der mir dabei zuhörte, war mein himmlischer Vater. Er war mein Trost und hatte stets aufbauende Worte für mich. Er war meine Schatztruhe. All mein Leid, all meine Geheimnisse waren bei ihm gut aufgehoben. Und ich brauchte keine Schlüssel irgendwo aufzubewahren. Ich deponierte bei ihm auch all meine Freude und Dankbarkeit für die vielen glücklichen Momente, von denen ich im Alltag so zahlreich erlebte.

Heute legt sich Helmut früh ins Bett, endlich ausschlafen. Wieder zu Kräften kommen. Ich telefoniere noch lange mit Marry. Die Essenz des Gespräches ist, dass Alexandra-Anita bereits an Land in der Krabi-Provinz sei, wo sie von den Strapazen des langen Seeweges gesund gepflegt werden solle.

Die folgenden beiden Tage sind die vorläufig letzten Produktionstage. Ich fühle mich unseren Mitarbeitern sehr verbunden. Haben wir doch über viele Jahre hindurch gemeinsam viele »Kinder« herausgebracht. Die Stimmung ist gedrückt. Wie sollte sie auch anders sein? Das Ende kam für uns alle zu abrupt. Kein Übergang, um sich an eine neue Situation gewöhnen zu können. Loslassen von heute auf morgen.

Ein erfreulicher Besuch überrascht mich am selben Nachmittag im Büro. Eine gottbegabte Malerin erscheint und überreicht mir eine Schachtel mit wunderschönen kleinen Bildern. Sie seien im letzten Mal-Workshop von den Teilnehmern während eines schamanischen Trommel-Rituals für Alexandra-Anita gemalt worden. Es sind an die acht Bilder. Eines herrlicher als das andere. Ich bin tief gerührt. Fassungslos. Erlebe den Zustand der Gnade. Sie versteht und fühlt meinen aus dem Innersten des Herzens kommenden Dank.

Jeden Morgen, wenn Alexander sein Frühstück bekommt, kriegt die kleine Maus ihre Zaubertropfen. So nennen wir Romanas Essenzen, von denen wir das ganze Set haben. Sie wirken gleich den Bachblüten, vielleicht sogar intensiver, und es gibt kaum ein Wehweh, das nicht damit zu behandeln wäre.

In der Firma ist der Tag der Kündigungen angebrochen. Helmut will alle fair ausbezahlen. Seine Sekretärin hat diese undankbare Arbeit durchzuführen. Helmut hätte aufgrund der Bilanzen auch einen Konkurs anmelden und viel, ja sehr viel Geld sparen können. Doch er wählte den für ihn persönlich einzig vertretbaren Weg.

Es ist Wochenende und wir feiern mit einigen Freunden Alexanders Geburtstag nach. Für unsere liebe Freundin Gaby ist es der erste Besuch außer Haus, seit sie aus dem Spital gekommen ist. Meine Tante hat die Rolle der Mama übernommen und für köstliches Essen gesorgt. Das zentrale Thema unserer Gespräche sind natürlich die Geschehnisse rund um den Tsunami und Alexandra-Anita. Birgit, die in der folgenden Woche nach Brasilien zu einem bekannten Medium fliegen will, bespricht mit uns, welche Fragen sie stellen soll. Während des ganzen Tages läutet ständig das Telefon. Zuletzt ruft meine Schwester an und meldet, da die Semesterferien bevorstehen, sie werde in zwei Tagen mit ihrem Sohn Felix zu uns kommen. Das ist eine erfreuliche Botschaft.

Unser Hauptaugenmerk liegt nach wie vor auf der Ortung von Alexandra-Anita. Ein Anruf anderer Art kommt von einem Schamanen aus München, der an jenem Wochenende während eines Seminars in Gruppen- und Einzelarbeit zu dem Ergebnis gekommen war, dass wegen karmisch bedingter Blockaden die Zeit noch nicht reif sei, Alexandra-Anita aufzufinden. Sie alle hätten das Mädchen in einem emotional getrübten, innerlich unausgeglichenen Zustand erfühlt. Sie sei jetzt an einem Ort, wo es noch ein weiteres Kind geben soll.

Wenn ich meine Augen öffne, geht der erste Blick zur Uhr. Ich rechne mir aus, wie spät es jetzt in Thailand ist, und denke, was das Mädchen jetzt wohl macht. Sende ihr all meine Liebe, umarme und halte sie beschützend. Ich erinnere sie an Mamis Worte, die ich ihr seit längerer Zeit, nur mein himmlischer Vater wusste damals warum, immer sagte: »Mami ist immer bei dir, auch wenn du Mami nicht siehst. Deine Mami ist immer bei dir.« Unter Tränen mache ich dann jenes Spiel, das wir wie so viele andere fast täglich spielten. Ich frage sie: »Wie lieb hat Mami dich?« Sie gibt ihre Arme in die Höhe, ich ziehe sie ein Stück höher und noch höher, denn Mami hat sie sooo sehr lieb. Sie breitet dann ihre Arme seitlich aus, doch Mami zieht noch ein Stückchen weiter und noch weiter, denn Mami hat sie noch viel, viel lieber. Danach drückt Mami sie ganz fest an sich, gerade so, dass Alexandra-Anita noch Luft bekommt. Und während sie Luft schnappend lacht, wiederholt die Mami das Drücken noch ein bis zwei Mal, um dann ihren süßen weichen Bauch mit kitzelnden Küssen abzuknabbern.

Wir stellen auf die für sie eingerichtete Website Steckbriefe, Kontaktdaten, gerasterte Karten von Thailand, Bilder von ihr und mit der Zeit auch jene Informationen, die uns medial begabte Leute zukommen lassen.

Der Direktor eines Kurorts, der auch ein Anzeigenkunde von uns ist und selbst medial begabt ist, lädt uns auf einige Tage zum Entspannen ein. Da meine Schwester und ihr Sohn Felix ebenfalls kommen, sagen wir für Mitte der folgenden Woche zu.

Im Büro nehme ich mir jetzt nur mehr Zeit, um mit den Mitarbeitern persönliche Gespräche zu führen. Ein Mitarbeiter will es nicht wahrhaben, dass das Medium stillgelegt wird. Es würde Kunden geben, die allein vom Anzeigenerfolg in unserem Medium lebten. »Natürlich hätten alle Kunden, die bei uns inserieren, Erfolg«, sage ich ihm. »Nur wenn es wirklich so viele wären, dann würden wir finanziell besser dastehen.«

Zu Hause überrascht mich Alexander mit einem selbst gebastelten Roboter. Bin von der dahinterstehenden Kreativität beeindruckt. Einfachste Hilfsmittel wie Schachteln, Korken und Federn von Kugelschreibern wurden zusammengeklebt und teilweise bemalt. Monika hat ihm natürlich dabei geholfen. Mit den Kindern tolle Sachen zu basteln, zählt zu ihren Stärken. Monika hatte übrigens am Tag zuvor Geburtstag. Ihr Freund war aus Belgien zu Besuch gekommen. Als ich sie frage, wie denn das Wochenende verlaufen sei, nickt sie, beginnt lächelnd zu weinen. Ich nehme sie in die Arme. Fühle das Süße hinter den Tränen. Ihr Freund hat ihr das schönste Geburtstagsgeschenk gemacht. Er hat sie gefragt, ob sie ihn heiraten wolle. Sie hat geweint. Hat ja gesagt. Ich freue mich für sie, gratuliere ihr und wünsche ihr von Herzen alles Liebe. Sie fragt mich auch, ob es für uns in Ordnung sei, wenn sie bis Ende Juni bleibe und dann zu ihrem Freund ziehe. Sie würde ja ohne Aniti jetzt auch nicht mehr viel zu tun haben. Alexander ist von 8.00 Uhr bis 16.00 Uhr in der Vorschule. Sie unterstützt jetzt hauptsächlich unsere Haushaltshilfe. Natürlich ist das in Ordnung, und ich weiß, dass es, wenn hoffentlich unser Mädchen bald wieder da ist, auch immer für alle Betroffenen gute Lösungen gibt. Hauptsache, wir sind wieder alle zusammen.

Helmut kommt zu mir und lässt mich raten, was heute eingeschrieben per Post gekommen sei. Ich komme einfach nicht drauf. Da zeigt er mir Alexandra-Anitas Pass. Ich bin sprachlos. Freue mich darüber und stelle ihn gleich an einen Platz mit Kraftgegenständen für Alexandra-Anita. Mit Alexander hole ich noch einige Kraftgegenstände aus dem Kinderzimmer, darunter einen von ihr persönlich ausgesuchten Buddha, ihr Schutzengelbild, mein Krafttier, einen Bären mit einem Kristall und Federn. Alexander sagt zu mir: »Aktiviere die Feder.« Ich schaue ihn etwas verdutzt an. Da nimmt er sie zwischen beide Hände, legt diese an seine Stirn, macht die Augen zu, hält inne, und sagt dann: »So, jetzt gibt sie Kraft.«

Marry meint, der junge Mann habe anscheinend für Alexandra-Anita ein Schutzamulett machen lassen. Irgendwie sei der Zugriff auf sie dadurch geschwächt. Sie sagt mir auch, dass eine in Thailand lebende Freundin aus Frankreich ein sehr begabtes Medium in Paris kenne. Diese Frau, Veronique, würde offiziell mit den Behörden zusammenarbeiten, um nach Personen zu forschen. Sie werde ihr ein Bild von Alexandra-Anita zukommen lassen. Ich bekomme auch einen Anruf von einem sowohl im deutschsprachigen als auch internationalen Raum bekannten Arzt und Autor. Ich zähle ihn aufgrund der vielen Jahre fruchtbarer Zusammenarbeit zu meinen lieben Freunden. Im Laufe des Gespräches erzählt er, dass er, nachdem er am 28. Dezember bei uns angerufen und unsere Geschichte erfahren hatte, Mami und Alexandra-Anita in seine Meditation eingeklinkt habe. Dabei habe sich Mamas Energie kalt und die des Mädchens warm angefühlt.

Meine Schwester aus der Schweiz ist eingetroffen. Wir bereiten uns für die Fahrt in die Therme vor. Dort angekommen, führen wir ein Gespräch mit dem Direktor, der meint, Alexandra-Anita sei ein Kristallkind. Diese kommen bereits in hoher Liebesfrequenz auf Erden und haben meist damit verbundene Aufgaben. Seiner Meinung nach dauere es noch. Schließlich würde sie den Weg zu uns finden. So sanft seine Stimme auch ist und so ehrlich sich seine Worte anfühlen, so wenig ermutigend klingt das alles für mich. Denn ein gerade zweieinhalb Jahre altes Kind findet nicht so schnell den Weg zu uns. Was für mich im Klartext bedeutet, dass es noch länger dauern könnte. Und das ist für mich inakzeptabel. Der Gedanke allein schnürt mir den Atem ab und verkrampft in mir jede Pore von den Haarwurzeln bis zu den Zehen. Jede Zelle schreit förmlich: »Das ist inakzeptabel!!«

Auf dem Weg ins Zimmer erreicht mich der Anruf von Veroniques Mann aus Paris. Er spricht Englisch und hat eine sehr angenehme Stimme. Unsere Tochter Alexandra-Anita lebe, sie sei zurzeit etwa fünfzehn Kilometer von dem Ort entfernt, an dem alles passiert sei. Sie sei gesund, emotional wieder stabil. Die Leute, bei denen sie jetzt sei, würden Geld wollen. Jedoch nicht mit Thailändern verhandeln wollen. Ihrer Meinung nach sollten wir Flugzettel mit unseren Kontaktdaten von einem Helikopter aus in der betreffenden Gegend verteilen.

Unsere Kommunikation verläuft mit der Zeit hauptsächlich über Mails, die mir Veronique auf Französisch schreibt und die er übersetzt und dann abschickt. Ich kann etwas Französisch und unterhalte mich auch mit Veronique, die eine sehr klare, kraftvolle, energiegeladene Stimme hat. Ich spüre, dass hier eine starke Persönlichkeit wirkt, die sehr mitfühlend ist und uns stets von ganzem Herzen Energie schickt.

Während der drei Tage in der Therme nützen wir die zeitgleiche Anwesenheit eines bei Graz lebenden Schamanen indianischer Abstammung. Wie alle anderen entstand auch der Kontakt zu diesem über Freunde und Bekannte, die uns in unserer Situation unterstützen wollten. Wir hatten selbst nichts aktiv dazu beigetragen. Es ergab sich stets, von höherer Hand geleitet. Das Ergebnis dieses Kontaktes war, dass Helmut sich in Thailand auf einen Pilgerweg begeben sollte. Nur so würde er, wenn er die Pilgerreise ohne Geld und andere Hilfsmittel antrete, sich selbst und den Menschen in Güte und Liebe begegnen. Gleich einem Mönch solle er von Khao Lak aus in die Berge ziehen. Er würde schon geführt werden. Wir könnten parallel dazu ohne weiteres andere Sachen laufen lassen wie zum Beispiel die Beauftragung eines inzwischen mit Hilfe der Amerikaner in Phuket aufgetriebenen Detektivs. Doch in Wirklichkeit meint er, solle wahre Hilfe nicht durch Geld, sondern durch die Begegnung von Herz zu Herz kommen.

Mir erscheint die Möglichkeit, auf einer solchen Pilgerreise viel lernen zu können, sehr verlockend. Was mich daran so anzieht, ist, mich endlich in die Stille begeben zu können. Diese Momente der inneren Einkehr, so nah am Vater, so aufgehoben in seinem Schoß. Zu Hause. Angekommen. Im Raum, der keiner Fragen und Antworten bedarf. Einfach sein. Irgendwie überlegen wir auch tatsächlich, wie sich eine solche Pilgerschaft durchführen lassen könnte. Obwohl der Schamane meint, dass Helmut diesen Weg beschreiten solle, erfüllt mich der Gedanke sehr. Doch schon befinde ich mich wieder in der Welt der vielen Fragen und Antworten. Was passiert in der Zwischenzeit mit Alexander? Wann wäre der richtige Zeitpunkt für die Pilgerwanderung? Helmut selbst hält das Ganze für machbar, doch er fühlt sich von dem Vorhaben nicht besonders angezogen. Nun, es ist ein Weg der Entbehrung, und über Mangel an seelischer Entbehrung können wir uns zu dieser Zeit nicht beklagen. So lassen wir die Möglichkeit einer Pilgerschaft vorerst im Raum stehen.

Meine Schwester und ich nützen die Zeit, um uns auszutauschen. Ich fühle ihre Unsicherheit und die damit verbundene Angst, dass Alexandra-Anita tatsächlich nicht überlebt haben könnte. Für sie ist diese Vorstellung unheimlich schwer zu akzeptieren. Die Kräfte des Wassers hatten so erbarmungslos zerstörend zugeschlagen. Wie sollte da ein kleines Mädchen überlebt haben?!

Ihr Verstand bringt lauter rationale Gründe vor, die es schwer machen, an eine Rettung zu glauben. Zum Teil gebe ich ihr Recht, denn die Verstandesebene sucht in dieser Geschichte nach Fakten. Darunter gibt es zwar auch solche wie den Anruf des Hotelpersonals, das das Mädchen in der Nacht nach dem Tsunami unter Einheimischen in den Bergen gesehen haben wollte, oder die Auskunft des Mannes von der Tankstelle, der das Mädchen in der ersten Jännerwoche mehrmals am Markt in Begleitung einer Thailänderin gesehen zu haben glaubt. Doch diese Hinweise hätte man auch als unglaubwürdig betrachten können.

In den folgenden Tagen passiert vieles, und das unheimlich schnell. Wobei es um Alexandra-Anitas Ortung geht. Mit Hilfe einer Satellitenkarte und den darin eingezeichneten Quadranten konnten die Alexandra-Anita ortenden Personen deren Koordinaten detailliert angeben. Wobei sich immer mehr herauskristallisiert, dass Alexandra-Anita nicht ständig am gleichen Ort ist, sich jedoch stets in einem bestimmten Umkreis aufhält, den mehrere Personen unabhängig voneinander bestätigten. In der Zwischenzeit findet ein reger E-Mail-Austausch mit Marry, Romana, Veronique, Yvonne und Eveline statt.

Yvonne ist jene Person, die mit einem Radionik-Gerät und im Idealfall mit einem Haar der zu ortenden Person arbeitet. Sie benützt das Gerät schon länger und hat sehr gute Erfahrungen damit gemacht. Ich treibe für sie aus einem Pullover des Mädchens ein Haar auf. Finde insgesamt drei davon und hüte diese wie einen Goldschatz. Sobald eine Seele ihren Körper verlassen hat, also gestorben ist, gibt das Gerät keine Signale mehr ab. Doch im Falle von Alexandra-Anita sind die Signale des Gerätes sehr klar. Eine weitere Person, Eveline, besuchen wir, nachdem sie uns von einer lieben Bekannten vermittelt worden ist. Sie hat erst vor einem Jahr von der Steiermark aus einen in München verloren gegangenen Buben geortet. Sie kann auch unser Mädchen mit Hilfe eines Fotos orten. Eveline lebt mit ihrem Sohn zusammen, ist eine sympathische hübsche Frau, die sehr aktiv und erfolgreich ihrer Arbeit nachgeht. Wir unterhalten uns sehr lange und tauschen uns über unsere bisherigen Erfahrungen sowie über die ihrigen aus. Sie ortet Alexandra-Anita ziemlich genau dort, wo auch Yvonnes Gerät reagiert hat. Kurz bevor wir aufbrechen wollen, sagt Helmut, dass unser Mädchen gerade, ziemlich verstört wirkend, »Papi, Papi« schreie. Eveline klinkt sich in Alexandra-Anitas Energie ein, springt auf, geht zu ihrem Gerät, mit dem sie Leute auf ihrer emotionalen Schwingung erreicht, und sendet in das Umfeld des Mädchens Heil- und Liebesschwingungen. Ich schaue sie an, Tränen laufen mir, ausgelöst durch die im Raum präsenten aggressiven Energien, über mein Gesicht. Eveline sagt: »Die Kleine wurde gerade geschlagen.« Durch den aufkommenden Schmerz zu keinem Wort fähig und von den in mir gleichzeitig aufsteigenden Kräften förmlich überwältigt, umhülle ich meine Tochter mit einem Schutzmantel und konzentriere mich auf die Herzensebene aller, die um sie herum sind.

Helmut hat bereits beschlossen, wieder nach Thailand zu fliegen. Ich soll bei Alexander bleiben. Sein Antrieb, über den ich nur verständnislos den Kopf schütteln kann, war es, vor Ort nach dem Rechten schauen zu wollen. Ich entscheide mich ganz spontan mitzufliegen. Es muss sein. Eveline findet das richtig, da sonst die weibliche Energie vor Ort fehlen würde. Alexander hat das Geschehen mitverfolgt und fragt mich traurig: »Warum schlagen die Leute Anita?« Es ist für ihn unverständlich, dass Kinder geschlagen werden können. Wir rasten als Eltern auch manchmal aus und schreien ihn dabei an, doch ein Kind zu schlagen, ist etwas anderes. Ich versuche, für mich und ihn tröstende Worte zu finden: »Du weißt ja, dass die Kleine einen dicken Schädel hat und sich nichts gefallen lässt. Vielleicht ist diese Person einfach schlecht gelaunt gewesen und Anita hat sie geärgert.«

Tatsächlich machten wir vier Tage zuvor eine Meditation, die Romana initiiert hatte, um das Umfeld und die Personen rund um Alexandra-Anita auszuforschen. Für mich ein unvergessliches Erlebnis. Ich bekam Romanas geistige Fähigkeiten so richtig zu spüren. In dem Moment, als sie das Mädchen energetisch in unseren Kreis von fünf Personen holt, rinnen mir die Tränen wie ein Bach über das Gesicht. Zum Greifen stark ist Alexandra-Anitas Energie präsent und schon höre ich sie auch »Mami, Mami« rufen und fühle, wie sie auf meinen Schoß hüpft. Das Bild, das ich sehe, zeigt sie in einem kleinen, sehr kahlen Raum aus Holz, wo sie auf einem einfachen Bettchen liegt, doch in dem Augenblick, in dem ich ihre Präsenz fühle, kann ich keine Bilder mehr halten. Tränen über Tränen laufen mir über die Wangen. Alle anderen, die sich im Kreis befinden, können auch die rund um Anita versammelten Personen sehen. Eine ältere und eine jüngere Frau sowie ein Mann. Ein Mann von großer Statur mit dunklen Gesichtszügen. Kein Thai. Und er scheint in seiner fast eleganten Kleidung irgendwie nicht zu diesem einfachen Haus zu passen. So, als sei er, aus welchem Grund auch immer, nur zu Besuch dort. Seine Stimme sei laut und seine Worte seien barsch.

In der Zwischenzeit haben wir auch einen Anruf von unserer nach Brasilien geflogenen Freundin Birgit bekommen. Laut dem Medium würde es noch lange dauern, bis wir Alexandra-Anita wiedersehen würden. Sie sei eine sehr große Seele und würde demnächst eine Schulung erfahren. Alles Weitere nehme ich nur aus der Ferne wahr. Soll ich nun danke sagen für diese Nachricht? Was soll denn das nun wieder heißen!

Während uns das Schicksal Alexandra-Anitas Tag und Nacht beschäftigt, hat sich in der Medienwelt die Auszeit des »Einkaufs« herumgesprochen. Also gibt es ständig Termine und Gespräche über die Möglichkeit einer vorübergehenden Kooperation. Was für Helmut nicht in Frage kommt, ist der Verkauf des Mediums. Er habe nicht neununddreißig Jahre an Zeit und Energie investiert, um beim Leser dieses beispielhafte Vertrauen zu erlangen, nur damit dann jemand, auf diesem Fundament aufbauend, das Magazin zu einem reinen Kommerzgeschäft macht. Es liegt ihm so viel an der Weiterführung seiner hinter dem »Einkauf« steckenden Vision und Philosophie. In den Gesprächen findet er jedoch keinen Partner, der Verständnis für seine Haltung hätte.

Sowohl bei uns im Haus als auch in der Wohnung von Niki waren Kriminalbeamte am Werk, um nach Fingerabdrücken zu suchen. Irgendwie würde das mit der DNA-Analyse nicht so gut funktionieren, wie man anfangs gedacht hatte. Fingerabdrücke hätten sich als vorteilhafter zur Identifizierung erwiesen. Was aber wiederum für Leichen, die zu lange im Wasser gelegen hätten, auch wieder nicht ganz so gelte. Bei Kinderleichen, die längere Zeit im Wasser gewesen wären, sei es noch schwerer.

Es ist der 28. Februar. Helmut und ich fliegen erneut nach Thailand. Mit Yvonne und Eveline sind wir so verblieben, dass wir mit ihnen telefonisch in Kontakt bleiben, wenn wir vor Ort ankommen. Sie geben uns dann die Koordinaten Alexandra-Anitas durch. Ähnlich verbleiben wir auch mit Marry und Veronique.

Und wieder in Phuket

Nach unserer Landung in Phuket um 9.20 Uhr vormittags werden wir von Toni, Marvin und Pranee empfangen. Fahren zum Hotel, wo auch schon, wie aus Wien vereinbart, der Detektiv auf uns wartet. Auch der Geschäftsführer vom Tao Garden ist vor Ort. Der Eigentümer des Tao Garden hat ihn runterfliegen lassen, damit er uns, wo immer es geht, unterstützt und uns so lange, wie es nötig ist, behilflich ist. Ich klinke mich in die geistige Welt ein, bitte um und danke für Führung. Bringe unser Gepäck auf das Zimmer, um danach sogleich zu jenem Ort in den Norden zu fahren, wo Yvonne und Eveline Alexandra-Anita geortet haben.

Man stelle sich die Situation vor Ort vor. Unerträgliche Hitze. Weit und breit niemand zu sehen. Kein Mensch will sich im Freien aufhalten. Es gibt keinen Ortsanfang und kein Ortsende. Nur eine Hauptstraße, die zugleich Durchfahrtstraße ist. Von der Straße aus sieht man Häuser, hinter denen sich weitere Häuser befinden, die nur über schmale Pfade erreichbar sind. Und jetzt versuche man sich nur annähernd in die Köpfe der Thais zu versetzen. Ihr Denken, ihre Kultur, ihre Traditionen und ihre Geschichte. Man kennt den Nachbarn. Schließlich lebt man in einem Dorf. Doch gegenüber einem anderen Thai, der nicht aus der Gegend kommt, ist man misstrauisch. Was soll man da erst recht mit Fremden anfangen, die hier so plötzlich und unerwartet wie aus dem Nichts auftauchen?! Nebenbei gefragt, würde man auf dieses Verhalten nicht auch in allen anderen Ländern stoßen?

Wir parken und machen uns zu Fuß, ich mit einem Steckbrief in der Hand, zu einem der Häuser auf den Weg. Helmut hat Telefonkontakt mit Yvonne, diese mit Eveline. Innerlich bete ich um die richtigen Worte. Suche auch stets den Blickkontakt zu der Person, die mir gerade gegenübersteht. Wir gehen von Haus zu Haus. Die meisten schauen gerade fern oder schlafen vor dem laufenden Fernsehgerät. Die Leute sind allesamt freundlich. Der Detektiv, der jetzt eigentlich die Rolle eines Übersetzers hat, erklärt unsere Situation. Im Allgemeinen sind Großeltern und Kinder anzutreffen. Es schaut trostlos aus. Niemand hat das Mädchen gesehen. So vergeht Stunde um Stunde. Erlebe und durchlebe teils sehr berührende Momente. Eine Mutter zeigt mir ein in einem Tuch sorgfältig aufbewahrtes Bild von ihrem ungefähr zwanzigjährigen Sohn, der im Tsunami gestorben ist. Sie weint. Ich weine. Hier braucht es wieder einmal keine Übersetzung. Eine ältere Frau mit sanften Gesichtszügen bittet uns ins Haus. Fühlt so sehr mit. Hat viele Enkelkinder und all die Fotos von diesen auf einem Regal aufgereiht. Streichelt liebevoll über Alexandra-Anitas Bild. Ich erkenne in ihrer einfühlsamen, liebevollen Art das Wesen meiner Mutter. Meine Augen glänzen, füllen sich mit dem mir bereits so bekannten Salzwasser. Es schmerzt so sehr und tut zugleich so gut. Auch unsere Niki hatte alle Bilder ihrer Lieben stets um sich. Weitere Stunden vergehen. Ich empfinde das Ganze aufrichtig als eine Knochenarbeit, das gilt für die äußeren Umstände genauso wie für die immer wieder aufs Neue erlebte emotionale Enttäuschung. Wieder nichts.

Die Ortungen aller uns unterstützenden Personen verlaufen voneinander unabhängig in einem Umkreis von vierzig Kilometern. Unsere medialen Helfer sitzen in Frankreich, Österreich (vier Personen) und Thailand. Was einerseits nichts und andererseits alles ist. Alle vermelden gleichermaßen, dass Alexandra-Anita nicht stets am gleichen Ort sei. Jedoch sei das Haus, in dem sie die meiste Zeit verbringe, von der Straße aus nicht zu sehen. Sehr einfach, typisch thailändisch, abgelegen, umgeben von Bäumen, mitten in der Natur. Schade nur, dass es von derart gelegenen Häusern hier unzählige gibt. Mal lebt sie bei einer älteren oder jüngeren Frau, mal bei ganzen Familien.

Während wir am zweiten Tag nach unserer Ankunft mit dem Detektiv unterwegs sind, fährt Toni zu einem Medium aus der Gegend um Phang Nga, um es zu befragen. Da wir auch in dieser Gegend unterwegs sind, will er sich uns danach anschließen.

Wir biegen gemäß Yvonnes Beschreibung zuerst in eine asphaltierte, dann in eine feldwegartige Straße ein. Hier gibt es Häuser, vor denen Kinder spielen. Sie begegnen uns offen und zutraulich. Sie begleiten mich zu anderen Häusern und zuletzt bekomme ich einen süßen Kuss von einem etwa dreijährigen Mädchen. Es sind mittlerweile Stunden vergangen und wir setzen uns in ein Straßenlokal, das nur aus zwei Tischen mit Stühlen besteht, in dem der Wirt aber wunderbares Essen aus dem Nichts hervorzaubert. Toni erscheint mit seinem Vater. Das Ergebnis seiner Befragung ist die folgende Botschaft des Mediums: Wir würden Alexandra-Anita dann treffen, wenn die Zeit dafür reif sei. Was immer wir auch jetzt unternähmen, sie werde erst zum gegebenen Zeitpunkt erscheinen und einfach da sein.

Ich kann und will das nicht akzeptieren. Sehe einfach keinen Sinn dahinter. Höre mein Mantra: Worin nur liegt die Antwort auf unsere Situation?

Ich habe viele Fotos von den Häusern gemacht. Es wird bereits dunkel. Wir fahren zurück nach Phuket. Ich maile die Fotos weiter, um herauszufinden, ob unsere Kontaktpersonen beim einen oder anderen einen Zusammenhang mit Alexandra-Anita feststellen können.

Am folgenden Morgen warten wir, wie verabredet, auf den Detektiv, doch der erscheint nicht. Antwortet auch nicht auf seinem Handy. Wir hinterlassen mehrere Nachrichten und fahren schließlich ohne ihn los. Wie immer bete ich während der Fahrt. Ich bitte um und danke für Führung.

Die Gegend, in die wir fahren, ist teilweise ein Nationalpark und nur wenige Kilometer von dort entfernt, wo wir am vorausgegangenen Tag unterwegs waren. Hierher lotst uns Gaby, die seit dem Tsunami täglichen Kontakt mit dem Mädchen hat. Wir verteilen Steckbriefe. Einige Leute, die bei einem Supermarkt versammelt sind, erkennen uns wieder. Sie hätten im Fernsehen von unserer Geschichte gehört. Auch an diesem Tag mache ich Fotos. Die Natur in dieser sehr hügeligen Gegend, durch die ein breiter Fluss fließt, ist wunderschön. Überall ist saftiges Grün zu sehen. Die Baumvielfalt verleiht der Landschaft eine besondere Lebendigkeit. Das Plätschern des Wassers besänftigt und beruhigt. Am frühen Nachmittag ruft der Detektiv an. Wir verabreden uns für den Abend im Hotel.

Wir haben an diesem Tag ein spezielles Haus im Visier. Wir stehen vor einem dunklen, einige Meter breiten Eisengittertor. Ein Torflügel steht offen, daher fahren wir die Auffahrt hinauf bis vor eine Holzhütte, wo uns eine Burmesin entgegentritt. Ich hätte sie nicht als eine solche erkannt, doch Toni sah ihr ihre Abstammung mit einem Blick an. Sie meint, es sei gerade keiner im Haus. Beim Eigentümer handele es sich um den Besitzer eines Hotel-Resorts in der Gegend des Nationalparks. Ich mache mich auf, um einen Blick durch die Gitterfenster des Hauses zu werfen. Matratzen liegen am Boden. Ein Fernseher ist zu sehen. Die Einrichtung ist sehr spärlich.

In Phuket fahren wir zum Büro dieses Resorts, doch es ist geschlossen. Keine Gäste weit und breit. Touristisch gesehen, ist Phuket eine Geisterstadt. Straßen mit Shops und Büros, die auf Produkte und Dienstleistungen für Touristen abgestimmt sind, sind menschenleer. Im Hotel treffen wir auf den Detektiv, der meint, er würde eine offizielle Suche über Hotelinfos, DNA, Fingerabdrücke etc. vorziehen. Nun, eine solche wird sowieso laufen, da gibt es unsererseits nichts zu tun. Die Kontakte zu den involvierten amtlichen Stellen haben wir und wir stehen auch mit diesen im Austausch. Er solle sich überlegen, inwieweit er einen Sinn in einer weiteren Zusammenarbeit sehe. Schließlich unterstütze er uns nicht umsonst.

Yvonne, die gerade an einem Seminar über Kristalle bei einem berühmten Autor teilnimmt, ruft an. Unser kleines Mädchen sei für den Seminarleiter sehr stark präsent und er meine, es gelte den Seelenvertrag, den Alexandra-Anita vor ihrer Inkarnation mit den bei ihr anwesenden Personen abgeschlossen habe, aufzulösen. Wir mögen in Kontakt zu ihr treten und es ihr sagen. Wir verabschieden uns von Yvonne, denn wir wollen sogleich auf unser Zimmer. Durch meine intensiven morgendlichen Gebete, Rituale und Meditationen sowie durch die ständigen Gespräche während des Tages ist die Leitung zu meinem Höheren Selbst auf Abruf präsent. Über das Herz verbinde ich mich mit dem Mädchen und schon erscheint sie mir. Ich sage ihr zuerst, wie sehr ich sie lieb habe, dass wir uns auf dem Weg zu ihr befinden, und mache all die vielen kleine Spiele, die sie so sehr liebt. Dann bitte ich sie darum, kurz aufzupassen. Sie muss jetzt alles nachsagen, was ich ihr vorsage. Ich fühle, dass sie sehr wach und aufmerksam ist, und immer nur zwei Worte sprechend, gehe ich mit ihr den Text durch.

Es ist zum Verrücktwerden. Da steckt eine so große Seele in diesem kleinen Körper, der doch den dreidimensionalen Beschränkungen unterworfen ist. So wie das für uns alle gilt. Es ist alles in uns und doch gilt es, Schicht für Schicht zu entfernen, um uns durch Erfahrung immer näher an unser wahres göttliches Wesen heranzutasten. Ich höre mein Mantra: Worin nur liegt die Antwort auf unsere Situation?

Helmut erhält einen Anruf von Toni. Er möge runterkommen.

Als Helmut wieder zurückkommt, erzählt er mir: Unten sei die Polizei. Der sogenannte Detektiv sei ein Gangster. Man habe uns seit unserer Ankunft im Auftrag des königlichen Hauses beschattet. Alle Schritte derer, die vom Tsunami betroffen gewesen seien, würde man im Auge behalten. Das diene zu deren Schutz, da man vermute, dass Kriminelle deren Lage zum Geldverdienen ausnützen könnten. Bis 11.00 Uhr am folgenden Tag werde uns der gesamte mit dem Detektiv vereinbarte Betrag zurückgegeben. Ich schlucke. Frage mich aber auch, was Toni damit zu tun haben könnte. Es könnte ja sein, dass er bei der Enttarnung ein bisschen nachgeholfen hat! Ich frage Helmut: »Wie hat denn der angebliche Detektiv reagiert?« »Er war sehr still. Nervös. Hat kaum etwas gesagt.« Ich persönlich fand ihn nett, wenn er auch in vielen Dingen anderer Meinung war als wir. Ganz schlau werde ich nicht aus diesem Fall, doch ich bin wie Helmut der Meinung, uns von ihm nicht wirklich hintergangen gefühlt zu haben.

Da wir Österreich zeitlich sechs Stunden voraus sind, führen wir noch bis sehr spät in die Nacht hinein Telefonate. So rufe ich auch eine bekannte Autorin, die viel zum Thema Karten- und Handlesen geschrieben hat, an. Ich kenne sie schon seit Längerem. Hatte von ihr bereits vor zehn Jahren eine Einladung zu einer Sitzung bekommen. Allerdings hatte ich damals neben meiner Arbeit kaum für etwas anderes Zeit. Es lag mir nichts daran und war mir auch nicht wichtig. Erst nachdem sie mehrmals bei mir nachgehakt hatte, machte ich aus Respekt für die mir entgegengebrachte Aufmerksamkeit einen Termin mit ihr aus. Ich war überrascht, wie tief man mit Hilfe der Karten die unterschiedlichsten Themen ergründen konnte. Gleichzeitig fühlte ich intuitiv, die Karten ebenfalls lesen zu können. Also entschied ich mich damals, an ihrem nächsten Kurs teilzunehmen. Als ich dann aus Spaß einigen Leuten die Karten legte, war ich überrascht, wie die Botschaften nur so aus mir heraussprudelten und das, worauf sie sich bezogen, absolut zutreffend war. Meine eigene Intuition auf eine solche spontane Art zu entdecken, erlebte ich auch bei der Arbeit mit Romanas Essenzen. Als einmal eine Mitarbeiterin zu mir kam und mich um Hilfe bei einem persönlichen Problem bat, griff ich aus der Box mit fünfzig Essenzen zu fünf, die ich ihr empfahl. Sie sollte aber auch Romana anrufen und abchecken, welche sie ihr zur Lösung ihres Problems empfehlen würde. Und siehe da, es waren genau die, die ich für sie ausgesucht hatte. So wusste ich bereits seit langem, dass ich mich auf meine Intuition verlassen konnte. Ich hatte nur das Vertrauen darauf verloren.

So war ich noch vor unserem Abflug nach Thailand bei besagter Dame und erfuhr von ihr im Großen und Ganzen, was ich bereits wusste. Das war aber durchaus hilfreich, weil ich die Bestätigung für etwas bekam, was mich zu diesem Zeitpunkt sehr unsicher machte. Sie hatte eine Statue der Mutter Gottes bei sich, die sie von den Philippinen, wo sie mit einem Geistheiler zusammenarbeitet, mitgebracht hatte. Wir beteten gemeinsam zur Mutter Gottes. Danach schilderte sie mir, dass sie zur Stärkung ihrer Energie und ihrer Gesundheit mit einer Schamanin aus Brasilien Behandlungen mache. Diese würden sehr gut wirken. Die Brasilianerin sei schamanischer Abstammung und lebe noch für eine gewisse Zeit in Wien. Sie werde mit ihr bei ihrem nächsten Besuch über Alexandra-Anita sprechen.

Das Telefonat mit der Brasilianerin ist kurz. Die Schamanin sagt beim Blick auf das Foto von unserem Mädchen spontan, das Mädchen lebe, sei etwas weiter entfernt von dem Platz, an dem das Unglück passiert sei. Sie werde an mir und Helmut arbeiten, damit wir die nötigen Erkenntnisse über das Geschehen bekämen.

Das klingt irgendwie nach meinem Mantra: Worin nur liegt die Antwort auf unsere Situation?

Vielleicht wird Alexandra-Anita bald kommen. Vielleicht. So sehr lechze ich nach dieser seelischen Nahrung. Nach Linderung der offenen Wunden in meinem Herzen. Meine Haut ist so sensitiv geworden, dass ich das Gefühl habe, die ganze Welt durch sie ein- und auszuatmen. Leid und Schmerz, aber auch Freude und Glück der Menschheit durchdringen mich spiralförmig von allen Seiten. Wenn ich eine Weile in dieser Energie bin, fühle ich alles in mir vereint, so wie das Symbol Yin und Yang für die Vereinigung aller Gegensätze steht. Der Aufruhr der Gefühle beruhigt sich wieder. Mein Atem wird wieder gleichmäßiger. Wärme umhüllt mich. Geborgenheit, Vertrauen und Zuversicht kehren ein. So nah fühle ich mich dem Vater. So nah, so, als ob ich meinen Kopf an seine Schulter gelehnt und seine Liebe alle Ebenen meines Seins mit federfeiner Zärtlichkeit gestreichelt und geheilt hätte. Ich bade und versinke in diesem Gefühl der Glückseligkeit.

Das Erfahren dieses Zustandes, immer dann und seit Wochen täglich, wenn ich nach den erdbebengleichen Erschütterungen des Leidens die Stille wirken und mich durchdringen lasse, ist derjenige Zustand, der mich darin bestätigt, dass es keine reale Welt gibt. Denn sind diese Zustände nicht genauso real, wie die des übermächtigen Leidens davor? Erfahre ich sie nicht gerade? So nah und real, wie es mir real scheint, ein Glas Wasser zu trinken. Mein Verstand sagt »Nein«, zugleich höre ich aus meinem Herzen, ein – wenn auch leises – »Ja. Es ist so.« Daher auch mein Mantra: Worin nur liegt die Antwort auf unsere Situation?

Es ist wieder einmal sehr spät geworden und wie immer bedanke ich mich inbrünstig bei all den irdischen und geistigen Helfern für ihre Führung, ihren Schutz, ihre Hilfe.

Unsere nächsten Tage verlaufen alle sehr ähnlich. Immer wieder heißt es, in den Norden zu fahren in ein Gebiet, das aufgrund der Rasterkarte und der Koordinaten ein sehr konkretes Ziel ergibt. Doch vor Ort sieht die Lage dann regelmäßig sehr thailändisch aus. Alles bekommt verschwommene Umrisse. Es gibt keine oder nur annähernd dem beschriebenen Baustil entsprechende Häuser. Der feldähnlichen Sandwege sind unzählige. Wegweiser sind so gut wie keine vorhanden. Menschen sind fast nie auf der Straße. Und was versteht man schon inmitten der Natur, wenn alles rundherum grün ist? So sehen Helmut und ich genauso wie Yvonne und Eveline nur einen Sinn darin, dass die beiden zu uns fliegen. Helmut lässt im Büro Flüge von Mittwoch auf Sonntag besorgen. Zwei Tage danach, am 9. März, kommen die beiden an.

Inzwischen gibt es eine Tsunami-Warnung für den 12. März. Toni meint, er werde seine Familie wahrscheinlich in die Berge zu einer Cousine von ihm fahren. Wir wollen hierbleiben. Können kurzfristig immer noch entscheiden und losfahren. Viele Leute machen sich auch tatsächlich auf den Weg in die Berge. Doch zum Glück erweist sich die Warnung als blinder Alarm.

Yvonne und Eveline ergänzen beide ihre medialen Fähigkeiten durch den Einsatz spezieller elektrischer Geräte. Evelines Gerät ist dermaßen komplex, dass es zu beschreiben keinen Sinn macht. Es ist ein Biofeedbacksystem, das den Menschen auf körperlicher, geistiger und seelischer Ebene erfasst und dort eingesetzt wird, wo es einer Schwingungskorrektur bedarf. Es gehört genauso wie Yvonnes Radionik-Gerät zum

Instrumentarium der Energiemedizin. Letztere geht davon aus, dass um den Menschen herum ein feinstoffliches Energiefeld existiert, welches elektromagnetische Wellen aussendet. In diesem Energiefeld können Krankheiten oder Energieblockaden gemessen werden, noch bevor diese durch körperliche Symptome angezeigt werden. Mit beiden Geräten können Impulse erzeugt werden, die den Selbstheilungsprozess einer Person anregen. Eine Art »Antenne« ermöglicht zudem das Erfassen des Zustandes von nicht anwesenden Personen, die entsprechend behandelt werden können, so wie Eveline während unseres Besuchs die Gesamtstimmung des Umfelds um Alexandra-Anita mit Hilfe von Liebesschwingungen beeinflusste. Beide Systeme werden seit vielen Jahrzehnten erfolgreich eingesetzt.

Nachdem sie am Nachmittag angekommen sind, stellen sie umgehend ihre Geräte auf und justieren unser aller Zustand. Unabhängig voneinander orten Yvonne und Eveline das Mädchen in Bewegung. Interessant ist eine E-Mail-Nachricht von Veronique, dass Alexandra-Anita auf D 11 in einer Praxis oder einer ähnlichen Einrichtung sei. Von Gaby erfahren wir außerdem, dass sie bei einem Arzt, der jedoch mehr Heiler in einem Tempel als Mediziner sein soll, sei. Laut Eveline würden sie jedoch spätabends wieder zurückfahren und morgen in Ban Plain Hang sein. Das ist jener Ort, wohin wir am ersten Tag unserer zweiten Ankunft in Thailand gegangen waren. Gegen Mitternacht gehen wir alle schlafen.

Der nächste Tag vergeht mit dem Absuchen unzähliger Plätze, mit vielen Gesprächen mit der lokalen Bevölkerung, und Yvonne und Eveline verstehen nun, was es bedeutet, die Situation vor Ort zu erleben. Denn wir erleben genau das, was Helmut und ich bereits über Wochen täglich durchgemacht haben. Es sind nicht allein die stundenlangen körperlichen Strapazen, die durch die schier unerträgliche Hitze noch verstärkt werden. Es ist vor allem der emotionale Einsatz, der sehr viel innere, immer wieder neu antreibende Willenskraft erfordert, damit wir nicht entmutigt das Handtuch schmeißen. Es ist ein Sich-immer-wieder-Erinnern an all jene Gesetze, die ständig wirken. Sei es im Wort, in der Gestik, in der Wahrnehmung, in der Bewegung. Und unter den gegebenen Umständen ist die Bewältigung dieses Prozesses eine unglaubliche Herausforderung.

Am darauf folgenden Tag fahren wir zuerst ins Hotel nach Khao Lak, in dem wir zum Zeitpunkt des Tsunamis unseren Urlaub verbracht hatten. Wir schauen uns unser verwüstetes Zimmer an. Für Eveline ist die Energie hier so belastend, dass sie sich zurückziehen muss. Yvonne und ich gehen durch die ganze Anlage bis hinunter zum Meer, wo jede von uns zur Heilung des Ortes einen Kristall ins Meer wirft.

Wir fahren wieder zu dem Ort, an dem wir schon am Vortag waren, und dann weiter. Halten an, schauen uns um, gehen auf die Leute zu, rufen nach Alexandra-Anita.

Toni missfällt die Art, wie Eveline auftritt. Er meint, es würde nicht der thailändischen Kultur entsprechen. Ich persönlich habe das Gefühl, dass sich Eveline unter Zugzwang befindet und viel zu wenig ihrer Intuition folgt. Innerlich bete ich, bitte um und danke für unser aller Führung. So kommt es, dass wir in der Nähe eines Blumengewächshauses stehen bleiben und Eveline meint, sie möchte sich mehr meditativen Freiraum verschaffen. Sie sagt zu mir und zeigt auf ein weißes Schild, dass sie an diesem Schild rechts abbiegen werde. Sollte sie in einer halben Stunde nicht zurück sein, möge ich nachkommen. Ich nütze die Zeit, um mich in meine Mitte zu bringen. Mich mit der geistigen Welt zu verbinden. Rufe alle unsere Schutzengel an, bitte um und danke für ihre Unterstützung. So vergeht mehr als eine halbe Stunde und ich mache mich auf den Weg zu Eveline.

Eine kaum nachvollziehbare Begebenheit

Als ich bei dem weißen Schild abbiege, erblicke ich sie sogleich inmitten eines Platzes, auf dem Müll deponiert wird. Eveline bedeutet mir, ich möge zu ihr kommen. Sie hat Tränen in den Augen und erzählt mir, sie sei zuerst auf und ab gegangen. Habe sich gefragt, wo Alexandra-Anita sei und warum wir sie nicht finden würden. Als sie eine Weile so hin und her gegangen sei und schon zurückgehen wollte, habe sie plötzlich etwas daran gehindert weiterzugehen, gerade so, als ob sie vor einer durchsichtigen Wand stünde. Sie habe stehen bleiben müssen und ihr Kopf habe sich in Richtung der Berge gedreht. Sie habe hinaufgeschaut und eine Gottheit gesehen, die mit klarer Stimme zu ihr gesprochen habe: Sie, Eveline, sei nach Thailand gekommen und sei begierig zu beweisen, dass sie Alexandra-Anita finden könne. Sie habe die Erde hier gar nicht gefragt, ob sie die Erlaubnis dazu habe. Ohne Respekt für Land und Leute würden wir herumgehen und meinen, wir könnten uns alles erlauben. Da seien ihr die Tränen nur so heruntergeflossen und sie habe um Vergebung gebeten. Darauf habe sie die Gottheit gefragt, wo das Mädchen sei, und zur Antwort bekommen, dass die Erde noch nicht bereit dazu sei, sie freizugeben. Sie habe dann gefragt, was das heiße, dass das Mädchen noch lebe? Darauf die Gottheit: »Ja, sie lebt.« Finden könnten wir sie, wenn Eveline ihrem Herzen folge, um vom materialistischen Denken wegzukommen. Die Gottheit habe sie dabei auf ihren Lebensalltag hingewiesen, der sie ständig im Einsatz hielte, damit sie ja genug Geld verdient. Doch würde ihr das nützen, wenn sie in unserer Situation wäre? Ein Kind vermissen würde? Eveline habe gefragt, ob es falsch gewesen sei, nach Thailand gekommen zu sein. Das habe die Gottheit verneint. Sie habe doch in dieser kurzen Zeit sehr viel gelernt. Wir würden uns aber prinzipiell wie Eindringlinge verhalten. Außerdem habe die Gottheit gesagt, Helmut habe gleich nach dem Tsunami bei einem toten Mädchen unterschrieben, dass es Alexandra-Anita sei. Dieses Mädchen würde als Seele an ihm hängen. Wir hätten es ins Licht zu schicken.

Inzwischen waren die anderen ebenfalls herangekommen, doch in einem Abstand abwartend stehen geblieben. Ich winke Helmut herbei und erzähle ihm alles. Zu dritt bilden wir einen Kreis und Eveline spricht: »Wir drehen uns nach rechts, bilden einen Energiekreis, wir drehen uns nach rechts, immer schneller, der Kreis dreht sich nach rechts, immer schneller, eine goldene Lichtsäule kommt von oben in die Mitte des Kreises, der Kreis dreht sich weiter nach rechts, immer schneller, das Mädchen trennt sich jetzt von Helmut und geht ins Licht.« Helmut hört noch, wie das Mädchen zu ihm sagt: »Ich habe euch lieb gewonnen. Danke.« Dann verschwindet es im Licht. Eveline spricht: »Alle Verstorbenen, die ins Licht wollen, gehen jetzt über diese Säule ins Licht, der Kreis dreht sich weiter, schneller, immer schneller, die Lichtsäule steigt auf. Die goldene Lichtsäule steigt jetzt auf.«

Wir bedanken uns bei der geistigen Führung, die uns unterstützt. Helmut und ich knien nieder und bitten die Erde um Vergebung. Wir haben das Gefühl, es sei der Moment, um auch einander um Vergebung zu bitten, und tun dies auch. In den letzten Tagen hatte es immer wieder gereizte Situationen gegeben. Ungeduld und Verzweiflung hatten uns immer wieder aggressiv werden lassen. Eveline fragt uns, ob wir die Gottheit noch befragen wollten: »Ja, wann kommt das Mädchen?« Und wieder: »Wenn die Zeit dafür reif ist.« Helmut hört nichts. Da spricht Eveline als verlängerter Arm der Gottheit zu ihm: »Öffne dein Herz gleich einem Fenster weit.«

Das gerade Erlebte, dieses Ritual, war für uns alle von heftiger und ergreifender Tiefe. Selbst Toni und Yvonne, die uns beobachtet hatten, haben mitbekommen, was sich da abspielte, wie groß die Intensität der Energien war, die gewirkt hatten.

Wir beschließen, da es bereits später Nachmittag ist, wieder zurückzufahren. Keiner hat Lust, große Gespräche zu führen. Ich fühle

Verzweiflung in mir aufsteigen. Weine still. Höre mein Mantra: Worin nur liegt die Antwort auf unsere Situation?

Die Aussagen von wegen, wenn die Zeit dafür reif sei, missfallen mir sehr. Kann rein gar nichts damit anfangen. Für mich ist die Zeit, Alexandra-Anita wieder in meine Arme schließen zu können, überreif. Wer bestimmt außerdem, wann die Zeit reif ist? Wie war das noch mit dem freien Willen? Ich spüre, wie Wut in mir aufsteigt. Ich fühle mich richtig wütend. Auf Gott und die Welt. Auf all die Heiligen, die ich so innig bitte und bitte. Auf meinen himmlischen Vater, der sicher eine tolle Antwort auf alles hat. Verdammt noch mal, ich will keine Erklärungen. Ich will das Mädchen in den Armen halten dürfen. Das ist alles, was ich will. Alles andere kann mir gestohlen bleiben. Zum Teufel noch einmal. Ich schluchze vor mich hin.

Am liebsten möchte ich laut schreien. Mich von diesem Krampf in meinem Herzen befreien, der es in einem Würgegriff hält und unbarmherzig fester und immer fester zupackt. Mir jeden Lebensfunken nimmt. Ich spüre Verzweiflung. Pure Verzweiflung. Wir kommen beim Hotel an. Helmut und Yvonne wollen noch ein Bier trinken. Ich gehe direkt aufs Zimmer. Schmeiße mich aufs Bett und schluchze in die Polster. Ich weiß, ich habe mich auch für diesen Tag zu bedanken. Doch ich denke nicht daran. Mir ist nicht nach Dankbarkeit zumute. Und von Gottes Gnade spüre ich auch nichts. Aber rein gar nichts. Bei Gott nicht.

Am folgenden Morgen beschließen wir, wieder zum »heiligen Platz« der Mülldeponie zu fahren. Irgendwie zieht es uns alle noch einmal dorthin und wir wissen auch nicht, wohin wir sonst noch fahren sollen. Abends fliegen wir retour nach Wien. Mein Groll hat sich inzwischen etwas abgedämpft. Verbinde mich morgens mit dem Öffnen der Augen gleich mit der Mutter Gottes, all unseren Schutzengeln, bitte mein Höheres Selbst um Führung. Yvonne führt uns zu einem kleinen Wasserfall, der unweit vom Platz des gestrigen Geschehens liegt und wo wir zu fünft auf den Felsen sitzend nach ihrer Anleitung eine wohltuende Chakren-Meditation machen.

Sitzen in Phuket im Flieger bereit zum Abflug Richtung Bangkok. Mein Herz brennt lichterloh. Es gibt kein Wort für diesen brennenden, stechenden Schmerz. Nehme nur mehr alles verschwommen war. Blicke zum Fenster hinaus. Das Flugzeug beginnt zu rollen. Wir heben ab. Tränen über Tränen rinnen gleich einem Wasserfall meine Wangen hinunter. Mädchen, mein Mädchen. Ich liebe dich so sehr. Ich streichle deine lieben kleinen Arme, deine Beinchen, deine Wangen, ich fahre durch deine süßen Locken, halte deine Händchen. Mami hat dich so unendlich lieb, so unendlich lieb, ist immer bei dir. Das Feuer in mir lodert. Ich habe das Gefühl zu verbrennen.

Zurück in Wien

Monika holt uns in Wien vom Flughafen ab. Alexander ist bereits in der Vorschule. Wir fahren kurz nach Hause und von da gleich ins Büro. Viele Mitarbeiter sind schon nicht mehr da. Vor über einem Monat erschien die letzte Ausgabe von »Ihr Einkauf«. Wann und ob je wieder eine erscheinen wird, ist ungewiss. Helmut weiß nur eines, sollte je wieder eine erscheinen, dann muss die Finanzierung des ganzen ersten Jahres gesichert sein. Trotz mehrerer Angebote will er nicht verkaufen. Denn keiner der Anbieter würde die Philosophie des Unternehmens verstehen. Ich gehe in meinem Büro die eingegangenen E-Mails durch. Konzentriere mich auf jene, die Alexandra-Anita betreffen. Für den Abend ist ein Besuch bei Vera, der brasilianischen Schamanin, geplant. Sie hat inzwischen mit ihren Verwandten und einem der berühmtesten Schamanen in Brasilien Rücksprache gehalten. Man würde Alexandra-Anita etwa fünfundzwanzig Kilometer von dem Platz orten, wo wir zuletzt gewesen seien. Sie ist sich ihrer Sache so sicher, dass Helmut beschließt, in vier Tagen wieder runterzufliegen. Sollte er nicht weiterkommen, dann sollten Vera und deren Freund, der für sie übersetzt und ebenfalls medial begabt ist, nachkommen. Es wird im Vorhinein ausgemacht, dass wir die anfallenden Kosten für Flug, Unterbringung und Verpflegung übernehmen. Wird Alexandra-Anita gefunden, dann ist eine Belohnung selbstverständlich.

Am Tag nach Helmuts Abflug findet für Robert, den im Tsunami umgekommenen Sohn unserer lieben Freunde, eine Seelenmesse statt. Denn wann und ob er jemals identifiziert werden wird, weiß keiner. Es ist eine große Trauergemeinde. Wie schade, dass man die wahre Größe so mancher Seele oft erst nach deren Tod erfasst. Viele große Meister der Kunst erlangten erst nach ihrem Tod Berühmtheit. Robert hinterlässt ebenfalls so manches Meisterstück, obwohl er nur vierundzwanzig Jahre auf diesem Planeten wandelte. Es waren Werke, die er in die Herzen so vieler seiner Freunde eingraviert hatte. Bei seiner Mutter hatte er jedenfalls einen Prozess angestoßen, der sie mit der geistigen Welt in einem Ausmaß verband, das immer größere Dimensionen annahm.

Briefe aus der geistigen Welt

Am folgenden Tag sollten wir dann Informationen einer ganz anderen Art erhalten. Das erkannte ich allerdings erst viel später. Die im ersten Brief enthaltenen Botschaften reichten dafür noch nicht. Erstmals ergab sich eine für mich selbst stimmige Antwort auf mein Mantra: Worin nur liegt die Antwort auf unsere Situation?

Die Rede ist von Briefen aus einer Ebene, die weit über der von den meisten Menschen geistig angepeilten Welt liegt. Der Kontakt zur Verfasserin dieser Briefe kam über eine Freundin von Gaby zustande. Rotraud, inzwischen eine herzensnahe Freundin, ist die Vielfalt in Person – Professorin für Musik und Deutsch, herausragende Schauspielerin, Komponistin, Autorin vieler Schulbücher und des im Frühjahr 2008 erschienenen Titels »Die geführte Hand«. In diesem Buch ist ein Teil derjenigen Erkenntnisse zusammengefasst, zu denen sie von dem Zeitpunkt an, als ihre Hand, von geistiger Kraft geführt, zu schreiben begann, fand und die in meterhohen Papierstößen gesammelt waren. Das war vor über vierzig Jahren.

Ich muss zugeben, dass ich den ersten Brief mehrfach lesen musste, um mich in die auf dieser Ebene übliche Wortwahl hineinzufinden. Die Briefe, die später folgten, waren wiederum sehr verständlich geschrieben. Es liegt an dessen symbolhafter und blumiger Sprache, dass dieses so lehrreiche Buch noch nicht in andere Sprachen übersetzt wurde. Selbst ihr Mann, der Professor für Französisch ist und den Duktus der von der höheren Ebene an uns gesandten Botschaften nun seit Jahren kennt, findet für diese keine adäquate Übersetzung. Und Rotraud bestand darauf, dass keines der Wörter interpretiert werden dürfe und die Wörter im Buch so erscheinen sollten, wie sie von ihr tatsächlich zu Papier gebracht worden waren. Ich bezeichne dieses Buch als ein kosmisches Werk, das Erklärungen dafür gibt, was sich zwischen Himmel und Erde abspielt. Es sind darin alle großen Meister aller Kulturen mit den ihnen zugehörigen Aufgaben beschrieben. Beim Lesen des Buches schwingt die Seele in einer Art, die ich als »Das Nach-Hause-Kommen« beschreibe. In einem eigenen Teil des Buches werden Geschehnisse behandelt, die ganz konkrete Personen durchlebt haben. Die hinter diesen Berichten liegenden Erkenntnisse aber sind allgemeingültig.

Auszug aus Rotrauds erstem Brief an uns vom 20. März 2005:

Wir sehen, wie sehr sie friert und wie sehr sie blutet und wie sie sich an die weise Finderin klammert, und die sucht den Weg zur Gabelstange der Eingeberin, die sie noch nicht ausgebändert hat. Wir sehen auch den Gabenstimmengeber, der das Kind ruft, aber das Kind klammert sich an die weise Frau und bringt die Staubstange weiter zu ihrem Körper. Es wäre angebändert gewesen die Einsegnung ins Liebeswinden für das Kind, aber es wollte nicht abnabeln seine Fäden von der Erde ... Wir sehen sie munter springen und bewachen eine Gelbbinde, die sie eben anbändert an den Helfer. Wo wir sie sehen, ist eine Gegend von Wasser und Land mit Wald und Garten mit Goldregen und Blausternen. Eine Hütte mit wildem Laub herum und Wacholderstauden und Gras.

Wir können nicht bewirken den Namen des Landes, weil wir diesen Namen nicht kennen. Nur sehen wir, wie sich diese Winde eben niederbeugt nach einer bestimmten Landschaft. Also, es gibt da Wasser und Land. Es ist ein blaues Gewässer ohne bewegte Oberfläche und nicht besonders groß. Es ist kein Ozean, sondern eher eine weltbestimmte Wasserstelle, also von Menschenwesen angelegt. Sie gehört zum Garten, der um die Hütte angelegt ist. Das Kind spielt da sehr fröhlich, seine Gewirke sind sehr entspannt. Was sie erlebt hat, mischt sie nicht mehr ein in ihr jetziges Handlungsfeld. Wir blicken mit Wellen der Gabenbänder begleitend herab, ob sie sich auch nicht abnabelt vom Gelbfadengewirke, denn solange dieses da ist, wirkt es sorgsam für das Kind. Die Eltern können wir nicht sehen, deren Fäden sind nicht mit uns verbändert. Es gab eine Zeit, da hatten wir sie stehen sehen neben dem Kind, aber die Welle hat sie abgetrennt von unserer Staubstange. Wir möchten diesen Eltern nur sagen, dass dem Kinde zurzeit kein Wirren geschieht, sondern es wirkt ein gutes Bandgebilde dafür. Natürlich stimmen wir gerne hinab zum Kind und seinem Gelbbundzuweiser, dass da Menschen sind, die hoffen und bangen. Nur es gewirken können wir leider nicht. Das obliegt nicht uns. Wir sehen nochmals auf die Welle, auf der wir das Kind sehen. Es kam mit der weisen Frau hierher, aber jetzt bemüht sich der Gelbbänderer um es. Vielleicht ist es ein Glaubensmann einer Religion, das können wir aber nur vermuten, weil wir eben so viele Gelbbänder von ihm ausgehen sehen, wie es nötig ist zur Windesweisung von göttlichen Weisen. Alle Religionsvermittler haben viele solche Gelbbänder von sich weg zu anderen Menschen. Wenn ihr also sucht, dann schaut nach, wo sich irgendwelche religiösen Weltbürger um übergebliebene Menschen kümmern. Aber wie gesagt, das vermuten wir nur auf Grund der Gelbbandbereisungen dieses Mannes. Leider wissen wir nicht mehr, wir können nur beruhigen, dass dem Kind alles zum Heil gereicht, was es jetzt sieht und hört. Wir bitten um Gnadengaben für die Eltern und segnen sie.

Wir reichen unsere Heilsbänder weiter an jene, die mitverbändert sind. Mehr können wir nicht tun. Nur Hoffnung, Glaube und Liebe

Dieser Brief enthält für mich zum ersten Mal seit langer Zeit wieder die Botschaft, dass Alexandra-Anita lebt, dass es ihr gut geht, dass sie sich inmitten einer grünen Naturlandschaft befindet und dass die Menschen um sie herum sehr gläubig sind. Das war die Quintessenz, die ich aus den Zeilen herausfilterte. Das ist es auch, was ich Helmut in kurzen Worten mitteile. Er kann natürlich nicht sehr viel damit anfangen. Schließlich ist meine Interpretation auch nur eine von mehreren möglichen. Noch ist nicht ganz zu erkennen, in welche Tiefen die wahre Essenz dieses Briefes reicht.

Was mich in meinen Gefühlen als Mutter beruhigt, ist zu hören, dass es Alexandra-Anita gut geht. Wie einfach es ist, sie lieb zu haben, habe ich in den zweieinhalb Jahren an ihrer Seite so oft und so überzeugend erfahren dürfen. Bereits als ein nur wenige Monate altes

Baby zog sie, wann immer ich sie in die Firma mitgebracht hatte, die Aufmerksamkeit aller auf sich. Was Babys insgesamt eher leichtfällt. Doch bei Alexandra-Anita gab es Besonderheiten. Ein junger Mitarbeiter, der an und für sich wenig mit Kindern am Hut hatte, bat mich eines Tages, ihm mitzuteilen, wann ich sie das nächste Mal mitbringen würde. Er werde von ihrem Anblick so tief berührt, dass er unbedingt ein Foto von ihr machen wolle. Eine andere Mitarbeiterin, die alles andere, nur keine Kinder wollte, konnte sich kaum von Alexandra-Anita abwenden. Sie war es auch, die mir sagte: »Frau Sana, Sie wissen, dass das kein normales Kind ist.« Es ist der Blick ihrer großen dunklen Augen, in dem man wie in eine Quelle der Glückseligkeit versinkt. Dazu kommt die unbeschreibliche Ausstrahlung des stets in sich ruhenden lächelnden Gesichtes. Dieses spricht Bände. Oft war es so, dass, wenn ich in mein Büro zurückkam, bereits jemand bei ihr oder sie einfach verschwunden war. Als sie fünf Monate alt war und wir auf den Malediven Urlaub machten, mussten wir sogar anderen Urlaubern das Versprechen geben, im folgenden Jahr zur selben Zeit wieder dort zu sein. Einige Jugendliche trugen Alexandra-Anita einfach davon. Zum Glück sind die Inseln auf den Malediven gut überblickbar. Ich bekam sie also stets wieder zurück. Wenn auch nicht für lange Zeit. Wo immer wir mit ihr erschienen, badete ihr Umfeld im Meer ihrer Liebesenergie. In ihrer offenen Art hatte sie, als sie zu sprechen begann, keine Scheu vor fremden Leuten. Besonders ihr großer Wortschatz verwunderte viele. So wie man auf sie zuging, ging sie gleicherweise auf andere zu. So sagte mir auch der damals schon seit über zwanzig Jahren in Thailand lebende Leiter eines internationalen Charity Clubs, den wir in dem großen Shopping-Center bei seinem Stand ansprachen, er hätte den Steckbrief mit ihrem Gesicht mehrmals gesehen. Sie sei so unheimlich hübsch, so ein Kind behalte man liebend gern für sich.

Helmut hat vor Ort andere Sorgen. Inzwischen ist auch Marry vom Norden Thailands zu ihm geflogen. Obendrein hat sich noch ein Medium aus England, Anne, gemeldet. So wird Helmut mit Informationen darüber, wohin er gehen und was er machen soll, nur so zugeschüttet. Wir haben die uns unterstützenden Personen gebeten, uns ihre Ortungen und Berichte über Alexandra-Anita in den nächsten Tagen drei Mal täglich zum gleichen Zeitpunkt durchzugeben. Meine Aufgabe besteht darin, die Daten von allen Personen einzusammeln und sie an Helmut weiterzuleiten. Helmut ist in Thailand ziemlich überfordert. Deshalb sollen Vera und ihr Freund nachkommen. Die sind schon abflugbereit. Am 24. März fliegen sie los.

Im Schamanismus werden sehr viele Rituale durchgeführt, bei denen das Einbinden der geistigen Welt eine große Rolle spielt. So singt auch Vera zu Beginn einer jeden Behandlung ein Gebet, wenn sie therapeutisch an den Energiezentren, auch Chakren genannt, einer Person arbeitet. Nach ihrer Ankunft in Thailand ist es für Vera selbstverständlich, zuallererst zum Hotel nach Khao Lak zu fahren, an den Ort, wo alles passiert war, um sich den Segen der dort wirkenden Geister für ihre Nachforschungen zu holen.

Als ich am Abend des 25. März mit Alexander schlafen gehe und die Schlafzimmertür aufmache, wartet eine Riesenüberraschung auf mich. Eine selbst gebastelte Sonne hängt vom Luster herab. Auf dem Nachtkästchen stehen wunderschöne Blumen und am Polster liegt ein rot gefärbtes Herz aus Ton mit den in Gold eingravierten Worten »Für die Mami«. Da Monika am nächsten Tag über die Osterferien zu ihrem Freund nach Belgien fliegt und ich Geburtstag habe, haben sie mich bereits heute mit von ihnen gebastelten Geschenken überrascht. Meine Freude ist groß und Alexander, der mich erwartungsvoll anschaut, sieht mir das auch an. Die Sonne ist ein wahres Kunstwerk. Man sieht, dass viel Arbeit drinsteckt. Allein die anspruchsvollen Sonnenstrahlen, die an den rot angemalten Ball aus hartem Schaum angeklebt sind, zeugen von stundenlanger Bastelarbeit. »Wann habt ihr das nur gemacht?«, frage ich Alexander. Der schaut mich verschmitzt an und ist richtig stolz. Meine Bewunderung ist ehrlich, und er spürt das. Die Sonne mit ihrem lachenden Gesicht hängt übrigens bis heute noch in der Küche. Auch wenn ich schon längst aus den damaligen Räumlichkeiten ausgezogen bin.

Über das Wochenende kommen viele liebe Freunde und Verwandte auf Besuch. Nicht, dass mir zum Feiern meines Geburtstages zumute wäre, doch das Beisammensitzen, Plaudern und auch das gemeinsame Weinen haben etwas Befreiendes. Am Abend, nachdem alle gegangen sind und ich Alexander ins Bett gebracht habe, räume ich noch auf. Es war ein erfüllter, zugleich aber auch anstrengender Tag. Ich fühle mich müde und denke, dass ich den Boden nun auch nicht mehr aufwischen mag. Da höre ich Mamis Stimme: »Du weißt, wie gut sich das anfühlt, wenn alles erledigt ist, bevor man zu Bett geht.« Ich muss lachen. »Mach's du doch. Du weißt doch, wie sehr ich es hasse aufzuwischen.« Und siehe da: Zwar bin ich es, die die Arbeit macht, jedoch mit einer solchen Leichtigkeit, als ob ich nichts wirklich dazu beitragen würde. Ich scherze noch länger mit Mami, sage ihr, sie solle doch durch mich auch die Weintraubenreben im Garten stutzen und mir zeigen, wie ich Unkraut von frisch eingesetzten Gemüsepflanzen unterscheiden könne. Denn wenn das Gemüse frisch gepflanzt war, schaute für mich, die ich nur sporadisch im Garten mithalf, alles gleich aus. Ich erinnere mich an ein Erlebnis, bei dem sie mich neckend schimpfte, als ich ihr beim Jäten helfen wollte und dabei anstelle des Unkrauts ihre Pflänzlinge auszupfte. Mami und ich hatten immer gute Laune. Wir lachten oft und gern miteinander.

Es ist Ostersonntag. Ich habe schon frühmorgens Eier gefärbt und sie versteckt, worüber sich Alexander sehr freut. Er und ich sind jetzt für einige Tage ganz allein. Machen alle Gebete zusammen, zünden für Papi immer eine Schutzkerze an. Denn für Helmut hat mit dem erneuten Aufenthalt in Thailand eine weitere drei Wochen dauernde Tortur begonnen. Als er danach aus Thailand zurückgekehrt war, war uns beiden klar: So nicht mehr. Wir wussten zwar noch nicht, welchen anderen Weg wir hätten beschreiten können, um unsere Tochter wiederzufinden. Allein, der bis dahin gewählte Weg würde offensichtlich zu keiner Lösung führen. Dieser Weg zehrte nur an unserer Substanz, laugte uns aus, machte uns stumpf, beraubte uns aller Kräfte. Und wir brauchten Kraft, mehr als wir davon hatten, und mussten daher sorgfältig mit ihr umgehen.

Im Büro sind inzwischen nur mehr fünf Leute. Zuletzt findet Ende Mai ein Treffen von an die dreißig Personen statt, die an einer Wiederbelebung der Zeitung interessiert sind. Da die teilnehmenden Personen aus den verschiedensten Teilen Österreichs kommen, laden wir alle in ein etwa hundertzwanzig Kilometer südlich von Wien gelegenes Hotel ein. Es wird ein schönes Treffen, jedenfalls soweit es den Austausch unter den Teilnehmern betrifft. Doch Konkretes zu einer für ein Überleben des »Einkaufs« nötigen Finanzierung ergibt sich nicht. Zwei der Anwesenden schlagen vor, doch auf online umzusteigen. Ein Online-Magazin sei deutlich kostengünstiger zu produzieren als ein gedrucktes Medium. Die Druckkosten würden sich in unserem Fall bei etwa 200.000 Euro monatlich belaufen. Ich kann mich mit der Idee eines Online-Magazins überhaupt nicht anfreunden. Hänge aus Gewohnheit an etwas Greifbarem, einer Zeitung, die ich in den Händen halten kann.

Da Helmut und ich spüren, dass der Brief von Rotraud vom Inhalt her anders ist als alles, was wir bis dahin gekannt hatten, vereinbart Helmut mit Rotraud einen Termin und fährt sie besuchen.

Der zweite Brief aus der geistigen Welt

Am 10. Mai 2005 erhalten wir einen weiteren Brief von Rotraud:
Wir sind zugegen und wollen euch eine Schaubildreise geben von der Sinnhaftigkeit dieser Einweihungszeit. Denn es ist eine Zeit der Einweihung, die diese Familie jetzt durchlebt. Wir sehen ihre Gewirke aus vergangenen Leben und wir sehen ihre Seilschaften in diesem Dasein und daraus ergibt sich ebendas, was geschehen ist. Eigentlich war es, wie wir schon einmal gesagt haben, vorgesehen, dass dieses Kind diese Erde nur für kurze Zeit bereist. Ihr Wegziehen ihr frühes aus der Familie hatte die Bedeutung, den sehr verwirrten Bindeweg zum Westbildbau der Eltern zu beenden und ihre großen anderen Bänderungen zu aktivieren. Nicht umsonst war ihr Wendepunkt im östlichen Raume.
Also: Das Gebot dieses Lebens ist trotz dem Eingeborensein im Westen sich das Westbild weise abzunabeln und andere Wahrheitswege zu beschreiten. Das Kind hatte sich vor seiner und eurer Geburt dazu bereit erklärt, diesen Umschwung herbeizuführen. Ihr müsst wissen, dass ihr alle schon mehrmals im Verbundnetz beisammen wart und ihr euch aus vielen, vielen Leben kennt. Und eine Einverleibung stand Pate für diese Erdenreise.
Ich bekomme soeben die Weisung, auf Fragen einzugehen. Also ja, eure Tochter lebt. Aber, da ja vorgesehen war, dass ihr sie verliert, um euer Denken und Handeln verändern zu können, darf sie noch nicht zu euch zurückkehren. Zu ungefestigt ist das, was sich in euch ansatzweise ausgebreitet hat. Ihr würdet nur wieder in eine Form zurückfallen, die laut eurer Geburtsbriefe nicht vorgesehen ist. Nun, das würde bedeuten, das Kind, das sich ja in letzter Sekunde anders besonnen hat und sich dem Überleben anheimgestellt hat, würde ein zweites Mal in Todesgefahr gebracht werden. Also ist sie derzeit von euch abgezogen, damit ihr Zeit habt, eure Gebetsgabenbänder und eure Seelenrichtungen auszubauen und euch abzunabeln vom Westbildbauplan.

Sie aber erhält so die Möglichkeit zu leben. Dass sie das bisher Erworbene – sie ist die einzige eurer Familie, die das Westgebilde nicht umgebändert hat – nicht verliert, sondern sogar ausbaut, dazu ist sie jetzt in jener Region, die ihr die andere Denk- und Lebensweise vermitteln kann, und sie befindet sich in der Obhut von wirklich weisen, heiligen Menschen, die ihr jene Zureichungen machen, die ihre Seele braucht. Wir also sehen uns nicht berufen, genauere Angaben zu machen. Es wäre dies ganz entgegengesetzt den Anweisungen eurer Geburtsbriefe. Dem Kinde geht es nicht schlecht. Sie ist auch immer mit ihrer Seele mit euch verbunden. Das Bewusste aber verblasst doch nach und nach, was nur zu ihrem Heile ist. Und diese Hoffnung kann ich euch schon geben: Wenn ihr eure Lektion gelernt haben werdet, wenn ihr eure Heilswandlung abgeschlossen haben werdet und ganz gefestigt in dem neuen Bewusstsein verankert sein werdet, dann besteht für das Kind keine Gefahr mehr, dann wird sich eure Wiedervereinigung wie von selbst fügen.

Wir seilen euch alle Hilfereichungen zu, die ihr für eure Heilsfahrt braucht. Wir seilen auch dem Kinde alles zu, was es braucht, um seine Entwicklung bestens bewältigen zu können. Fühlt euch fest in der Hand des ewigen Heilsplanes, der weit über das kleine Erdenleben hinausgeht. Ihr werdet reich beschenkt und belohnt aus dieser für euch so schweren Zeit hervortreten.

Wir segnen euch und bringen alle Heilsbänderungen, die ihr braucht.

Was ihr tun könnt? Euch vertrauensvoll im Gebetsnetz eingebettet fühlen, den inneren Führungsstimmen vertrauen. Ihr habt die ersten Schritte zur Lebensveränderung ja schon gesetzt. Geht diesen Weg weiter, die ganze Weltgemeinde braucht euch im Netzwerk der Gottesweiser.

Dieser Brief war sowohl von der Wortwahl als auch vom Inhalt her schon deutlich verständlicher als der erste. Was mich nicht daran hinderte, mit dem Inhalt zu hadern. Mir fehlten konkrete Aussagen bezüglich der Zeit, wie lange das alles noch dauern sollte.

Der Brief, der nach noch einmal zwei Monaten eintraf, zielte noch deutlicher auf eine Erklärung meines Mantras: Worin nur liegt die Antwort auf unsere Situation? Doch bevor dieser Brief ankam, sollte noch einiges geschehen.

Mein Vater beschließt – ziemlich kurzfristig – am 16. Juli 2005 eine Seelenmesse für die Mami in unserer Heimatstadt in Serbien abzuhalten. Hierzu versammeln sich an die zweihundert Personen aus dem engsten Verwandtenkreis, daneben Freunde und Nachbarn. Ich habe bei diesem Anlass die Möglichkeit, mit all denen, die mich über Monate hinweg seelisch unterstützt haben, heilsame Gespräche zu führen. Da das serbische Gemüt von Natur aus emotional ist, fließen die Tränen, bevor noch ein Wort gesagt ist. Mein Vater, der ein der Tradition verpflichteter Mensch ist, hat alles wunderbar vorbereitet. Ein Begräbnis oder eine Seelenmesse zu organisieren macht viel Arbeit. Außerdem haben sich derartige Feiern zu einem großen Geschäft entwickelt. So viele Kleinigkeiten gilt es zu berücksichtigen. Dazu kommt die Trauer um den Verlust des geliebten Menschen. Meine Schwester und ich unterstützen ihn, wo wir können. Es werden sehr intensive, andächtige, schöne und aufbauende Tage. Da die Menschen in Serbien wegen des Kriegs über viele Jahre hinweg den Verlust geliebter Angehöriger leidend hinnehmen mussten, konnten sie Lebensmut nur in einem festen Blick auf die Zukunft finden.

Ich ziehe mich gerade im Fitnesscenter um, als mein Telefon läutet. Helmut sagt: »Bei mir im Büro ist die Kriminalpolizei. Sie haben Alexandra-Anitas Leiche gefunden.« Zeitgleich zu meiner Antwort – »Ich bin in fünfzehn Minuten im Büro« – höre ich eine innere Stimme: »Das hat mit den Leuten vom Fernsehen zu tun.« Wie ferngesteuert fahre ich zum Büro, wo der uns bereits bekannte Kriminalbeamte sowie eine Psychotherapeutin sitzen. Anhand von Fingerabdrücken sei die Leiche als unser Kind identifiziert worden. Ich frage: »Wo ist der Leichnam?« »Noch in Phuket. Er wird in den nächsten Tag, sobald die offiziellen bürokratischen Formalitäten erledigt sind, nach Wien geflogen«, sagt der Kriminalbeamte. »Ich möchte ihn sehen«, höre ich mich sagen. Der Polizeibeamte wendet ein, er würde es nicht empfehlen, außer ich wünsche dies unbedingt. Darauf ich: »Ja, ich bin mir sicher. Ich möchte den Leichnam unbedingt sehen.« Helmut meint zusätzlich: »Wir wollen auch eine DNA-Analyse durchführen lassen.« Ich fühle mich ruhig. Nicht, dass nicht auch ein inneres aufgekratztes Gefühl da wäre, doch die Ruhe überwiegt. Da wir am 1. August mit Freunden und deren beiden Kindern auf zwei Wochen nach Indien zu einer Ayurveda-Kur fliegen, bitten wir darum, uns täglich am Laufenden zu halten.

Als die beiden Beamten weg sind, frage ich Helmut: »Wann hast du zuletzt mit den Leuten vom Fernsehen gesprochen?« Er meint: »Vorgestern. Warum?« Ich erzähle ihm von dem Satz, den ich parallel zu seinem Anruf gehört hatte. Einige Tage zuvor hatte uns nämlich die Mitarbeiterin eines deutschen Fernsehsenders angerufen. Sie hätten von unserer Geschichte um das vermisste Kind gehört und auf der von uns eingerichteten Internetseite unsere Kontaktdaten gefunden. Sie seien nicht nur daran interessiert, ganz allgemein über unser Schicksal zu berichten, sondern auch daran, der Geschichte aktiv nachzugehen. Ob wir ihnen Anhaltspunkte oder Personen nennen könnten, die mit der Sache befasst seien. Helmut erklärte damals einerseits, es gebe Personen, die uns durch ihre medialen Fähigkeiten unterstützten, und andererseits gebe es die offiziellen Stellen wie zum Beispiel die österreichische Botschaft in Bangkok und die Kriminalpolizei. Er sagte aber auch, er müsse Romana fragen, die uns anfangs unterstützt hatte, ob sie einverstanden damit wäre, dass wir ihre Telefonnummer weitergeben. Romana war damit einverstanden. Die Namen und Telefonnummern der offiziellen Stellen gab er gleich durch.

»Ich werde die Fernsehreporterin anrufen und sie fragen, ob sie bereits etwas unternommen hat«, sagt er und greift zum Hörer. Die TV-Journalistin erzählt, dass sie gestern die Kriminalpolizei befragt habe. Daraufhin erzählt ihr Helmut über den gerade stattgefundenen

Besuch. Wir verbleiben so, vorläufig nichts weiter zu unternehmen und erst einmal abzuwarten, was die nächsten Tage bringen würden.

Interessanterweise bekommt Helmut am Tag darauf einen Anruf, der vermeldet, dass der Leichnam der Mutter auch gefunden worden sei. Man will wissen, ob dieser ebenfalls nach Wien geflogen werden solle. Wir könnten aber auch auf Einladung der österreichischen Vertretung in Thailand nach Phuket fliegen und das Ritual der Einäscherung dort durchführen lassen. Nahen Verwandten der Tsunamiopfer werde diese Möglichkeit angeboten. Ich telefoniere mit meinem Vater und meiner Schwester und wir entscheiden, dass meine Schwester mit ihrem Lebensgefährten nach Phuket fliegen soll. Der Termin wird für Anfang September festgelegt.

Inzwischen ist Helmut wieder bei Rotraud gewesen und wir erhalten die Botschaft des dritten Briefes, der, wenn auch wie stets die ganze Familie angesprochen wird, doch an Helmut persönlich gerichtet ist. Die Arbeit von Rotraud betreffend, ist im Übrigen zu erwähnen, dass sie für diese Gabe kein Entgelt verlangt. Dem Dienste von Menschen in Not widmet sie ihre mediale Begabung und sie leitet zusätzlich Heilabende, an denen für Personen in ausweglosen Situationen gebetet wird.

Der dritte Brief aus der geistigen Welt

Brief von Rotraud vom 20. Juli 2005

Wie viele Male bergen wir doch diejenigen, die immer aufs Neue ihre alten Verbänderungen bewegen. Wir sehen euch zu, ihr Ärmsten, in euren Verstrickungen. Diese zerren sich immer enger und enger zusammen, je mehr ihr strampelt und euch zu befreien sucht. Bei dir, mein lieber Freund, ist es unter anderem die irrsinnige Geschäftigkeit, die dich fesselt wie ein Gefängniswärter. Andererseits schlägst du Haken wie ein fliehender Hase, der stets auf der Flucht ist. Wovor fliehst du denn, mein Guter? Ich glaube, es dir sagen zu können. Du fliehst vor dir selbst. Wir haben ein ganz anderes Bild von dir, als du es von dir hast. Es ist kein übles Bild, das wir sehen. Aber durch dein Gehetze und Gejage hast du immer wieder Staub und Dreck aufgewirbelt, der sich auf das schöne Bild legt. Eine dicke Kruste hat sich schon darauf abgelagert. Nun, wir wollen, dass du dich in diesem Leben so entwickelst, wie du es für dich in deinem Geburtsbrief festgelegt hast. Gereinigt soll das Bild werden, das du in vielen Leben, nicht nur in diesem, befleckt hast. Für dieses Dasein war angesagt, die eigene Ohnmacht anzunehmen. Nicht als etwas Schlechtes, nein, um transformiert werden zu können in den Bewusstseinszustand jener alles umschließenden Liebe. Ja, das war das Ziel. Und wie wir dir schon einmal sagten, war dein kleines Mädchen eben bereit, einen Meilenstein für diese Wegreiseumkehrung zu setzen. Noch, du weißt es, ist dies nicht gelungen. Aber einige Splitter sind vom verkrusteten Bild doch schon abgesprungen. Wir möchten dir auch sagen, dass deine Frau in diesem Prozess der Umwandlung schon weiter fortgeschritten ist als du. Das ist aber nur natürlich, denn Frauen haben ein anderes Prinzip angebändert als Männer. Die weiblichen Wesen erfüllen die weibliche Botschaft Gottes, die Liebe. Sie tun sich in der Regel leichter, andere anzunehmen, so wie sie sind. Sie können besser lieben, ohne Bedingungen zu stellen. Zwar ist in letzter Zeit im Westbild auch ein Wandel eingetreten, aber noch immer beherrscht das

Weibliche die Liebeswindung besser als der Mann. Die männliche Dominiertheit ist die Willenskraft. Der Wille ist euch Männern angezäunt. Und der steht dann eben oft im Wege auf dem Gang der Liebesfähigkeit. Wir haben unserer Schriftführerin schon wiederholt geschrieben, worin das Ziel jedes Menschen, jeder Wesenheit im All, ja der ganzen Schöpfung besteht. Wir müssen es wiederum wiederholen, denn es ist das A und O. Ziel ist es, allen Willen nur einer Kraft zu widmen, nämlich der Liebe. Daher sagen wir dir, das Einzige, was du jetzt zu tun hast, ist, in Ruhe zu kommen, Einsicht zur Einkehr in dich selbst zu erbitten. Nicht du musst das mit deinem Willen vollbringen. Schade um den Willen. Nein, in Demut bitte um die Fähigkeit der Einkehr in dein wahres Licht. Dann werden die Krusten abfallen und ein wunderbares Ebenbild des Gewirkers aller Wesen wird sich herausschälen und du wirst ein großer Liebender sein. Und dann wird sich alles wie von selber finden. Deine Aufgabe hier auf Erden für dich und andere. Und dein Kind mit vielen anderen Kindern und Menschen, die eine große Liebesgemeinschaft sein werden. Wir wissen, dass dein Weg, euer Weg, ein sehr schwieriger Weg ist. Aber jenen Seelen, denen es wirklich wichtig ist, an ihrer Vollkommenheit zu wirken, denen wird das Schwerste abverlangt. So wie die edelsten Stoffe dieser Welt nur durch großen Druck entstehen, so ist das auch mit dem Edelstein Mensch. Mit Feuer und Wasser hat man schon zu allen Zeiten die Einweihungsriten durchgeführt. Meine Guten, ihr seid auf eurem Einweihungspfad. Aber ihr geht nicht ohne Schutz. Nein, ganze Scharen von Helfern aus den verschiedenen Hierarchien dessen, was ihr Himmel nennt, sind bei euch.

Also, bitte, loslassen, in die Ruhe gehen, geschehen lassen und um Führung bitten. Glaubt uns, alles geschieht zum Segen für euch alle.

Wir seilen auch immer zu eurer Kleinen. Es geht ihr wohl. Viel wohler als euch. Sogar an sie könnt ihr euch wenden, damit sie für euch um Hilfe bittet. Sie tut es mit großer Liebe, denn sie ist eine große liebende Seele.

Wir segnen die Familie.

Unsere Gefühle sind gemischt. Denn die Tatsache, dass es hier einen Leichnam gibt, der unser Kind sein soll, ist nicht vom Tisch zu wischen. Das gilt es vorerst einmal zu akzeptieren. Meine morgendlichen Gebete, Meditationen und Rituale bleiben trotz allem unverändert. Wir haben inzwischen nur noch sporadischen Kontakt zu den medialen Personen, die uns während der ersten Monate so hilfreich unterstützt hatten. Sagen jedoch Romana, Gaby und einigen mehr Bescheid. Diese bleiben bei ihrer Meinung, dass Alexandra-Anita lebt. Als ich Alexander auf sanfte Art und mit ruhiger Stimme sage, was wir von der Kriminalpolizei erfahren haben, meint er: »Die wollen uns austricksen!« Nicht, dass ich eine bestimmte Reaktion erwartet hätte, doch diese verwundert mich. Ich frage ihn, wie er das meine. Er sagt: »Ich weiß es selber nicht, das ist so ein Gefühl in mir.«

Tage vergehen und wir bekommen die Meldung, dass die Truhe mit dem Leichnam am Morgen jenes Tages, an dem wir nach Indien abfliegen wollten, lande. Zusammen mit einem israelischen Ehepaar und dessen Kindern wollen wir für zwei Wochen ans Meer, eine Ayurveda-Kur machen und einfach abschalten. Wir arrangieren, dass der Leichnam gleich zur DNA-Analyse in das zuständige Institut gebracht wird. Nach unserer Rückkehr werden wir uns den Leichnam umgehend anschauen. Helmut hat inzwischen alles mit der zuständigen Ärztin besprochen. So fliegen wir erst einmal ab.

Papierflieger bauen ist eine der liebsten Beschäftigungen von Alexander. Er kennt die vielfältigsten Variationen und weiß bereits genau, welcher Typ weit oder hoch fliegt, sich dreht und Loopings macht. Bei den Kellnern hat er mit seiner Bastelei sofort Kindheitserinnerungen wachgerufen. Und schon fliegen die Flieger durch das Restaurant. Die Zeit in Indien hat uns allen gut getan. Wieder zu Hause angekommen, sind wir am Tag nach unserer Rückkehr mit der Gerichtsmedizinerin zur Besprechung der DNA-Analyse verabredet. Das Ergebnis sollte in wenigen Tagen, spätestens in ein, zwei Wochen vorliegen.

Alexander erlebt seinen ersten Schultag. Natürlich hat er eine tolle

Schultüte. Für ihn nimmt sein junges Leben seinen freudvollen Lauf, auch wenn er innerlich schon sehr stark geprägt ist von all dem, was er erlebt hat.

Es ist jetzt Anfang September und ich hatte bis dahin nur sehr wenige bedeutende Träume. Doch in dieser Nacht erlebe ich Alexandra-Anita wahrhaftig. Ich spüre sie neben mir im Bett. Fahre durch ihr weiches Haar, ihre süßen Locken. Immer und immer wieder. Streichle ihre sanfte Haut. Halte sie in meinen Armen und fühle sie so nah. Das ist mehr als ein Traum. Ich bin ihr so nah, so wahrhaftig physisch nah, dass ich mir sicher bin, dass wir uns in dieser Nacht auf einer der Ebenen in diesem Feld der Leere begegnet sind. Und hätte sie morgens neben mir im Bett gelegen: Ich wäre dankbar, aber nicht verwundert gewesen. Während meines Gebetes am Morgen bedanke ich mich bei ihr voller Liebe für diese magischen Momente.

Von meiner Schwester kommt aus Thailand die Meldung, sie würde demnächst an einer Zeremonie und Meditation für die Mutti teilnehmen. Ich zünde zwei Kerzen an und klinke mich in die Meditation ein. Bedanke mich unendlich bei meiner engelhaften Mutter für ihr Liebe, bitte sie um Vergebung, sollte ich sie, und das habe ich als Jugendliche ganz sicher getan, verletzt haben. Zeuge ihr meinen Respekt für ihre so wahrhaftig gelebte Rolle als Mutter und Omi. Bin ihr für so vieles dankbar. Aus meinem Herzen beginnt es nur so zu sprudeln. Denn all die liebkosenden Wörter, mit denen wir uns gegenseitig nach jedem Gespräch verabschiedeten, rufen so viele Erinnerungen in mir hervor, dass ich ihr trotz der bachartig fließenden Tränen ohne eine Unterbrechung alles erzählen kann. Es ist mir ein Bedürfnis, ihr alles laut zu sagen. Es ist eine Art letztes Gespräch und ich darf jetzt meinem Weinen, Zittern und meinen Krämpfen freien Lauf lassen. Es darf jetzt alles raus, es darf losgelassen werden, damit ich in der Liebe lande. Damit ich sie auf ihrer Reise ins Licht ohne Anhaftung ganz still und in Frieden gehen lassen kann.

Ich wusste, dass dieser Moment kommen würde. Weil ich es so

wollte. Wir sind im Institut der Gerichtsmedizin und werden neben dem Empfang gleich rechts durch eine Tür geführt. Einer der zwei Begleitpersonen fragt uns: »Wollen Sie das wirklich? Es ist kein schöner Anblick.« »Ja«, lautet unsere Antwort. Ich bin dann doch etwas überrascht, geradezu geschockt, als mir der Verwesungsgeruch so unvorbereitet entgegenströmt. Sehr schnell nehmen sie das Tuch von dem Bett, das schon die ganze Zeit dasteht, aber erst jetzt von mir wahrgenommen wird, und der grauenvolle Anblick eines kleinen, kaum erkennbaren Leichnams wird entblößt. Am Kopf gibt es kaum noch Haut, keine Haare, keine Augen, keine Nase, nur Knochen. Der Oberkörper ist zertrümmert, die Arme sind ausgerenkt. Wo die Händchen waren, sind jetzt nur noch Stümpfe. Das linke Bein ist zur Hälfte weggerissen. Der Leichnam ist zum größten Teil bereits verwest. Keine Chance zu erkennen, wer dieses Kind einmal gewesen ist. Das graugrüne Tuch wird wieder über den Leichnam gezogen, das Bett weggerollt.

Wir bekommen noch ein Foto vom Gebiss. Sehr fremd. Kann irgendwie nichts damit anfangen. Schaue es mir immer wieder an. Auf der Fahrt nach Hause. Zu Hause. Ich möchte in mich hineinfühlen. Nehme mir Zeit, um allein zu sein. Es wollen einfach keine Emotionen aufkommen. Ich meine Emotionen, die diesen Leichnam mit Alexandra-Anita verbinden würden. Möchte mich an einer Schulter anlehnen. Einer, die mich führt. Die mir sagt, wie tapfer ich all diesen Wahnsinn meistere. Mich dem stelle, was gerade verlangt, angeschaut zu werden.

Helmut und ich erledigen zusammen und sehr fleißig unsere sogenannten Hausaufgaben als Eltern. Als Ehefrau fühle ich mich sehr alleingelassen. Meine innere Kommunikation zur geistigen Welt lässt mich stark erscheinen. Meine Einstellung, mich als Schöpfer meines Lebens zu sehen, sagt mir, dass ich mir all diese Prüfungen und noch mehr Prüfungen selbst auferlege. Mein Verstand versteht das alles. Doch das Herz einer Mutter schreit nach einem heilsamen Balsam, nach tröstenden Worten. Mein Herz als Frau lechzt nach nährender Wärme und Liebkosung.

Es ist Spätsommer und ich verbringe sehr viel Zeit mit dem Einholen der Ernte aus dem Garten. Das Berühren der Erde, in der Natur zu sein, ist sehr heilsam. Zeit zu haben, mich hier aufzuladen und mich dem süßen Nichtstun hinzugeben, ist mir sehr fremd. Fast unangenehm. Nur von unseren mehrwöchigen Weihnachtsurlauben auf den Malediven kannte ich diesen Zustand. Im Schutz des Schattens einer Palme in die Weite des Meeres zu blicken und so lange zu verweilen, bis Zeit und Raum sich auflösten. In der dritten Woche eines solchen Lebens im Zeitlupentempo erfuhr ich meist eine enorme geistige Reinigung und innere Leere, aus der danach die genialsten und kreativsten Ideen und Gedanken entsprangen.

Von Natur aus bin ich sehr sportlich und Bewegung ist für mich ein Ausgleich zu meiner Tätigkeit am Computer. Bis auf meine disziplinierte Morgengymnastik ließen mir meine berufliche Funktion und Mutterrolle kaum Raum für Neues. Bereits im späten Frühjahr dieses Jahres entdeckte ich eine kraftvolle Yogaform mit dem Namen Ashtanga-Yoga. Sie erfüllte mich dermaßen, dass ich mich zu einer Lehrerausbildung entschloss. Neben den nun fast täglich ausgeführten Yoga-Übungen habe ich viel Zeit zum Kochen und dafür, mich mit Freunden zu treffen und einfach gemütlich zu plaudern. Dazu zählt auch der Austausch mit sehr vielen ehemaligen Geschäftsfreunden. Ich liebte es während meiner aktiven Zeit sehr, humorvolle Gespräche mit diesen zu führen. Aus enger Zusammenarbeit und regelmäßigen Smalltalks entstanden sehr herzliche Beziehungen. Und natürlich ist jetzt Zeit für Alexander. Mit dem Schulbeginn entwickelten sich neue Lernaufgaben, aber auch neue Freundschaften, die zu vielen Kinderfesten führten. Sein Turnlehrer rief mich eines Tages an und meinte, Alexander sei überdurchschnittlich athletisch und dynamisch. Wir sollten unbedingt seine sportlichen Talente fördern. Helmut wollte schon immer, dass er in den Fußballverein eintritt, für den er selbst als Jugendlicher gespielt hatte. Fußball wurde damals zu einem Schwerpunkt in Alexanders Leben. Heute ist er bereits in Richtung Profifußball unterwegs.

Der vierte Brief aus der geistigen Welt

Brief von Rotraud vom 27. September 2005
Wir sind wirklich zugegen als Leitführer für Wahrheitssuchende. Weil wir mit Freude erleben, wie dieser Bruder im Geiste seine Angebote zur Weiterentwicklung seiner Geistigkeit nützt, sind wir mit Eingabengeber angebraust, um das Wahrheitsbild zu vervollkommen. Ich wirke als Leitstimme der Einsauger heute und bin ein Windebereiser aus dem Gabenband des Karmischen Rates. Dieser sah im Geburtsbuch nach, was du dir eingebändert hast in diesem Leben für das Gesamtbildwerk aller Einverleibungen. Es ist ein Ausgleich angesagt für solche Angebänderungen deiner Vorleben, wo du deine Geisteskräfte in den Dienst von Wirtschaftsgebieten einsetztest, die auf Ausbeutung der Welt und der Menschen ausgerichtet waren.

Ich will dir gerne ein paar Einblicke gewähren. Du warst Besitzer einer Diamantenmine und hast deine Sklaven entsetzliche Frondienste verrichten lassen, nur um zu noch mehr Geld und Einfluss zu kommen. Du warst in den Anfängen der Industrialisierung Besitzer einer Spinnerei und Weberei und deine Arbeiter mussten um einen Hungerlohn deinen eigenen Reichtum vermehren. Auch im Zuge der Urbarmachung Amerikas warst du bewirkt mit Arbeiten, die einerseits das Weideland der Indianer und die dort lebenden Menschen zunichtemachten und andererseits die Schätze der Eingeborenen raubten.

Bei deiner letzten Bilderschau erlebtest du eine wirkliche Erschütterung, als du diese Angebänderungen schautest, und es war dein dringender Wunsch, diesmal alles auszugleichen, was da so schief in deinem Lebensdiagramm lag. Nur mussten wir dich gewaltsam einbremsen, denn dein Enthusiasmus, alles, alles auszuräumen, war so groß, dass du deine dir gesteckten Ziele niemals hättest erreichen können. Also musstest du lernen, dich zu bescheiden, aber das Vorgenommene ist noch groß genug. Vor allem wolltest du nichts von Hilfen wisse. Deine Meinung von deiner eigenen Willenskraft war so groß, dass du meintest, alles allein bewältigen zu können. Nun, deine vielen Herrschaftsleben haben ebendieses Willenspotential so anwachsen lassen.

Nun aber ist gerade in dieser Zeit die große Wende angesagt. Wende insofern, als sich Männer ihrer weiblichen Liebesanteile bewusst werden sollen und beide Wesensanteile miteinander verbinden sollen. Wahre Frauen ihre männlichen Willensanteile aktivieren müssen, ohne jedoch die Liebe zu verlieren. Wir wussten genau, wie schwer das sein würde, auch für dich. Und so hast du dann doch zugestimmt, dass menschliche Helfer neben uns geistigen Hilfen in dein Leben treten, sobald du Gefahr läufst, deinen Geburtsbrief weitgehend zu verfehlen. Die wichtigste Helferseele ist dabei, dein Kind, das sich sogar bereit erklärt hat, um dieses Zieles willen, sein Kinderleben zu lassen. Nun, das hat es dann zwar widerrufen, aber auch diese Lage des ungewissen Abgezogenseins hat, wie du ja weißt, eine enorme Umpolung in Gang gesetzt.

Wir sehen voll Freude, dass du wirklich deine Weichen anders stellst und ein großer Bewusstseinswandel angefangen hat. Wir unterstützen dich von unserer Seite mit allen Kräften, die du dir im Verwobenen des Geburtsbriefes hast anbändern lassen. Am Beginn deiner Einsegnung ins Beitrittswerk der neuen Epoche der Menschheit steht also der Wille, etwas im Augenlicht der Menschen zu verändern. Wir sehen das mit großer Freude und wissen auch, dass dir diese Ansichtsänderung auch gelingen könnte. Du weißt heute, dass das nur gehen kann, wenn du deine göttliche Führung annimmst und weiter ausbaust. Und weißt du, dieses Ausbauen beinhaltet eben vor allem, alle deine Liebeswindungen zu aktivieren. Es sollte nicht so sein, dass du das Denkmodell der Menschen deshalb ändern willst, weil du erkannt hast, dass dies nötig ist und du einer derer sein willst, die das dank ihrer Willenskräfte auch bewerkstelligen können.

Nein, du solltest es aus dem Impuls der Liebe für die Schöpfung und ihre Geschöpfe heraus tun. Denn im neuen Zeitalter, das bevorsteht, heißt das große Ziel eben: Aller Wille für die Liebe.

Wenn du dein derzeitiges Lebenswirken ganz hierauf einstellen kannst, dann wird dein Kind sein Meisterwerk geschaffen haben. Und dann sehe ich euch alle in wunderbarer Einsegnung gemeinsam wirken.

Auch deine Frau hat ihr Lebensziel dann erreicht, nämlich ihre Willensstärkung so auszubauen, dass sie ihre große Liebesverbindungsfähigkeit dahin weisen kann, wo sie aufgefordert ist, dies zu tun. Wir sehen sie als Weisheitslehrerin für viele Menschen wirken, vor allem für Frauen, die in diesen Jahrzehnten der Emanzipation verlernt haben, die Werte der Hohen Liebe zu leben.

Lebt unter unserer Führung und im Schutz eures Geburtsbriefes. Wir segnen eure Zukunft!

Das mit der DNA-Analyse zieht sich nun schon seit Wochen hin, und aus der Gerichtsmedizin sagt man uns, die DNA falle am Computer immer zusammen. Man habe zwar DNA-fähiges Material, doch lasse es sich kaum analysieren. Es gäbe da aber noch eine weitere, etwas aufwendigere Methode.

Gegen Ende Oktober erhalten wir eine E-Mail von Andreas, in der er sich nach unserer Lage erkundigt. Denn etwa zwei Monate zuvor hatte er die Mitteilung erhalten, dass seine Tochter zu 99,9 Prozent anhand der DNA identifiziert worden sei. Er und seine Frau haben aber große Zweifel an der Richtigkeit dieser DNA-Analyse. Einen Tag vor der Mitteilung hatte er dem Leiter des Teams erklärt, dass seine Frau in einem TV-Interview auf Channel 5 die mangelhaften Leistungen seines Teams ansprechen werde. Keine vierundzwanzig Stunden später lag dann das Ergebnis mit der 99,9-Prozent-DNA-Identifikation vor. Erstaunlich, welche Parallelen sich hier ergeben, denke ich mir, und doch wenig verwunderlich nach all unseren bisherigen Erlebnissen. Andreas und seine Frau sind von Khao Lak nach Phuket gezogen, wo sie ein nettes Restaurant eröffnet haben. Da Alexander Herbstferien hat, fliegen wir in unser Haus nach Thailand. Zum ersten Mal nach dem Tsunami. So zerrissen, so stumm, so zart besaitet fühle ich mich, als ich die Treppen zum Eingang hinaufgehe. Ich muss mich niedersetzen, zu lebendig sind die Erinnerungen. Ausweinen tut gut. Vom Nachbarhaus schauen die Zimmermädchen zu mir herüber. Alle haben Tränen im Gesicht. »Sorry, so sorry, Miss Sana«, ist alles, was sie mit gebrochener Stimme herausbringen. Gemeinsam zu trauern, tut gut. Es sind wenige Gäste im Tao Garden. Die idyllische Stille, umgeben von einer paradiesisch grünen Kulisse, wirkt heilend. Wann immer ich einen Ausflug in die Stadt Chiang Mai mache: mit dem Betreten des Tao Garden fällt jegliche Hektik von mir ab und Friedfertigkeit stellt sich ein.

Wir hatten uns vorgenommen, einiges an unserem Haus zu renovieren, vereinbaren Termine mit dem Architekten und den Handwerkern. Sich wieder mit Kreativität und gestalterischen Ideen zu befassen, fühlt sich herrlich an. Sehr gerne hätte ich einen Rückzug für einige Jahre hierher gewählt. Nur weigerte sich Alexander, der bereits einen Freundeskreis in der Vorschule aufgebaut hatte, nach Thailand umzusiedeln. Er besucht in Wien eine internationale Schule, von der es auch hier welche gibt. Doch nach den sehr einschneidenden Begebenheiten, die er durchgemacht hatte, wollten wir ihn vor weiteren bewahren.

In Wien hatten wir laufend Termine mit Interessenten, die unser Magazin wiederbeleben wollten. Darum kümmerte sich Helmut. Ich war meist nur bei größeren Treffen dabei und konzentrierte mich erst auf das Thema, wenn es um Konkretes ging. Mein Gefühl sagte mir, den Informationen von Rotraud zu vertrauen und sich den zentralen Herzensangelegenheiten zu widmen, mich der innerer Einkehr zu besinnen, anstatt mich in weltlichen Belangen zu verlieren. Darum ging es in der Botschaft, und das war unser eigentliches Dilemma. Natürlich war ich etwas verärgert, dass wir nie eine Zeit der Wiedervereinigung erfuhren. Gleichzeitig waren die Inhalte der Durchsagen so stimmig, dass mein Herz zu hundert Prozent jede Zeile bejahen konnte. Und alle jene Personen, die uns genauer kannten, waren absolut der gleichen Meinung.

Eigenverantwortung und Gesundheit, wie ich sie sehe

Mir war klar, dass es ein Ding der Unmöglichkeit war, die äußeren Umstände zu ändern. Hat noch nie funktioniert, und wird auch nie funktionieren. Nur die Veränderungen in meiner inneren, unsichtbaren Welt zeigen sich in der äußeren, sichtbaren Welt. Mir war auch klar, dass die in meinem Leben nötigen Veränderungen niemand für mich ausführen würde.

Mich als Opfer von Umständen zu fühlen, die mich in meiner gesundheitlichen, seelischen oder emotionalen Befindlichkeit negativ beeinflussen, ist eine mögliche Entscheidung. So las ich im Buch von Joe Dispenza, und recherchierte daraufhin auch im Internet, von einer Studie an in Kalifornien lebenden Kambodschanerinnen, die ihr Sehvermögen aufgrund dessen, was sie an Gewaltverbrechen an ihren Familienangehörigen anzusehen gezwungen gewesen waren, bis hin zur Blindheit verloren hatten. Und zwar, ohne dass die Messungen an ihren Augen irgendwelche Anzeichen von Sehschwächen vorgewiesen hätten. Sie hatten gesunde Augen. Allein die Tatsache, dass sie sich immer wieder die Bilder des Geschehens in Erinnerung riefen, erzeugte diese Blindheit. Diese Frauen entschieden sich dazu, ein Programm zu starten, das ihnen schadete. Ja, ihre Erlebnisse mögen grauenhaft gewesen sein. Das ist zuzugeben. Kein Schönreden. Diese Frauen haben tiefste Erschütterungen und große seelische Wunden erfahren. Furchtbar und brutal. Wer gibt mir das Recht, hier zu werten?! Niemand. Wer kann mich dazu verpflichten, mich zu entscheiden, keine Opferhaltung einzunehmen?! Niemand. Es obliegt allein mir, mich freiwillig für die eine oder die andere Haltung zu entscheiden. Ja, es geht um eine gezielte Entscheidung und ihre Folgen. Welche Entscheidung treffe ich? In destruktiven Erinnerungen zu verharren und Krankheit zu erzeugen?! Oder mich als Schöpfer meines Lebens zu sehen und ein gesundes und glückliches Hier und Jetzt zu wählen?! Allein die Dimension dieser Wahl! Allein die Dimension und Folgen dieser Wahl! Welch eine Macht an Handlungsvermögen! Schlussendlich geht es immer um die Wahl: Liebe oder Angst. Eigenverantwortung oder Fremdverantwortung.

Ich ziehe an, was ich aussende

Nehmen wir an, das Verlangen, eine Situation oder eine Person zu kontrollieren, sei so mächtig, dass wir zwanghaft damit beschäftigt sind, Kontrolle über diese Situation oder Person zu bekommen. Aus diesem Verhalten folgt meist jenes des Misstrauens. Natürlich kommen damit verbunden Gefühle wie Ärger, Zorn, Wut einem Menschen oder dem Leben gegenüber auf.

Ich fühle mich vom Leben ungerecht behandelt, doch diese Schlange an Gefühlen, die ich aussende – Kontrolle, Misstrauen, Zweifel, Ärger, Zorn, Wut, Enttäuschung – zieht genau diese Gefühle wieder an. Es ist nur eine Frage der Zeit, und schon habe ich die nächste Situation, die an der Tür anklopft und mich in ebenjene Umstände stürzt, die genau diese Gefühle hervorrufen. Und das Leben gibt mir Recht. Ich fühle mich bestätigt in meiner Art des Denkens. Dieses Gefühl der Bestätigung weckt wieder das Gefühl, noch mehr kontrollieren zu wollen, noch mehr Misstrauen zu hegen, noch mehr zu zweifeln, noch mehr enttäuscht zu werden. Ich sende Gedanken und Emotionen aus, die Gefühle in mir auslösen, und das im Unterbewusstsein abgespeicherte Programm läuft wie ein Endlosband. Und je öfters ich dieses Programm wiederhole, gleich dem Lernen von Vokabeln einer Fremdsprache, desto fester prägt es sich ein. Ein Strudel, der mich hinunterzieht, immer weiter, immerfort, … was sich wiederum als körperlicher Energiemangel ausdrückt.

Was aus Energiemangel resultiert, sind zuerst kleine Wehwehchen, die das erste Signal dafür sind, meine Lebenssituation verändern zu müssen. Ignoriere ich diese, entwickeln sich Krankheiten, die, wie man dann hört, einfach so entstehen. Fakt ist aber nicht, dass man eine Krankheit bekommt. Ehrlicher ist es zu sagen: Ich habe meine Krankheit kreiert. Das ist ehrlich und gibt mir die Möglichkeit, meine Lebenssituation zu verändern, Gesundheit zu kreieren.

Methoden dafür gibt es mehrere.

Ein Buch, das mir in dieser Hinsicht die Augen geöffnet hat, trägt den Titel »Krankheit als Weg«.

Ich war an die fünfundzwanzig Jahre alt, als ich dieses Buch las. Einige Jahre später, als ich die Position der Chefredaktion ausfüllte, traf ich den Autor dieses Buches bei einer Pressekonferenz, die von einer Versicherung veranstaltet worden war. Ich fragte ihn, ob er Interesse hätte, in regelmäßigen Abständen für uns Artikel zu schreiben. Damals entstand eine von diesen wunderbaren Freundschaften, die bis heute bestehen.

Ein weiteres Buch ist meine Bibel zum Thema Gesundheit geworden. Der Titel dieser Pflichtlektüre lautet »Der Schlüssel zur Selbstbefreiung – Enzyklopädie der Psychosomatik«.

Das Ergebnis der DNA-Analyse

Nach fast drei Monaten erhalten wir schließlich von der Gerichtsmedizin das Resultat der DNA-Analysen, wonach es sich bei der untersuchten Leiche um unsere Tochter handeln solle. Das Begräbnis findet im engsten Freundes- und Familienkreis mit etwa dreißig Personen statt. Es ist, unabhängig von der Tatsache, dass ich vom Überleben unseres Mädchens überzeugt bin, ein sehr berührendes Ereignis. Der Anblick des kleinen Sarges allein umhüllt das Herz mit dem Wunsch, diese Seele liebend zu beschützen, für sie zu beten, damit sie von Licht begleitet ihren Weg nach Hause findet.

Weil irgendwie ratlos, auch unschlüssig, hat Helmut den Wunsch, alsbald Rotraud aufzusuchen.

Brief von Rotraud vom 24. November 2005

Wasser wirkt auf alle Lebewesen wie ein Weisheitsspender, denn es wacht über die Welt als Lebensgeber. Wer mit dem Wasser des Lebens angebändert ist, berauscht den Weisheitsgang dieses Elementes. Durch die Festigkeiten der weltlichen Gebilde dringt es hindurch und vermag selbst härteste Strukturen in sich aufzulösen. Weil es ein Botenträger ist, bewirkt es auf Organismen eine bewältigende Einsingung dessen, womit es bewirkt wurde. Wir schreiben dies, wie sich das Wasser in deiner Lebensplanung nun zu einem wichtigen Wegweiser bezimmert hat. Nicht nur die Flut mit ihren minderen Manifestationen meinen wir, sondern auch die Bereitschaft in dir, zu einem fließenden Menschen zu werden. Du bist in diesem Jahr sehr flutend geworden, fähig, etwas in dir aufzunehmen, was vorher nicht in deine Wahrheitswinde eingefädelt werden konnte. Dir ist es noch nicht einmal ganz bewusst, wie sehr deine Ströme nun andere sind, die dich tragen und schaukeln und durchspülend durchweben.

Auch deine Berufsberufung ändert sich dadurch sehr. Wir staunen mit weisen Winden überein, welche Singgemeinden sich auf einmal neben uns befinden, um über unsere Bänderungen Wellen der Wahrheit in deine Bewusstheit zu spülen. In deinem Innersten spürst du dies auch. Deine weisen Führungsstimmen sprechen zu dir immer lauter. Und das ist eigentlich das Ziel – wir singen und bändern und das Menschenkind vernimmt es. Nicht mehr braucht es dann die Einflüsterungen der Weltstimmen. Ganz hingegeben der Wahrheitswinde des Gabengebers, gestaltet dann der Mensch sein Leben.

Dahin wolltest du gelangen, als du den Geburtsbrief dieses Lebens verfasst hast. Nun sehen wir, wie eben das Wasser seine Wirkungsweise neben und in dir walten lässt. Groß ist unsere Freude.

Zu deiner Tochter weisen wir stets unsere Bänder hinzu und zwischen ihr und euch sind viele Gelbbänder ausgebreitet. Durch ihre neuerliche Verbänderung mit Gelbbänderausbreitern ist sie in ihre geistige Heimat wieder eingebunden worden. Wäre sie bei euch geblieben, hätte sie sich davon regelrecht abnabeln müssen, was vollkommen konträr zu ihrem Firmamentgesetz gestanden wäre. Sie gehört zur großen Buddha-Gemeinde und es wäre für ihre Seele sehr schwierig, sich dieser Windegemeinschaft auf Dauer zu entziehen. Was geht der Welt verloren, wenn man sich aus seiner Bestimmung herausreißt? Eine erleuchtete Seele, die unheimlich Segen spendend für große Menschengruppen wirken kann, wenn sie denn ihrer Bestimmung folgt. Dies kann sowohl von der geistigen Welt her geschehen als auch von eurem Erdenstern aus. Bitte vergegenwärtige dir dieses Bild. Es kommt ein Gelbfadenkind zur Welt und nistet sich in ein Gewirke aus Westbildstimmen ein. Grobe, dicke, schwarzgraue Stricke beginnen das feine Gelbfadengespinst, das um das Kind gewoben ist, zu erdrosseln. Deshalb war vorgesehen, nur für kurze Zeit zu bleiben. Lange genug, um euch mit Gelbfäden zu besingen, und kurz genug, um sie nicht im Dickicht des Westbaustimmenberichtes zu ertauben und selbst heiser zu werden.

Sie schafft nun wieder ihre Einbaugewirkung in die gelben Strahlengeflechte auf Erden und kann so wissend werden für diese Gebänderung als Menschenkind. Wir denken, sie wird eine große Führerin für die *buddhistische Gedankenwelt werden und für die Menschheit Heil und Segen bedeuten. Indem ihr durch die gemeinsame Zeit ja von ihren zarten Gelbbändern umsponnen worden seid, kann sie weiter und weiter zu euch fädeln und euch so stärken in eurer Entwicklungsreise. Das bedeutet nun nicht, dass ihr zu diesem Glauben euch bekennen müsst, nein, ihr seid schon echte Westbildleute, deren Aufgabe es ist, Leuchttürme für diese Menschen in diesen Breiten zu sein. Aber die Gelbbänderungen eurer Tochter können euren Blick schärfen, eure Lebensquelle aus dem Heilsplan zu erschließen.*

Glaubst du nicht, dass da noch vieles zu tun ist für dich?

Wir hören deine pochenden Fragen. Wann, wann kommt sie zurück zu uns? Lieber Freund, wir kennen eure Zeit nicht, wir sehen nur die gelben Verwindungen und hören die fließenden Stimmen von ihr und von unseren vielen Einsängern für dich.

Und wir wissen, dass so Verbändertes auch wieder vereint sein wird. Doch über Zeiträume können wir nicht gebieten. Das sind sehr erdnahe Einsänger, die irdische Zeiträume benennen können, und auch da ist eine genaue Zeitzuweisung, die mehr als drei Tage nach vorne sieht, nicht möglich. Denn so vieles ist von den Entscheidungen der Tunsweisen der Menschen abhängig. Wo bliebe da der freie Wille, wenn es schon feststehen würde, was genau in einem Jahr, in zehn Jahren geschieht? Was feststeht, ist der Geburtsbrief mit dem festgeschriebenen Wunsch, wohin dieses Dasein die Geistseele führen soll. Festgeschrieben sind auch die geistigen und karmischen Helfer für diesen Lebensplan. Und eine dieser karmischen Helferseelen ist für euch alle drei Alexandra-Anita.

Unsere Schriftführerin hat die Bedeutung eurer Namen hinterfragt. Wir mussten lächeln, als sie dahinterkam. Alexandra bedeutet in etwa Männerabwehrerin, aber auch Männerschutz. Wenn ihr wisst, dass mit dem Männlichen die göttliche Willenskraft gemeißelt wurde in der Schöpfung, dann ist sie eine Schützerin dieses göttlichen Willensanteils. Wenn ihr aber bedenkt, wie viel gerade in eurer Westbildwelt der Wille mit der Machtgier Hand in Hand geht, dann bedeutet ihr schöner Name eine

Abwehr dieses Wahnes. Sie trägt auch noch den Namen Anita, was in etwa bedeutet Gnade Gottes.

Und wenn ihr daran denkt, wie in anderen Kulturen Namen Bedeutungsträger für das zukünftige Leben der Neugeborenen und Neubenannten darstellen, dann könnt ihr sicher – und vor allem du – den Sinnzusammenhang zwischen dem Namen und dem Geschehen herstellen.

Auch deinen Namen will ich dir sagen in seiner Bedeutung. Helm bedeutet sowohl Schutz als auch Kampf. Und die Bedeutung von Mut kennst du. Mut kann aber auch Gesinnung heißen. Überlege, wie du deinen Namen lebst. Willst du der Kämpfer für den Mut sein, der Kämpfer für eine Gesinnung? Oder willst du der Schutz für eine Gesinnung sein oder den Mut vor irgendetwas schützen? Stelle deinen Namen auch in Verbindung mit denen deiner Tochter, deines Sohnes, deiner Frau. Ach, die musste ja noch erhellt werden. Oder ihr wisst es selbst, welche Urwurzel sich darin versteckt. Sie ist eine, die heil macht.

Wir denken, das ist für heute genug an Denkanstoß für euch, aber vor allem für dich.

Wir rufen dir noch zu. Liebes Kind der Westbauwelt, komme zur Ruhe. Ruhe in dir und pflege deine Gelbstimmenfäden zu deiner Alexandra-Anita. Ihr seid nicht getrennt, ihr wart es nie!!!

Kümmere dich lieber um die sanfte Trauer deines Buben, er braucht dich sehr nahe.

Die Aussage dieses Briefes war ziemlich ernüchternd. Der Satz traf sehr tief: *Deshalb war vorgesehen, nur für kurze Zeit zu bleiben.*

Ich haderte wieder einmal.

Am 8. Dezember trifft eine kurze E-Mail von Andreas bei uns ein: »Wir haben jetzt ein Foto von unserer Tochter l e b e n d . Keine Ahnung, wen wir verbrannt haben!«

Ich rufe ihn daraufhin sofort in Thailand an und möchte die Details erfahren. Andreas meint: »Nun, wir hatten ja so wie ihr nie aufgehört, nach ihr zu suchen, weil mehrere Leute sie noch eine Woche nach dem Tsunami lebend gesehen haben. Im Internet haben dann Freunde in Deutschland, die uns stets unterstützt haben, ein Foto von ihr gefunden. Das Bild wurde in einem Behördengebäude in Phuket aufgenommen. Das Bild entstand einen Tag NACH dem Unglück. Es ist eindeutig Rose. Jetzt sprechen wir mit dem Gouverneur von Phuket, da das Bild im Büro der Provinzverwaltung aufgenommen wurde, und hoffen, dass er uns bei den Ermittlungen helfen kann. Inzwischen haben wir mit unzähligen Zeitungen Interviews geführt, auch mit Radio- und Fernsehsendern, sowohl thailändischen als auch internationalen. Derzeit wird vor allem in Waisenhäusern gesucht. Die Bevölkerung wurde zu Hinweisen aufgerufen. Angeblich soll sie in Begleitung nach Phuket, wo das Foto aufgenommen wurde, gekommen sein«, sagt Andreas, »mit dieser Begleitung ist sie auch wieder gegangen.«

Ich erinnerte mich auch an unser allererstes Gespräch im Internet-Café, wo ich das erste Mal von ihm über die Möglichkeit einer Verschleppung durch die Kinderhändlermafia erfuhr. Seine Frau hatte ständig Angst, dass ihre Tochter von Gangstern gekidnappt werden könnte. Natürlich war das jetzt eine äußerst zwiespältige Situation. Schließlich hatten sie vor Monaten einen Leichnam verbrannt. Als ich Andreas fragte, ob sie sich diesen Leichnam denn vor der Verbrennung angeschaut hätten, meinte er: »Nein, das wollten wir uns nicht antun.«

Zum Jahrestag des Tsunami in Phuket

Meine Schwester hatte mir bereits vor Wochen die Nachricht gesendet, dass die thailändische Regierung alle Tsunami-Betroffenen zur Jahreszeremonie nach Thailand einladen wollte. Sie und ihr Sohn hätten bereits die notwendigen Formulare ausgefüllt und würden fliegen. Auch wir beschließen zu fliegen und vereinbaren, uns mit Andreas vor Ort zu treffen.

Die Zeremonie findet an jenem Ort statt, wo das etwa fünfundzwanzig Meter lange Patrouillenboot 813 von der Welle fast zwei Kilometer weit ins Landesinnere gespült worden war. Das tonnenschwere Aluminiumboot sollte einen Teil der königlichen Familie, die Urlaub in Khao Lak machte, überwachen. Die gewaltige Welle schwemmte das damals eine Seemeile vor der Küste ankernde Boot aufs Festland und es steht heute noch immer dort, wo es gestrandet war, als Mahnmal für die Katastrophe. Wer den Weg vom Wrack zum Strand zu Fuß geht, kann während des fast halbstündigen Marsches die gewaltige Kraft und Macht der Naturkatastrophe nachempfinden. Der Enkel des Königs ist in der Welle umgekommen.

Mit Andreas haben wir für den 26. Dezember ein Treffen in der Nähe des zum Museum umfunktionierten Patrouillenbootes verabredet. Das Wiedersehen mit ihm ist sehr herzlich. Innerlich habe ich meine Fühler, genau wie Andreas und seine Frau, auf Ausschau nach Kindern ausgestreckt. Es ist Mittag und die Hitze ist enorm. Musik und Gesang begleiten das Ritual, bei dem Blumen niedergelegt werden mit kleinen Zetteln, die Botschaften enthalten, Fotos, persönliche Gaben und andere Erinnerungsgegenstände. Es werden Kerzen angezündet, Tränen vergossen, das Feld der Trauer wird vom Geruch der Räucherstäbchen ummantelt. Eine Unmenge von Personen hat sich eingereiht. Einheimische aus ganz Thailand, aus dem Ausland angereiste Betroffene sowie Schaulustige.

Seit der Veröffentlichung des aufgetauchten Bildes ihrer Tochter hat sich bei ihnen nichts Neues ergeben. Unzählige Interviews haben stattgefunden. Von allen Seiten wird Unterstützung bekundet. Leider erfahren die beiden das meiste, was sie betrifft, aus den Zeitungen. Sie lesen viel, größtenteils mit Verwunderung. Sie bangen und hoffen – von Stunde zu Stunde, von Tag zu Tag. Das Programm der Feierlichkeiten zum Gedenken an den Tsunami ist sehr aufwendig. Über zwei Tage finden an mehreren Orten unterschiedliche feierliche Handlungen statt. Für den frühen Abend des ersten Tages ist in einer Bucht ein großes Konzert angesagt. Die Idee, das Ereignis mit einem Lichtermeer zu segnen, wird von einem dermaßen heftigen Regen vereitelt, dass der äußere Schauer uns auch innerlich heftig erschauern lässt. Besonders, da gerade Trockenzeit ist.

Am 7. Februar erreicht uns eine Mail von Andreas mit der Nachricht, dass die größte thailändische Zeitung in der vorangegangenen Woche Rose auf der Titelseite abgebildet habe unter dem Titel:

»Rose ist tot, Regierung unterstützt die Suche nicht mehr.«

Interessanterweise fragt er, ob wir Frau Dr. Klein kennen würden, denn ein Anwalt aus Österreich hätte sie ihm empfohlen, um den DNA-Check bei ihr durchführen zu lassen. Er und seine Frau überlegen nun, eine DNA-Analyse machen zu lassen. Den hierfür nötigen Knochensplitter hätten sie erhalten.

Bei uns ergaben sich zwischenzeitlich mehrere Bekanntschaften mit Personen, die von unserer Situation erfahren hatten und mit ihren besonderen Fähigkeiten ihre Unterstützung anboten. Ich schwankte während solcher Begebenheiten zwischen zwei Welten. Die Briefe von Rotraud verlangten unmissverständlich, sich der inneren Einkehr zu widmen und darauf zu vertrauen, dass sich die Zusammenkunft von selbst ergebe, wenn die Zeit dafür reif sei. Nur: Was, wenn es dieses oder jenes Ereignis für eine Wiedervereinigung erfordert? Was, wenn diese Gelegenheit dazu führt, dass die Wiedervereinigung möglich wird? So viele Was-wenn! Und wieder einmal nahm dann eine weitere sonderbare Geschichte ihren Lauf. Und wieder einmal jonglierten wir mit der Hoffnung.

Eine Hoffnung, die zermürbte, die unsere Nerven aufrieb. Innerlich aushöhlte. Immer dieses »Was, wenn!«. Es zehrte an der Substanz. Was, wenn?! Wie lange noch was, wenn?! Ich spürte und wusste, jetzt war es so weit. Es war so weit, eine Entscheidung zu treffen und einen Schlussstrich zu ziehen, was die Suche nach Alexandra-Anita im Außen betraf. Meine Nerven waren bis zum Bersten überbeansprucht von den unzähligen kalt-heißen Gefühlsduschen.

Drei Jahre danach

So war es auch kein Wunder, dass es mich wieder einmal in deine Arme zog – mein Vater. In diese Stille der Liebe. Dir ganz nah sein. Dich durch mich atmen lassen, durch mich in die Welt fließen lassen. Ankommen, mich setzen, mit dir ein Gespräch führen. Meine Ohren fein justieren und dir lauschen. Vor deiner Weisheit mich entblößen und mich von dieser umschlungen wissen. Vater, ich stehe wieder einmal an einer Wegkreuzung, vor einer großen Entscheidung.

Es sind an die drei Jahre vergangen, als mich das Wasser vor deine Tore brachte. Viel mehr als das. Es schmiss mich vor deine Seligkeit. Dieses zarte Band der mich tragenden Liebe. Immer dann, wenn ich dir ganz nah bin, gibt es keine Worte. Es fehlt an jeder Form. Nichts Greifbares, Sichtbares, das irgendwie meinen Zustand beschreiben könnte. Nun stehe ich wieder einmal vor einer Tür. Es ist eine weltliche Tür. Ich befinde mich in Indien, etwa zwei Autostunden nördlich von Madras/Chennai. Genauer gesagt, bin ich in der Oneness-Universität, eine Art spiritueller Universität, wo bewusstseinserweiternde Kurse stattfinden, um spirituelles Erwachen zu erfahren – um das Leiden zu erlernen. Es ist 7.30 Uhr morgens und ich bin kurz davor, eine Meditationshalle zu betreten. Wir warten in Reihen aufgestellt, Männer links, Frauen rechts, vor der Halle.

Endlich ist es so weit. Die Tore werden geöffnet. Einer nach dem anderen findet langsam und mit Bedacht Einlass. Barfuß setzen wir einen Fuß vor den anderen. Ich nehme meine weltliche Welt wahr. Bis jetzt, denn ganz unerwartet, unverhofft passiert es, noch vor dem Betreten der Halle. Eine Einheitserfahrung der für immer bleibenden Art. Vom Herzen ausströmend, wellenartig jede meiner Zellen erfassend, durchdringt mich der Akt des Empfangens deiner innigsten, das gesamte Universum zentrierenden Liebe. In mir implodierend, sprengst du zugleich und plötzlich und heftig mit einem gewaltigen

Gefühlsausbruch jede Faser meines Seins nach außen. Ich bin mitten in dieser und doch von einer anderen Welt. Reinste Gnade erlebe ich und fließt aus mir. Gnadenvoll. Segnend. Roh gebündelt. Überquellend. Kompromisslos strömst du aus jeder Zelle meines weltlichen Körpers. Löst mich aus der Materie. Eine schonungslose Lichtfülle, hemmungslos intensiv. Die reinste, hellste Liebeswucht. Von göttlicher Dynamik, von heiligem Atemzug. Du rinnst mein Gesicht hinunter. Ein überlaufender Tränenbrunnen. Ich fühle dich meine Wangen, den Hals entlang schmeichelnd in meiner Kleidung Zuflucht finden. Die weltliche Schöpfung verschwimmt vor meinen Augen. Der Vorhang der Illusion wird zur Seite geschoben. Für Momente erhasche ich Blicke der Wahrhaftigkeit einer anderen Dimension. Mein Herz pocht den Klang des Universums. Schlag für Schlag, Puls für Puls. So viel Liebe. So viel Liebe. Pur. Seidenzart. Für ein weltliches Herz fast schon unerträglich. Bei Weitem nicht von dieser erschütternden Dimension und doch sehr ähnlich war es damals, als ich mit fünf Jahren und danach wieder als junger Teenager in diese deine mich durch und durch ergreifende, aufwühlende, jedes Wortes raubende Liebe katapultiert wurde. Ich fühlte mich angenommen. Ich war angekommen. Zu Hause. Heimat, liebliche, süße Heimat. Himmlische Bleibe. Bedingungslose Liebe. Einfach zu Hause. Endlich zu Hause.

Es waren Momente, in denen das Sehnen und das nach Sinn im Leben Suchende für eine Weile stillstanden. Für diese, das ganze Sein einnehmenden Gefühle gab es keine Worte. Sie kamen, um gleich einer Sternschnuppe bruchstückhafte Lichtblicke von einer Welt zu vermitteln, die über einem ergeht. Es gibt kein Dazutun, kein Wegtun. Von irgendetwas. Von irgendjemandem. Ich erinnerte mich, dass ich nach diesen einprägsamen Momenten voller Mut das Leben stets neu anpackte. Ich vertraute dieser Stimme, die mir, in mir ruhend, vermittelte, ich würde meinen Weg schon gehen, ich würde ihn meisterlich gehen. Und du versprachst mir, dass deine himmlische Tür immer für mich offen bleiben werde. Wann immer ich aus dem Brunnen der uns alles durchdringenden und verbindenden Liebe trinken möchte, du, Vater, würdest immer da sein. Und du machtest mir Mut, das Abenteuer Leben anzunehmen, voll und ganz zu erfahren.

Mit dieser gesegneten Sehnsucht im Herzen, dich in mir pochend, mich an deine Tür pochend wissend, bin ich wieder einmal am richtigen Ort. Es war die Zeit gekommen, wo eine weitere Entwicklungsstufe anklopfte und Eintritt in mein Leben verlangte.

Für mich war es sehr wichtig, bei jeder Entscheidung in meinem Leben das Gefühl zu haben, sie aus einer Tiefe heraus getroffen zu haben, die mir auf Körper-Geist-Seele-Ebene dient. Besonders, wenn es sich um eine Veränderung handelte, die über eine große Brücke in einen neuen Lebensabschnitt führte.

Bei dieser großen Veränderung in meinem Leben ging es um die nun fast zwanzigjährige Beziehung zu Helmut. Helmut und ich hatten uns bereits vor dem Tsunami von der Arbeit so einnehmen lassen, dass unsere Ehe am seidenen Faden hing. Die gemeinsame Suche nach Alexandra-Anita und das Teilen des schmerzlichen Verlustes unserer Tochter verband uns für eine gewisse Zeit aufs Neue. Dieses neue Band war jedoch nicht stark genug, um eine Trennung zu vermeiden.

Ich spürte seine Existenz schon länger nicht mehr neben mir. Physisch war er präsent, doch emotional spürte ich ihn nicht. Die Verbindung zu seinem Herzen fehlte. Umso mehr stand ich unter einem Wasserfall von Emotionen, den ein anderer Mann verursachte. Was sollte ich tun? Wie sollte ich mir Klarheit über meine nächsten Schritte verschaffen?

Helmut und ich hatten sehr viele Gemeinsamkeiten, aber am intensivsten verband uns unsere berufliche Tätigkeit. Wir verstanden es, eine Idee so anzupacken, dass sie uns beide begeisterte und jeder seinen Teil zu ihrer Verwirklichung beitragen konnte. Etwas über zwei Jahre nach dem Tsunami setzten wir unsere ganze Energie in den Aufbau einer Konsumentenplattform im Internet.

Für mich stand fest, dass ich Helmut auch weiterhin als einen wunderbaren Vater unserer Kinder respektieren würde. Dass ich auf der Herzensebene einen offenen und liebevollen Umgang zu ihm pflegen wollte. Ja, zwar hatten wir uns auseinandergelebt, aber ich wusste doch, dass ich mich nie von ihm getrennt fühlen würde, selbst und trotz der unvermeidlichen Trennung.

Meine neue Partnerschaft sollte mich zwischen Wien und Alaska pendeln lassen. Immer wieder für einige Monate im Jahr dort, den Rest der Zeit hier. Doch um zu vermeiden, eine so tiefsinnige Veränderung meines Lebens aus purer Sentimentalität heraus zu vollziehen, musste ich bis auf die Zellebene hinab spüren, ob eine solche Veränderung tatsächlich anstand oder nicht. Bevor ich irgendetwas unternommen hätte, was mich mit unkontrollierter Geschwindigkeit aus der Bahn hätte werfen können, wusste ich jetzt zumindest eines: Ich musste in die Ruhe gehen, mich der Stille hingeben, dem Herzen lauschen. Und so stand ich wieder einmal vor meines Vaters Tür und klopfte an. Es war mir sehr dringend, dieses Gespräch mit ihm zu führen. Denn in meinem Herzen brannte es lichterloh.

Meine inneren Wandlungen an der Oneness-Universität

Für die nächsten neun Tage ist der Campus der Oneness-Universität in Indien der Ort, an dem ich mit vielen anderen Teilnehmern Tag für Tag durch innere Prozesse der Bewusstseinserweiterung gehe. Die Anlage ist grün und weitläufig. Das ganze Jahr hindurch kommen Gruppen aus der ganzen Welt hierher. Ich hörte von einem lieben Freund von der Oneness-Universität, der ein Jahr zuvor hier war. So zufällig wie eben Informationen, die einem zufallen sollen, ihren Weg finden. Das Ziel der meisten Anwesenden ist ein wahrlich ehrenhaftes: Befreiung vom Leiden.

Sehr behutsam, noch aufgelöst und in einem tranceähnlichen Zustand nach dem Betreten der Halle, nehme ich langsam in einer der mittleren Reihen Platz. Der Raum ist sehr groß, fasst sicher an die zweihundert Personen. Auf der linken Seite sitzen die Männer und rechts die Frauen. Sehr unterschiedlichen Alters, von ziemlich jung bis ziemlich alt. Wir alle kommen aus dem deutschsprachigen Raum, und jeder von uns hat seine eigene Geschichte mitgebracht. Damit jeder wertvolle Arbeit an und mit sich leisten kann, ist während der kommenden Tage Schweigen angesagt. Jeder schwingt auf der Frequenz, die seiner inneren Welt entspricht. Und um mit dieser stets in Kontakt zu bleiben, ist das Schweigen sehr wirksam. Die Wahrnehmung wird durch das Schweigen noch feiner. Nur keine Ablenkung im Außen suchen. Gedanken beim Kommen und Gehen beobachten, Gefühle wahrnehmen, bei sich und in der Stille bleiben. Wahrlich, dort, wo der Verstand zur Seite geht, nimmt das Erfahren der Gnade seinen Platz ein.

Der Tagesablauf gleicht einem ganztägigen Schulunterricht. Die freie Zeit zwischen den Mahlzeiten und dem Unterricht sollen wir auf unsere inneren Prozesse konzentrieren. Der Lehrstoff ist kompakt. Von Tag zu Tag wird die Intensität gesteigert.

Da die Wurzeln aller, sagen wir einmal, »Schwierigkeiten oder Leidensprozesse« in unserem Leben sowohl in der Beziehung zu Mutter und Vater als auch zu wichtigen Bezugspersonen liegen, wird die Zeit während der frühkindlichen Phase als wichtigster Prozess gesehen. Unser ganzes Wesen ist geprägt von den Erfahrungen und Erlebnissen während dieser Zeit. In diesem Lebensabschnitt haben wir, ausgelöst durch entsprechende Erlebnisse, fundamentale Kindheitsentscheidungen getroffen und diese determinieren uns bis hinein ins Erwachsenenalter. Jede unserer Zellen unterliegt dieser Prägung, man könnte auch dieser Ladungen von Emotionen sagen. Sie sind im Unterbewusstsein gespeichert, von dem wir zu 95 Prozent gesteuert werden. Wir bestehen somit zu 95 Prozent aus einem gespeicherten Abspiel-Mechanismus. Natürlich erfordert im Vergleich dazu das Bewusstsein mit seinen 5 Prozent ständige Präsenz und Achtsamkeit. Worte und Gefühle wollen vorausblickend beobachtet und bedächtig gewählt werden. Ganz ehrlich, es fährt sich schon leichter auf einer sechsspurigen Autobahn – gleich Unterbewusstsein – als auf einer engen, kurvigen, talab und bergauf führenden Landstraße – gleich Bewusstsein. Natürlich besteht die Gefahr, auf der Autobahn einzuschlafen, während uns die schmale Bergstraße zum Wachsein auffordert. Nicht umsonst wird der Prozess zur Bewusstseinserweiterung auch Aufwachen genannt.

Wissenschaftlich und doch sehr verständlich erklärt der Autor Bruce Lipton in seinem Buch »Intelligente Zellen«, wie unser Denken und Fühlen unser Leben bestimmt. Da ich mich in den letzten Jahren sehr mit meinem Innenleben beschäftigt habe, waren natürlich Seminare zu diesem Thema ein wesentlicher Teil in meinem Leben. Eines der wertvollsten war sicherlich jenes von Bruce Lipton zusammen mit Gregg Braden durchgeführte. Heutzutage ist es sehr einfach, sich Wissen anzueignen. Das Internet bietet mit seinen vielen Videokanälen eine Fülle davon, einfach und jederzeit abrufbar.

Mir lag es nun auch daran, dieses Wissen auch praktisch in meinem Leben umzusetzen. Auch hierzu gibt es viele Methoden, Werkzeuge und Wege. Einer meiner Wege hat mich an die Oneness-Universität geführt, und hier sitze ich nun und lausche einer der Vortragenden, die meint:

Wir bestehen aus unzähligen Persönlichkeiten in einer Person. Wir sind innerlich wie ein Marktplatz, auf dem jede unserer Persönlichkeiten etwas verkaufen möchte und laut schreit, um über die anderen zu dominieren, um Aufmerksamkeit zu bekommen. Persönlichkeitsmerkmale, die sich mit den Eigenschaftswörtern *freundlich, liebevoll, attraktiv, kreativ, klug, großzügig, humorvoll, authentisch, dankbar, hilfsbereit, erfolgreich, optimistisch* umschreiben lassen, nehmen wir gerne an. Doch die von uns nicht gewollten Eigenschaften wie etwa *Zorn, Wut, Ärger, Ungeduld, Eifersucht, Trauer, Scham, Kritiksucht, Schmerz, Angst, Neid* lehnen wir ab.

Im Mittelpunkt des täglichen Lebens steht sicherlich die Frage: Wie reagieren wir üblicherweise auf Verletzungen und auf Gefühle des Schmerzes?
Die Antworten stehen meist in folgender Reihenfolge:

1. Wir geben für gewöhnlich einer Person, einer Situation oder dem System die Schuld für unser Leiden.
2. Wir suchen nach Erklärungen, warum uns das passiert ist, was passiert ist, und versuchen, die Situation zu verstehen.
3. Wir geben dem Schmerz eine tiefere Bedeutung, indem wir uns sagen, dass schließlich jeder leiden müsse, das Leid gehöre nun einmal zum Leben dazu.
4. Wir flüchten, indem wir uns Aktivitäten widmen, und sei es, dass wir einfach nur Musik hören, Filme anschauen, shoppen gehen, ein Buch lesen, am Telefon tratschen, intensiv beten. Was auch immer.

Leider gehört es zur Macht der Gewohnheit, dass wir unsere Aufmerksamkeit auf unzählige Ablenkungen richten, um ja nur zu vermeiden, uns dem Schmerz ernsthaft widmen zu müssen. Doch damit verlängern wir nur den Prozess des Leidens.

Dazu erzählt uns die Vortragende folgende Geschichte: Du rennst im Wald, weil dich ein Tiger verfolgt. Du rennst um dein Leben, stolperst, schundest dich auf, Blut fließt, doch du rennst weiter und weiter in der Hoffnung, dass du entkommen kannst. Und tatsächlich erblickst du eine Mauer mit einem Tor und schreist, damit dir geöffnet wird. Tatsächlich wirst du gehört, das Tor wird dir geöffnet, und du findest in einem Raum Zuflucht. Du fühlst dich in Sicherheit. Doch siehe da, auch der Tiger, der dich verfolgte, findet durch das Tor Einlass und sogar in dein Zimmer, das auch noch abgesperrt wird. Der Tiger erholt sich ruhig und blickt dich nur an. Er weiß, er wird dich demnächst fressen. Du weißt, es gibt kein Entkommen. Du bist starr vor Angst. Wagst es kaum zu atmen. Der Tiger hat es jetzt auf einmal nicht mehr so eilig, streckt sich genüsslich, lässt sich Zeit. Du bist nervlich ein Wrack, mit dem Rücken zur Mauer erstarrt. Schließlich frisst dich der Tiger. Du bist von deinem Leiden erlöst.

Nun die Frage: Warum hast du dich nicht gleich vom Tiger fressen lassen? Dann hättest du dir all das weitere Leiden bis zu dem Moment, in dem er dich tatsächlich frisst, erspart.

Schmerzen, Verletzungen, Ängste und anderes verursachen unser Leiden. Stellen wir uns ihnen gleich in dem Moment, in dem wir sie fühlen, dann lösen sie sich auf. Dazu gehört es zu üben, präsent zu sein und zu erkennen, wann wir dabei sind zu flüchten. Mit der Zeit werden dann die Anlässe, die uns leiden lassen, immer weniger.

Tag für Tag tauchen wir daher ein in das Meer voller Emotionen, durchlaufen Stufe für Stufe und schälen Schicht für Schicht hinderlicher Prägungen von uns ab.

Was also kann man tun?

> Weil sie besonders wichtig ist, liegt die Betonung immer wieder auf folgender Botschaft: Nie liegt das Leiden in der Sache oder der Person, sondern in unserer Wahrnehmung begründet.

Wir nehmen, sozusagen, verbunden mit einer Person, Gefühle der Wut, Verletzung, Eifersucht, Angst, Trauer, Schuld, Scham usw. wahr. Der anstehende Prozess liegt im totalen Erfahren dieser Gefühle, dieses Leidens. Nehmen wir an, das Gefühl der Wut solle transformiert werden.

1. Eintauchen in die Wut

Dann heißt es, in das Gefühl der Wut einzutauchen, die Wut zu intensivieren, sie in jeder Zelle zu spüren. Es geht dabei nur um das alles vereinnahmende Gefühl der Wut, wie sie giftig aus den Augen blitzt, durch unsere verengten Stimmritzen aggressive Flammen schnaubt, uns den Magen verengt, enormen Druck im Kopf verursacht, den Körper zittern und die Hände sich zu Fäusten ballen lässt. Pure Wut. Und diese noch zu intensivieren. Mit ihr zu bleiben. Sie voll und ganz zu erfahren. So lange, bis sich die mit Wut aufgefüllten Zellen auflösen, sich das Gefühl der Wut selbst auflöst, die Ladung transformiert wird und wir im Gefühl der Freude landen, inneren Frieden erleben, Glück und Dankbarkeit erfahren.

2. Unser ganzes Leben besteht aus Beziehungen

Nie sollen wir daher ein uns beherrschendes Gefühl mit einem Ereignis und den damit verbundenen menschlichen Interaktionen verbinden, denn unser ganzes Leben besteht aus Beziehungen. Nur sind die Personen, mit denen wir ein Beziehungsgeflecht bilden, nicht für unsere

Gefühle verantwortlich, denn unsere Gefühle sind ja bereits in uns vorhanden und werden durch Vorfälle nur aktiviert.

3. Wir können ohne Beziehungen kein Leben führen

Die Beziehung zu unseren Eltern oder zu denjenigen Personen, die uns während unserer Kindheit erzogen haben, haben den größten Einfluss auf uns. Sie bilden den größten Teil der Geschichte, die unsere Persönlichkeit ausmacht. Kein Wunder, dass während eines jeden Selbstfindungsprozesses zuallererst mit den Eltern Frieden zu schließen ist.

4. Gefühle müssen transformiert werden

Alle Gefühle, die in mir aufkommen, die für meine bewusstseinserweiternde Weiterentwicklung, für mein Glück im Leben hinderlich sind, will ich transformieren.

5. Die negativen Gefühle in mir halten mich gefangen

zwingen mich, mir immer wieder Ereignisse ins Bewusstsein zu rufen, damit sie am Leben erhalten werden. Ich funktioniere nur wie ein Programm. Beginne wieder die dazugehörenden Geschichten und die Personen, die damit verquickt waren, abzurufen. Was mir angetan wurde, was ich durchmachen musste. Welche Ungerechtigkeit mir widerfahren war. Und immer so fort. Hole somit ein Ereignis aus der Vergangenheit in die Gegenwart, und weil ich meine Zukunft immer aus dem Jetzt heraus gestalte, transponiere ich dieses längst vergangene Ereignis in die Zukunft. Natürlich ist es nur eine Frage der Zeit, bis dieses Ereignis wieder eintritt.

6. Gefühle wollen befreit werden

Wir erleben unsere Gefühle, sie sind in uns. Sie wollen befreit werden. Unabhängig von Personen und Ereignissen. Können wir einen höheren Überblick bekommen, dann sehen wir, dass uns diese Personen, von der Seelenebene aus betrachtet, einen Dienst erweisen, sich uns sozusagen zur Verfügung stellen, damit wir unseren Lernprozess durchlaufen können.

7. Wieder die Zügel in die Hände nehmen

Habe ich erst einmal mit dem Prozess der Befreiung begonnen und Schicht auf Schicht entfernt, den Diamanten sozusagen poliert, dann habe ich die Zügel meines Lebens tatsächlich in meine Hände genommen. Dann bin ich nicht mehr Opfer, sondern Schöpfer.

8. Aus vollkommener Erfahrung kann Glückseligkeit werden

Daher heißt es immer wieder: Nur was vollkommen erfahren wird, verwandelt sich in Freude, in Glückseligkeit, in absolutes Vertrauen. Und es funktioniert. Vielleicht nicht beim ersten Mal. Vielleicht doch. Ganz bewusst soll die göttliche Präsenz angerufen und um Hilfe gebeten werden, um im Schmerz verharren zu können. So lange, bis sich dieser zu wandeln beginnt. Zu wandeln in Freude, in Befreiung. Wir erfahren gleichzeitig das Vertrauen darin, dass es möglich ist, das Leiden zu beenden. Dankbarkeit erfüllt uns. Es funktioniert.

9. Umarme den Schmerz und erfahre „ES"

Indem wir den Schmerz umarmt haben, werden wir ebenso umarmt. Das Gesicht einer Person, die durch den Schmerz gegangen ist, gleicht dem eines Dichters, der göttliche Eingebung für sein poetisches Werk empfangen durfte. Der Fluss der Tränen wäscht dabei alle Hindernisse ab, die uns bis dahin daran hinderten, »es« zu erfahren. Das Gefühl, dass alles in Ordnung ist, dass ich in Ordnung bin, geborgen und eingebettet in der göttlichen Heimat.

10. Suche die Geborgenheit

Und in meinem Leben dürstete alles nach Geborgenheit, nach Klarheit und Heilung. Ich wusste, dass ich auf mich allein gestellt war, und machte mich daher an die Arbeit, die auf meiner Seele lastende Schwere abzutragen. Ich wusste auch, dass ich die Kraft in mir hatte, geheilt zu werden und die Klarheit wieder zurückzugewinnen. Und ich wusste, dass alte Lebensumstände zusammenbrechen und von mir losgelassen werden mussten, um Neues entstehen lassen zu können.

> Und ich war dankbar dafür, dass ich es immer wieder schaffte, mich der Sonne zuzuwenden, um mich von ihren Strahlen streicheln zu lassen. Mich an das Schöne und Gute zu erinnern. Für diese mir angeborene Wesensart und die Fähigkeit, immer wieder Humor in mein Leben zu zaubern, war ich sehr dankbar.

Mein Naturell ist generell von Sonnenschein gekrönt und ein herzhaftes Lachen ist ein wesentliches Merkmal meiner Person. Und natürlich war die Kombination von stolzer Mutterrolle und erfüllter Tätigkeit eine für mich sehr befriedigende Situation. Die Ausgelassenheit der Kinder, ihr Übermut und ihre Unbekümmertheit waren so ansteckend, so natürlich und so widerspruchslos in ihr Leben integriert. Ich liebte es, in beide Rollen zu schlüpfen und darin verschmelzen zu dürfen.

Und doch war ein Teil von mir mit dem Ist-Zustand überfordert. Dieser Teil hätte so gerne, dass ihm jemand seine Probleme abnimmt. Ich wollte mich befreien von den mir selbst angelegten Fesseln, den

Masken und inneren Verhärtungen. So war es auch nur eine Frage der Zeit, bis ich einen therapeutischen Prozess der Wandlung nach dem anderen durchlief. Glaubenssätze transformieren, Vergebungsprozesse, Heilsrituale, Körperarbeit, und natürlich wollte das von mir so vernachlässigte Innere Kind endlich meine Aufmerksamkeit.

Das Innere Kind

Das Innere Kind, jener Anteil in uns, der alles an Erfahrungen und Gefühlen aus der Kindheit gespeichert hat, wollte, dass sich mein Erwachsenen-Ich nach dem Zustand der kleinen Sana und all ihren verletzten Gefühlen erkundigt. Und tatsächlich befand sich mein Inneres Kind in einem jämmerlichen Zustand. Über Jahre hinweg hatte ich es dazu gezähmt zu funktionieren, sich dem eisernen Willen meines starken Ehrgeizes zu beugen. Es war nun an der Zeit, diesen sehr verwundeten Teil meines Ichs zu umarmen, ihn um Verzeihung für die zugefügten seelischen Verletzungen zu bitten. Und ihm zu versprechen, dass ich mich in Zukunft immer nach dem Befinden der kleinen Sana erkundigen würde.

Das Gebären meiner zwei wunderbaren Kinder war ein fundamentaler Entwicklungsschritt für meinen femininen Teil. Die erwachte mütterliche Fürsorge und so intensiv spürbare unendliche, bedingungslose Liebe erschlossen eine neue Welt in mir. In meinem Herzen wurden Türen aufgestoßen, die vorher fest verschlossen waren. Ja, damals war meine hingebungsvolle Mutterliebe erblüht, doch die Gesamtheit meiner weiblichen Teile wartete noch auf ihren Einlass in mein Herz. Nicht, dass mir dieser Zustand damals bewusst gewesen wäre, ich hätte ihn auch kaum wahrgenommen. Zu beschäftigt war ich mit dem Leben draußen, mit den zu erreichenden Zielen, dem vermeintlich wichtigen Tun und Erledigen von Aufgaben im Außen. Ich klebte geradezu an der Vorstellung, dass meine Identität von meiner Leistung abhing. War hart zu mir selbst. Sehr männlich gepolt, trotz meines sehr weiblichen Körpers.

Ich hatte damals ganz vergessen, dass mir mein Vater zur Seite stand, und meinte, ganz allein auf mich gestellt zu sein. Meine mir selbst aufgeladene Bürde war groß und wurde allmählich untragbar schwer. Jedoch war nur mir allein dieser Zustand bewusst, und niemand um mich herum hätte je meinen können, dass ich tatsächlich litt. Wie auch, denn die hohen Wände, die ich um mich herum hochgezogen hatte, verwehrten jeden Einblick in meine wahre Gefühlswelt. Ich war so gut im Aufsetzen von Masken und schlüpfte so perfekt in die dem jeweiligen Moment angemessene Rolle, dass ich auf jeder weltlichen Bühne größten Beifall für meine Glanzleistung bekommen hätte.

Nur schloss sich in meinem Fall der Vorhang nie, ich spielte und spielte pausenlos durch, ohne dass ein Ende in Sicht gewesen wäre. Natürlich bekam ich Beifall und erfuhr Bewunderung. Doch mit diesen wurde nur mein Ego gefüttert. Das von mir im Gegenzug noch mehr Strenge mit mir selbst forderte. Ich wurde mir selbst immer unnahbarer. Unversöhnlich schienen meine Welten, und natürlich verspürte ich inneren Widerstand. Tief unten, ganz tief unten in meiner Seele nahm ich dieses Loch der Leere wahr. Ich meinte, diese Leere im Griff zu haben. Sie nur vorübergehend zu empfinden.

Denn da war ja auch jener Teil meines Ichs, der so viel Lebensfreude versprühte, sich an berührenden Gesprächen erfreute, herrliche Momente tiefsten Glücks und tiefster Dankbarkeit empfand, von Wolke zu Wolke springen wollte, voller Feuer und kreativer Ideen.

Der Verlust von Alexandra-Anita hat mich brutal getroffen, die Mauern um mich herum einstürzen lassen, mir den Boden für meine versteinerten Gefühle entrissen. Zertrümmert lag mein Ego als ein Scherbenhaufen vor mir. Verlangte nicht nach Erklärungen. Hätte ihm auch kein Futter geben können.

Ich wusste tief in meinem Inneren, dass ich erst am Anfang meiner Wandlungsreise stand. Ich fühlte mich so zerbrechlich, und doch stark genug, diese Reise anzutreten. Denn ich wusste, ich musste. Es gab kein Fragen nach dem Sinn. Auch wenn es daneben noch so viele Fragen gab.

Warum?

> Von wo bin ich gekommen und wer hat mich an die Nabelschnur gebunden? Warum ist dieses Wunder des Ankommens ein unvergleichlicher Akt? Warum ist der erste Schrei eines Babys gleich einem Blitz des Entzückens für die Ohren der Eltern? Warum erfüllt uns der Anblick dieses kleinen Lichtwesens mit bedingungsloser Liebe? Warum ist es kein Wunder, dass wir dieses Wunder nicht hinterfragen? So lange hinterfragen, bis wir das Wunder begreifen und ihm einen Namen geben können? Warum kann unser Verstand keine allgemeingültige Antwort liefern? Eine Antwort, die uns alle zustimmen lässt? So verständlich, dass ich zwangsläufig zustimmen muss? Warum ist dieses Wunder so kompliziert, dass die Unendlichkeit an kombinatorischen Möglichkeiten unserer Gehirnzellen es nicht erfassen kann?
> Das Wunder Mensch, das Wunder Leben kann keinen Anfang und kein Ende haben. Die treibende Energie und Kraft dahinter sind unendlich und sprengen den bis ins Detail hinterfragenden Verstand. Dieses alles Durchdringende ist ewig, zeitlos, formlos. Ich kann zünden und zünden und mein Gehirn zum Glühen bringen, vielleicht mache ich mich auf die Suche nach der Antwort auf die Frage, wer denn hier gezündet hat. Vielleicht bald. Vielleicht noch in diesem Leben. Vielleicht auch nicht.

Fast immer wollen wir ankommen und auch eine noch so anstrengende Fahrt auf uns nehmen, um unser Ziel zu erreichen. Eine Fahrt von unbekannter Dauer und unbekannten Straßenverhältnissen. Eine Fahrt durch eine Landschaft voller Wunder. Eine Fahrt, die mit einem Wunder beginnt und mit einem Wunder endet. Die Fahrt mag enden, doch nicht die Reise. Die Reise der Seele ist das Wunder.

Eine neue Partnerschaft

Ich machte mich also auf und erhoffte mir Erfüllung meiner ungestillten Sehnsucht nach einem warmen Herzen voller Sanftmut. Natürlich war es, im Nachhinein gesehen, nur ein alter Sehnsuchtswunsch, der ein neues Spiel initiierte. Es war eine Suche nach dem Heil. Nur, solange ich in meinem Innersten ein großes Ungenügen fühlte, konnte keine Heilung durch eine andere Person erfolgen. Eine Tatsache, der ich nicht in die Augen schauen wollte. Zu groß war meine Hoffnung, endlich diese große Sehnsucht doch gestillt zu bekommen. Ich hielt lange an einem Ideal fest, und erhoffte mir von meinem neuen Partner die Erfüllung meiner Wünsche.

Tja, leider war dieser Wunsch nach einer mystischen Vereinigung so pochend, dass ich mich sehr gerne für eine Zeitlang diesem Zauber hingab. Bis irgendwann der Zauber dann doch wegfiel und das Sehnen wieder da war. Nur dieses Mal wusste ich, dass ich mich nach etwas nicht Greifbarem, nicht Sichtbarem sehnte. Es war die von keinem Menschen der Welt zu stillende, große Sehnsucht nach der Unio mystica, nach der Möglichkeit, sich seiner Seele wieder gewahr zu werden und den Bund mit dem Göttlichen einzugehen, sich schlussendlich seiner eigenen Göttlichkeit bewusst zu werden.

Was ist der Sinn des Lebens? Auf diese Frage gibt es keine Antwort. Es gibt nur viele Erklärungen. Das Schlimmste, was uns passieren kann, ist zu sagen, wir haben alles unternommen, um keine Fehler zu machen, wir haben so lange gewartet, weil wir sichergehen wollten, dass der nächste Schritt auch tatsächlich der richtige, die richtige Entscheidung ist.

Ich wusste, dass ich in den Belangen der realen Welt auf mich allein gestellt war, dass meine Reise von unbekannter Dauer sein würde, dass ich, mir mein Ziel immer vor Augen haltend, schließlich wieder das Steuer meines schwankenden Bootes übernehmen würde, jeden noch so steilen Gipfel erklimmen würde – denn ich wusste dich an meiner Seite. Und ich sagte ja zu meiner nächsten Reise hin zur inneren Wandlung.

Es war das Sich-Loslösen von allem, was zu meiner alten Welt gehörte und ausgedient hatte. Seien es Tätigkeiten, Personen, Gewohnheiten, Beziehungen, Umstände, Ansichten, einfach von allem. Jede meiner Zellen wollte neu organisiert, neu programmiert werden. Und es gab keinen Knopf, der über einen einfachen Druck das Neue entstehen lassen hätte. Wieder einmal. Mir war nach Trotzen, doch wen kümmerte es? Wieder einmal.

Die Eigenschaft zu trotzen zog sich wie ein roter Faden durch mein Leben. Wann immer ich mich emotional in die Enge getrieben fühlte, stieg in mir fast manisch der Wunsch auf, mich störrisch allem entgegenzusetzen. Ich wollte die Person, von der ich mich bedrängt fühlte, um jeden Preis bestrafen, meist indem ich mich unnahbar machte. Dabei überlegte ich gar nicht tiefer, ob denn ein anderes Verhalten auch angebracht hätte sein können. Das ließ mein Ego auf gar keinen Fall zu. Ich zog eine Mauer des Schweigens um mich, vermied jeden Blickkontakt, versteinerte mein Gesicht und meinen Gefühlszustand. Ein kindlich störrisches Verhalten, das auf sehr subtile Weise sein Recht einforderte.

Ganz ehrlich und rückblickend: Ich kostete mich und meine Umwelt viel Nerven. Ein Teil von mir hatte genug von diesem widerspenstigen Benehmen. Da dieses Trotzverhalten eher selten, dafür aber umso markanter war, fand ich, dass es Zeit war, endlich erwachsen zu werden. Endlich ehrlich auszusprechen, was so schmerzte, und meine Bedürfnisse zu kommunizieren. Hatte mir ja bereits einiges an Werkzeugen angeeignet, um zu wissen, dass die Veränderung in mir stattfinden musste, wenn ich im Außen keine weiteren Geschichten machen wollte, die mir den Spiegel vorhielten. Wissen ist Macht, jedoch nur dann, wenn es zur persönlichen Entwicklung angewendet wird, mit dem Ziel, die Fähigkeit zur Selbstbestimmung zu entwickeln. Was nützt es mir, wie ein wandelndes Lexikon zu wandeln, wenn nur einzelne Seiten aufgeschlagen würden und trockene Materie bliebe, ohne lebendige Anwendung und Umsetzung?

Vollkommene Heilung erfuhr ich, als ich wieder einmal mit diesem Thema konfrontiert wurde, als ich gerade dabei war, mich in mein Schneckenhaus zurückzuziehen, mich diesmal aber ein offenes, liebendes Herz und ein leidender Blick ansahen und sagten: »Das kannst du mir nicht antun.« Dieser sanfte, warme, so innig und von anbetender Liebe erfüllte Blick und die mir gleichzeitig zärtlich entgegengestreckten Hände ließen meine so lange trotzende Mauer um mich herum zusammenstürzen. In der darauf folgenden behutsamen Umarmung konnte ich meinen Tränen ihren Lauf lassen. So heilsam war dieser Moment. So unendlich heilsam. Ich war bereit, endlich Heilung zu erfahren. Heilung. Endlich.

Mein Drang, den Schleier der Illusion definitiv zur Seite zu ziehen und zu schauen, wo ich an Emotionen mit längst überfälligem Ablaufdatum festhielt, war unerträglich geworden. Was sonst hätte der Grund dafür sein können, dass ich mein Mädchen nicht längst wieder in meinen Armen hielt! Natürlich hing von Helmuts persönlicher Entwicklung viel ab, doch das Kehren vor meiner eigenen Tür war wichtiger.

Die Ayahuasca-Zeremonie

Dass sich Heilung der untersten Kellergeschosse meiner Seele, aller verplombten Türen und verstaubten Ecken dort annimmt, erfuhr ich unerbittlich während meiner allerersten Erfahrung mit Ayahuasca. Zwar hatte ich bereits zuvor während vieler Ausbildungen tiefe Transformationen, sei es nach fernöstlichen, sei es nach schamanischen oder westlichen Methoden, erlebt, doch so geballt und erschöpfend, so schonungslos läuternd, jegliche Materie auflösend, durchlebt, nein überlebte ich keine andere. Es war eine Mutation und Reorganisation jeder meiner Zellen, meines gesamten Geistes.

Meine Intention, die das wichtigste Kriterium für denjenigen ist, der an einer Ayahuasca-Zeremonie teilnehmen will, war fundamental. Es war mir ein übergroßes Anliegen, alles über Alexandra-Anita zu ermitteln. Wenn möglich, den Tsunami aus einer Art Vogelperspektive zu erfahren. Ich wollte ihr begegnen, mir Gewissheit verschaffen über ihre Existenz – was immer an Information vorläge, ich brannte nach Einblick, nach Aufschluss, nach Klärung. So sehr. So sehr.

Ich war bereit, ich war mehr als bereit für die drei Nächte fortdauernde Zeremonie, die in einem Zen-Tempel stattfand. Bereits zwei Wochen davor hatte ich mich strikt an die Regeln zur Vorbereitung gehalten, so auch an die Einhaltung einer spezifischen Diät, an das Fasten und an sexuelle Abstinenz.

Die Intention ist der Fokus während des Rituals und gibt Kraft, mit den Wirkungen auf körperlicher Ebene und mit dem halluzinogenen Zustand mit Blick in die sogenannte »Andere Welt« besser umgehen zu können. Was die Wirkung des Rituals betrifft, so gibt es kein einheitliches Ergebnis. Sie ist so unterschiedlich, wie wir Menschen unterschiedlich sind, und das gerade auch hinsichtlich unserer individuellen Erfahrungen.

Ayahuasca spielt im Schamanismus des größten Teils des Amazonasgebiets eine zentrale Rolle. Das Wort Ayahuasca kommt aus dem Quechua und setzt sich zusammen aus *aya*, was Tod bedeutet, und *huasca*, was mit Seil übersetzt werden kann. Ayahusca ist also eine Liane, die Seil des Todes genannt wird. Das Seil der Toten. Sie ist eine Liane mit psychoaktiven Eigenschaften, deren Einnahme in nächtlichen Sitzungen die Entwicklung kraftvoller Visionen erlaubt, ohne zu irgendeiner Abhängigkeit oder zu Bewusstseinsverlust zu führen. Sie ist eine Liane, die eine Brücke, eine Verbindung zwischen dieser und der jenseitigen Welt schlägt. Der aus ihr zubereitete Trank wird allgemein *purga* (Reinigung) genannt, da er die Ausscheidung «psychischer und geistiger Toxine« befördert. Während er sich erbricht und so seinen Magen reinigt, visualisiert der Betroffene seine emotionalen Blockaden, seine energetischen Lasten, Ängste, Beklemmungen und Sorgen, die er durch das Erbrechen materialisiert und nach außen schafft.

Meine Kommunikation mit den Geistwesen der Pflanze begann intuitiv mit der Entscheidung, an der Ayahuasca-Zeremonie teilzunehmen. Und nun ist es gleich so weit. Schön langsam bricht die Dunkelheit an. Wir werden einzeln aufgerufen, um unseren Drink einzunehmen. An meine Absicht denkend, trinke ich das grünliche Gebräu in einem Zug. Gehe wieder zu meiner Matratze, setze mich mit dem Rücken gegen die Wand und warte auf das, was wohl auf mich zukommen wird. Es ist still im Raum. Noch. Im Raum sind vierzehn Teilnehmer, die auf einander gegenüberliegenden Matten sitzen. In der Mitte des Raumes stehen die beiden Zeremonienleiter, auch *curanderos* genannt, also Personen, die Energieheilung schamanischen Ursprungs ausüben. Sie haben geradeso viel Platz, um sich vor- und rückwärts bewegen zu können. Ich konzentriere mich auf das aufrechte Sitzen, meine bewusste Atmung und denke mit geschlossenen Augen an meine Absicht. Unsere beiden Zeremonienleiter wurden in Peru ausgebildet und leiten bereits seit mehreren Jahren monatliche Zeremonien. Während wir Teilnehmer auf die Wirkung des Getränkes warten, wird Tabakrauch über die Fontanelle jedes Einzelnen von uns geblasen. Dies soll die Visionen einleiten.

Die ersten Effekte setzen nach einer Periode von etwa zwanzig Minuten ein. Die Introspektion wird durch Gesänge, die sogenannten *ikaros*, gelenkt, die von einem rhythmischen Rasseln eines Bündels getrockneter aromatischer Kräuter, der *shacapa*, begleitet werden. Mit dem Beginn der Gesänge setzen auch die Reaktionen ein, und das erste schwallartige Erbrechen meines Gegenübers ist unüberhörbar. Jetzt spüre auch ich, wie sich die Pflanze, jede Zelle meines Körpers vereinnahmend, den Weg aufwärts bahnt. Die Gesänge werden intensiver, lauter, schneller und wie in einem 3D-Kino fallen von allen vier Seiten gleich einer Matrix wirre Muster einer sichtbar gewordenen Technostruktur auf mich ein, durchdringen mich. Fast schmerzhaft greife ich zum Kübel und muss mich übergeben, einmal und noch einmal. Gleichzeitig beginnt sich alles um mich herum zu drehen, schneller und immer schneller. Die nächste Welle des Erbrechens folgt. Schweiß dringt aus jeder meiner Poren. Ich spüre, wie sich einzelne Körperteile zu verkrampfen beginnen und ich die Herrschaft über diese verliere. Diese unerbittlich in meinem Gehirn dröhnenden Gesänge lösen kleine Elektroschläge in meinen Beinen aus. Ich muss sie erdulden, denn ich bin wie angewurzelt. Starr, zu keiner Bewegung fähig.

So halte ich mich wie gelähmt am Kübel fest, stemme Beine und Körper in den Boden, um diesem sich in und durch mich drehenden Karussell Widerstand zu leisten. Ich höre mich innerlich sagen, eher jammern: »Was soll ich nur tun?« Eine wortlose Stimme spricht zu mir: »Hingabe.« Noch einmal höre ich dieses Wort: Hingabe.

Ein Teil von mir besteht aus Verzweiflung, purer Panik. Ich ermahne mich, mich immer wieder daran zu erinnern, mit der Pflanze zu kommunizieren. Weiterzuatmen, aufrecht zu sitzen. Doch diese zackigen Muster dringen wie Spitzen millionenfach in mich, durchbohren mich. Von allen Seiten schießen sie gleichzeitig auf mich zu. Immer und immer wieder. Ich spüre Enge. »Stopp. Stopp«, schreie ich stumm. Ich höre einen dumpfen Knall. Der junge Mann mir gegenüber kann seinen Körper nicht mehr unter Kontrolle halten, wirft sich nach vorn auf seine Matte, dann weiter auf den Boden. Er liegt unweit von meiner Matte, jammert, windet sich. Ganz und gar nachfühlend, was in ihm abläuft, mitbekommend, was im ganzen Raum passiert, bin ich mir meiner aussichtslosen, auf mich einstürzenden Welt gewahr. Jeder Ton der Gesänge durchsticht millionenfach jede meiner Zellen, von der Zehen- bis zur Kopfspitze, und das sich drehende Karussell will und will kein Ende nehmen. Da blitzt es wieder auf: »Hingabe.« Und wieder habe ich meinen Kopf über den Kübel gebeugt. Ich erbreche, ohne zu erbrechen. Alles in mir brennt, würgt sich zusammen. Fluten an Emotionen, die einer ins Rollen kommenden Lawine gleichen, wollen zusammen mit meinen Gedärmen nach oben, würgen sich raus. »Nein. Aufhören. Stopp.« Es ist wie, lebendig begraben zu werden. Ich sterbe inmitten von vierzehn Leuten und keiner bekommt es mit. Und das Karussell dreht sich weiter. Erbarmungslos. Das Grölen und Kotzen der anderen wird lauter. Der junge Mann schlägt wieder auf den Boden, seufzt, stöhnt, ringt mit sich. Einer der Zeremonienleiter ist bereits bei ihm, spricht mit ihm, ruft seinen Namen, bläst das reinigende *parfume* auf ihn. Es nützt alles nichts. Sein Körper ist total außer Kontrolle geraten.

Wie lange nur noch! Wo liegt der Sinn in alledem! Wo ist der rote Stopp-Knopf? Verdammt noch mal. Es muss doch einen Stopp-Knopf geben. Wann hört dieser Schrecken nur auf? Aufrecht sitzen, atmen, an die Absicht denken. Wie jämmerlich. Denken? Ich kämpfe ums Überleben. Muss mich übergeben, obwohl nichts mehr in meinem Magen ist, was ich herauswürgen könnte. »Hingabe. Loslassen. Hingabe.«

Mein Gegenüber wird unter die Dusche gebracht. Ich höre das Wasser rauschen, ein Fallen, Erbrechen. Er tut mir leid. Ich tue mir leid. Mich an den Kübel klammernd, mache ich die Augen auf, versuche es immer wieder in der Hoffnung, dass es erträglicher wird. Unnütz.

Ich bin in diesem Kino gefangen, das gleichzeitig eine Hochschaubahn ist. Nur sitze ich nicht in ihr. Ich bin zu einer unendlichen, sich mit Lichtgeschwindigkeit auf und ab bewegenden, in sich drehenden Hochschaubahn geworden. Ich schreie stumm. »Stopp. Bitte. Licht. Hingabe.« Fühlt es sich so an, lebendig begraben zu werden? Pures Entsetzen packt mich. Hoffnungslosigkeit. Bitte lass es ein Ende nehmen. Inzwischen ist der junge Mann ins Freie gebracht worden.

Mit der Zeit muss es erträglicher werden, denke ich. Irgendwann wird es aufhören müssen. Nur wann? Zum zigsten Mal gehe ich es durch. Atmen, aufrecht sitzen, sich auf die Intention konzentrieren, mit der Pflanze reden. Wie lange schaffe ich es noch, Teilnehmer und Beobachter gleichzeitig zu sein! Wie lange noch, das Unerträgliche zu ertragen. Hingabe. Immer wieder Hingabe. Es müssen schon an die zwei, vielleicht drei Stunden sein. Zur Hingabe kommt Ausdauer. Ich fühle mich müde, entkräftet, durch und durch gerädert, bin schweißgebadet, ausgebrannt. Ich habe abgeschlossen mit mir und mit der Welt. Und dann, kaum mehr daran glaubend, schon gar nicht mehr hoffend, beginnt der Film an Kraft zu verlieren. Wird langsamer. Es folgen Sequenzen, in denen ich meinen Atem wahrnehme. Die Spule scheint die Geschwindigkeit zu drosseln. Das Zittern lässt nach. Die Steife lässt nach. Geist und Körper beginnen, sich zu entspannen. Nur ein leichtes Vibrieren ist noch zu spüren. Jetzt beginnen gleich einem Kaleidoskop anstatt sich drehender Muster Gesichter zu erscheinen. Sich vor und zurück zu bewegen. Es sind die Gesichter von Menschen, die mir während meines ganzen bisherigen Lebens begegnet sind. Es ist eine Palette an unzähligen Gesichtern, von mir sehr nahestehenden Personen bis zu flüchtig erblickten. Das Gesichter-Kaleidoskop bewegt sich rasant schnell, und doch nimmt es enorm viel an Zeit in Anspruch.

Noch fühlt sich die Luft etwas dick an, als die ersten zwei Personen aufgerufen werden, um die auf das persönliche Thema und die individuellen Absichten bezogenen Gesänge zu empfangen. Die individuellen Absichten jedes Teilnehmers wurden bereits nach der Ankunft ausführlich besprochen. Entsprechend zielgeleitet öffnen die Melodien der Gesänge eine weitere Ebene der Innenschau.

Jetzt bin ich an der Reihe. Inzwischen habe ich meine Mitte wiedergefunden, bin jedoch noch immer in einem tranceähnlichen Zustand und setze mich auf das Sitzkissen, das vor einem der beiden Zeremonienleiter liegt. Es dauert nicht lange, fast unerwartet für mich, fühle ich in meiner Herzgegend enorme Wärme, eine Öffnung und bevor ich sie vor meinem inneren Augen sehe, fühle ich, tief berührt, die zärtliche Liebe meiner Mutter, die mich mit ihrer engelhaften bedingungslosen Liebe umhüllt. Tränen beginnen zu rollen. Meine Hand greift automatisch zum Herzen, während mich die Wellen an Liebkosungen, ausgehend von der hellen Lichterscheinung meiner während des Tsunamis verstorbenen Mutter, durchströmen. Sie spricht zu ihrem, wie sie meint, Kind, das gerade eine Wiedergeburt erfahren hat, und hält mich gleich einem Baby in ihren heilenden, nährenden, fürsorglichen Armen. Ich bade in ihrer Liebe und in ihrer Zärtlichkeit. Ein geborgenes Ankommen. Ihr mir so vertrautes, bereits auf Erden stets engelhaftes Wesen, ihre innige mütterliche Fürsorge und Hingabe sind so real, so spürbar, so präsent. Seidenweich klingt ihre Stimme, als sie mir mitteilt, wie tapfer ich meinen Weg gehe. Ich fühle, wie sie meine seelischen Wunden heilt, mich mit Liebe auflädt, meinen Geist klärt, mich sanft streichelt und mir mit ihrem gütigen Lächeln in die Augen blickt. Neben diesem sich abspulenden Film hat sich eine Tür zu einer weiteren Welt geöffnet. In dieser Welt ist diese mir auf Erden als meine Mutter bekannte Lichterscheinung ein ganz anderes Wesen. Unbeschreiblich schön, eine nicht in Worte zu fassende Lichtquelle, jung und von graziöser Anmut, den Raum hell ausstrahlend, mit Licht durchdringend. Ein Brunnen an Leuchtkraft voller Güte, Warmherzigkeit und Liebe. Liebe ist. Dieses Licht vermittelt mir: »Siehe, auf Erden habe ich die Rolle deiner Mutter gespielt, doch wirklich bin ich diese Herrlichkeit, die du jetzt siehst.« Nichts, aber auch gar nichts verbindet diese engelhafte Präsenz mit einem irdischen Wesen. Die Botschaft ist für mich so natürlich, so vertraut; ich weiß, dass es so ist. Beide Welten finden gleichzeitig statt, parallel ablaufend. Und auch das scheint mir vertraut.

Dieses kaum in Worte zu fassende Erlebnis ist gleich einer Krönung und einer Belohnung für das zuvor durchlebte Sterben. Ein einschneidendes Phänomen, das Einblick in die Welt hinter dem Schleier verschafft. Was ist Realität, Fantasie, Illusion? Alles verschmilzt miteinander. Steht im Raum. Es gibt keine Antwort, und es braucht und bedarf keiner Antwort. Wieder einmal.

Der für mich bestimmte Gesang geht weiter und aus mir spricht es: »Alexandra-Anita, zeige mir dein Gesicht.« Und tatsächlich. Aus dem Nichts erscheint es. Ich sehe es vor mir. Ein zierliches Mädchen im jungen Teenageralter erscheint. Hellbraunes, schulterlanges, leicht gelocktes Haar umhüllt sein Gesicht. Irgendwie schwer zu deuten ist das Umfeld, denn gleich nach dem Erscheinen findet Bewegung statt. Sie scheint beschäftigt zu sein und wenig an einer Kommunikation interessiert. Das sie umgebende Umfeld ist von der Farbe Grün geprägt. Ich kann irgendwie keine Kommunikation herstellen, zu überwältigend, zu fesselnd und ergreifend ist das, was sich mir gerade zeigt. Mein entflammender Wunsch nach mehr scheint das Gegenteil zu erreichen. Ich kann mich nicht als Beobachter zurücknehmen, will mehr, will das sich mir Zeigende greifbar werden lassen. Das bewirkt, dass das Bild sich auflöst. Ich bin benommen, leicht betäubt und noch immer umnebelt von dem Erlebten, als ich mich aufhebe und zu meinen Platz zurückgehe.

Gute sechs Stunden sind vergangen, und ich fühle Dankbarkeit. Große Dankbarkeit. Auch dafür, diesen Prozess in einem gesicherten Umfeld, unter der erfahrenen Führung dieses Paares durchlebt zu haben. Mich in die Matratze sinken lassend, höre ich noch die Gesänge der weiteren Teilnehmer, bis ich dann doch einschlafe.

Der veränderte Bewusstseinszustand hielt auch noch Tage danach an, und mein Respekt und meine ehrfürchtige Würdigung der Pflanzenseele besteht nach mehreren späteren Erfahrungen mit weiteren Zeremonien bis heute.

Die Beziehung zu meinem Partner wurde mit der Zeit immer herausfordernder. Die weite Entfernung war von Anfang an ein Thema, das mit jedem Jahr mehr zu einer kaum zu bewältigenden Aufgabe wurde. Und wieder einmal ging ein Lebensabschnitt zu Ende. Und wieder einmal erfuhr ich großes inneres Wachstum, indem mich eine Flut über den Ozean zurück in meine Heimat spülte. Und das war gut so.

Alaska

Ich hatte dank meines Partners in den letzten fast acht Jahren in mir die Abenteuerin und Alaska von seinen schönsten Seiten entdecken dürfen. Dieses Land wurde zu einer neuen Heimat auf Zeit, wo mir Menschen und die Natur ans Herz wuchsen. Auch Alexander, der jedes Jahr einen Teil seiner Ferien in Alaska verbrachte, hatte rückblickend sehr bereichernde Erinnerungen. Viel mehr als Erinnerungen. Es sind unvergessliche Lebensgeschichten. Wie das mit beträchtlichen Vorbereitungen verbundene Campen und Durchwandern des Denali-Nationalparks. Ich erinnere mich an das Besteigen eines Berges, wo uns das Geröll unter den Füßen das Gehen so erschwerte und die Luft immer dünner wurde, dass wir beim Erreichen des Gipfels auch mit unseren Nerven am Limit waren.

Da mein Partner sein Boot anders als die meisten, die eines besaßen, nicht zum Fischen einsetzte, sondern dafür, die unzähligen Buchten zu erforschen, verbrachten wir Tage bis Wochen auf See. Das morgendliche Aufwachen vor dem jedes Mal aufs Neue überwältigenden Naturspektakel bleibt eine einschneidende Erinnerung, die durch nichts ausgelöscht werden kann. In jeder Zelle für immer gespeichert, bleibt das Ausmaß an intensiven Wahrnehmungen beim Anblick solcher Schöpferkraft. Sei es das intensive Grün, das kristallweiße Leuchten der in der Sonne glitzernden Eisberge, die Weite des Ozeans, das Erblicken und Verfolgen einer Walfontäne. Ja, die Wale hatten es mir besonders angetan. Mein Fotoalbum ist voll von einzigartigen Fotos von Walen, die oft nur wenige Meter vom Boot entfernt waren. Hier draußen hatte die fast greifbare Stille inmitten dieser fesselnden Landschaft etwas dramatisch Packendes. Umso furioser hörte sich das Schnaufen der Wale an, wenn sie ihre meterhohe Fontäne in die Luft stießen. Stundenlang hätte ich in ihrer Nähe verweilen können. Stundenlang.

Wir ankerten in Buchten, deren Erkundung besonders aufschlussreich zu werden versprach. Meist gingen wir an Land und unternahmen Wanderungen. Entdeckten verlassene Fischfabriken, Baracken oder Goldminen, die schon vor langer Zeit aufgegeben worden waren. Auch Ausflüge mit den Kajaks waren ein Teil unseres Eintauchens in diese fast utopische Welt. Spannend wurde es außerdem, wenn wir längere Seeüberquerungen planten. So vieles gab es zu berücksichtigen wie das Wetter, die Wellen, den Treibstoffverbrauch, aber auch unsere Bordvorräte an Wasser und Lebensmitteln. So holten wir in einem Sommer Alexander und seinen Cousin von der Insel Kodiak ab, um für eine Woche auf Bärensafari zu gehen. Und wir stießen dabei auf Prachtexemplare, die wir sowohl zu Lande als auch vom Boot aus beobachteten. Ja, viele sehr einschneidende Momente, die mich auch mit meinem Sohn stark verbanden durch die Gnade, all das gemeinsam erleben zu dürfen.

Wie bereits erwähnt, verblasste der Zauber, der mich fast magisch in diese Beziehung führte, und der sehr wohl meine Entwicklungsgeschichte bereichert hatte. Nur waren unsere inneren Wege von unterschiedlichem Sehnen, und so war es nur natürlich, dass ich mich an einen vor Jahren an mich verfassten, doch in meinem Herzen ständig präsenten und allgegenwärtigen Brief von Rotraud erinnerte:

Herbei eilen wir mit Gebänderungen der Einsänger der Lebensbriefe. Dies ist es vor allem, was dich, du unsere liebe Schwester, bewegt. Gehst du irre oder gehst du wahrhaftig deinen vorbestimmten Weg? Nun, meine liebe Angebänderte, sei getrost: In den letzten Einsamkeiten hast du so viele Wahrnehmungen aus deinem Innersten getätigt, dass du sicher sein kannst, auf den Grundstein deiner Aufgabe in diesem Leben gestoßen zu sein. Aus diesem Grund erscheint es uns für dich nicht angebracht, dir mitzuteilen, welche Karmavorlage dir gedient hat, diesen Lebensbrief zu entwerfen. Das tun wir nur für die, die sonst keinen Zugang zur eingegrabenen Schrift erhalten. Also, was du in deinem Innersten in den letzten Monaten aufgespürt hast, das ist der Kern deines Auftrages, den du dir selbst gestellt hast. Und du weißt das auch. Aber weil da einiges ist, was dich ängstigt, weil du Veränderungen vornehmen musst, die dir einerseits einsichtig sind, aber andererseits vieles an bisheriger Bequemlichkeit rauben, bist du hin- und hergerissen von deinen widerstreitenden Gefühlen. Es ist ein innerliches Gehetztsein, das du irgendwo verspürst. Aber wir wollen dir sagen, lass ab von den Zweifeln über dein Gefühl und bereise mit Gewissheit diesen Weg, der im Innersten vor dir bereitliegt. Siehe, den größten Berg hast du bereits überwunden. Es war die entsetzliche Wegnahme deines Kindes. Nur du weißt, dies ist nur ein Durchgangsweichenplatz. Du stellst nach diesem Drama die Weichen neu und nun fahre auf den vorgelegten Schienen deinen Weg. Am Ende der Strecke liegt jener Bahnhof, auf dem du dein Mädchen in die Arme nehmen wirst. Fahre diese Wegstrecke mit jener Freude, die man empfindet, wenn man auf der Reise zu einem sehr geliebten Menschen an einem sehr geliebten Ort ist. Eines möchte ich dir noch vermitteln. Du fühlst dich immer wieder wie ein gehetztes Wild. Du bist es aber selbst, die sich da auf der Flucht befindet, ohne dass irgendwelche Jäger hinter dir her wären.

Nimm von uns das Bild des Zuges an. Du hast die Weichen gestellt und sie gehen in die richtige Richtung. Du sitzt bereits im fahrenden Zug. Vertraue dich dem Führer und der Lokomotive an, du brauchst selbst nicht mehr dahinhetzen. Nein, du fährst ganz einfach mit, gezogen von denen, die dafür vorgesehen sind, und genießt die Fahrt hin zu jenem fernen Bahnhof, der dir mit jeder Radumdrehung näher und näher kommt. Wir sind deine Reisebegleiter und wollen uns für dich auch benennen. Da bin einmal ich, der ich mich Avenarius von der Gelbbindenseite nenne. Ich nenne dir auch noch den blaugebänderten Gebetsbegleiter mit Namen Evangelus und jene Liebesbänderin, die sich mit dir verbindet voll mütterlicher Gebärerinnenliebe mit Namen Silvana aus dem Marienstrahl. Wir stehen dir immer zur Seite, sind angebunden an den Strahl von Nada, der großen Meisterin, die zurzeit für euch Menschenkinder von größter Bedeutung ist. Gläubig neige dich mir entgegen, liebend reiche deinen Mitreisenden deinen von Nada geleiteten Liebesstrahl zu und dir wird an nichts mangeln. Wir sehen dich wohl behütet und wirken für dich und alle die, die du im Reisegepäck mit dir führst, im blauen Schutzlicht dahingleiten. Genieße das auch und vertraue, vertraue, vertraue dir und deiner Stimme. Alles ist gut! So bist du eingehüllt in unserer Heilswinde.

Tatsächlich fühlte ich mich sehr geborgen und aufgehoben, fühlte mich meinem Schöpfer sehr nah. Hatte die Wunden meiner Kindheit und meine Verletzbarkeit mit dem heilenden Bad der Tränen zu einem großen Teil weggewaschen. Gleich einem reißenden Bach, dessen trübes Wasser von einer starken Strömung geklärt wird.

Da der Fokus meiner Zuwendung auf meinem Sohn Alexander lag, war es mir wichtig, ihm vorzuleben, dass uns jede Situation die Möglichkeit bietet, diese, falls erwünscht, zu verändern. Sich nicht einem von unsichtbarer Hand vorgegebenen Schicksal hinzugeben. Dieses in die eigene Hand zu nehmen und das in meiner Macht stehende Beste daraus zu machen. So wie ehrenhafte Geschäftsleute einen Vertrag per Handschlag besiegeln, so können wir uns mit dem Göttlichen verbinden und mit jedem Herzschlag das Leben bejahen. Das Signal aussenden, guten Willens gehe ich weiter, ich bin bereit, wohin die Reise auch führt.

> Mich ans Steuer meines Lebens setzen und dieses lenken. Aus innerer Klarheit, mit göttlicher Weisheit, kein Wissen aus dem Bücherschrank, das ich in meinem Leben nicht umsetzen kann.
> Ein neues Kapital, ein neuer Abschnitt. Einen Punkt hinter die Vergangenheit setzen. Denn die ist das, was ich jetzt bin. Das Produkt Ich im Hier und Jetzt. Maßgeschneidert von den Erfahrungen meines bisherigen Lebens. Was der Zimmermann gebaut und der Dachdecker vollendet hat. Bis jetzt.

Mein Herz ist jene Stimme, die mich ab und an daran erinnert, dass ich nie alleine sein kann. Mein Herz ist jene Stimme, die mir sagt, dass es keines Wartens bedarf. Jeder Moment ist der richtige Zeitpunkt dafür, einen neuen Start zu planen. Der Druck im Herzen wird mich schließlich daran erinnern, den geplanten Start auch zu vollziehen. Und dann, wenn ich erst einmal beginne, gibt es kein Zurück.

Das Leben nimmt seinen Lauf und ich kann nur wählen, ihm Widerstand zu leisten oder mit dem Strom des Lebens zu fließen. Das Leben selbst jedoch nimmt seinen Lauf. So wie das Wasser sich immer seinen Weg bahnt, um dort zu landen, wo der Plan des Ozeans es hintreibt. Wer oder was soll denn sonst bestimmen als die Natur des Lebens und der Lauf des Lebens?

Das Experiment Leben

Mit den Schuhen der Leichtigkeit und der Einstellung der lebensbejahenden Freude und dem Stock der Weisheit in der Hand auf zu neuen Ufern. Zum Experiment Leben, und möge dieses auch ein Alltag sein, der mich einer ganz einfachen Tätigkeit nachgehen lässt. Nur die Einstellung zu dieser zählt. Führe ich meine Tätigkeit mit einem liebenden Herzen durch, dann erreiche ich die Herzen meiner Mitmenschen. Denn die Verbreitung der Liebe geschieht im Alltag, im Miteinander, in der Menge – nicht am Gipfel eines Berges oder in einer abgelegenen Höhle, in der Einsamkeit oder in der Stille. Die Kunst, das Göttliche an jedem Ort und in jedem Menschen wahrzunehmen, liegt darin, den Vertrag mit dem Leben einzuhalten. Sich ohne einen erklärlichen Grund verbunden zu fühlen, ohne sich aus einem aus dem Verstand heraus erklärlichen Grund verbunden zu fühlen. Einfach aus dem Zustand der Freude zum Leben, der Erinnerung an die gesetzten Spielregeln des Lebens. Gleich der wärmenden Sonnenstrahlen, die uns allein beim Anblick ein Lächeln abgewinnen. Einfach aus der keines Grundes bedürfenden Freude am Dasein, am Wunder des Augenblicks, gerade vergangen, unwiderruflich, gerade erlebt, einzigartig – ohne zu bewerten, gelungen oder nicht. Jeder Augenblick gibt uns aufs Neue die Möglichkeit, eine neue Entscheidung zu treffen. Für das Leben, für die Schöpfung oder gar das Leben verdunkeln, verräumen und verstauben zu lassen.

So sitze ich hier. Jahre nachdem ich zögerte. Immer und immer wieder. Brauchte lange Zeit, mich zum Niedersetzen zu überwinden. Meine Welt der Wahrnehmung in Worte zu fassen. Niederzuschreiben.

So wie ich es immer fühlte. So wie ich mich damals entschieden habe. Vater, mein geliebter Vater. Es dir versprochen habe. Und dann wieder vergessen habe. Du mich trotzdem immer führtest. So weiß ich – als ich dein Heim verlassen, um dir und mir die Freude zu bereiten, alles, aber auch wirklich alles zu tun und geschehen zu lassen – damit ich mit deiner Hilfe wie ein Phönix aus der Asche mich wandle – ich mir deiner Gnade sicher bin, du dir meines Glaubens an dich sicher bist.

Mein Freund und himmlischer Vater, ich bin bereit. Mit dir an meiner Seite bin ich wahrlich bereit. Keine Ahnung, wo du mich haben möchtest. Keine Ahnung, wobei ich dienen darf. Kein Wunsch an dich, nur mein Dank für deine Führung. Es kommt der Tag und ich weiß, er naht, an dem ich dich als Wunder erlebe, an dem ich Alexandra-Anita in meinen Armen halten darf.

Damals, als sie durch mich das Licht dieser Welt erblickte, ahnte ich nicht, dass sie mir nur für so kurze Zeit geliehen werden würde, dass sie mich auf eine innere Reise der Zentriertheit senden würde. Ausgerichtet auf das Meistern von Umständen, die einer besonnenen Annahme bedürfen.

Und ich erinnere mich auch daran, dass sie gekommen ist, um in einer neuen Umgebung ihre Wurzeln tief zu setzen. Dass ihre neue Heimat auch ihre geistige Heimat ist. Sie von dort zu entwurzeln, würde viele Wunden aufreißen und viele erst entstehen lassen. Sich ihrem Leben anzuschließen und durch dieses zu begleiten, ist jedoch mein Herzenswunsch.

Ja, dieses Eingeständnis verlangt sehr viel Mut. Genauso wie den Mut zu sagen, dass ich gekommen bin, um gesehen zu werden. Dass ich gekommen bin, um durch meine Geschichte daran zu erinnern, dass wir Energiewesen sind, die einen Körper bewohnen, um die Erfahrung, Mensch spielen zu dürfen, zu machen.

Kannst du dich noch erinnern, als ich dich zu Beginn eingeladen habe, dir meine Geschichte anzuhören? Da du jetzt hier angelangt bist, danke ich dir dafür, dass du mich auf meiner Reise begleitet hast. Eine gemeinsame Wegestrecke lang. Vielleicht begegnen wir uns eines Tages. Im Herzen haben wir uns schon längst berührt. Schon damals, als ich mich hinsetzte, um meine Geschichte mit dir zu teilen, spürte ich die Verbindung zu dir. So wie jeder von uns ein nie zu vollendendes

Bild aus Puzzlesteinen ist, so sind wir ein nie zu vollendendes Bild aus all den nie zu vollendenden Bildern aus Puzzlesteinen.

Und so wie deine Geschichte und deine Reise jetzt nun weitergehen, so geht auch meine weiter. Immer mit den edelsten Gedanken und größtem Dank dafür, dass dort, wo weder Raum noch Zeit uns trennen, wir alle miteinander verbunden sind. Unabhängig davon, welche Sprache du sprichst, aus welchem Land du kommst, welchen Geschlechts du bist. Unabhängig von allem.

In Liebe an die himmlische Heimat

Sanft und zart, weich und anschmiegsam sind diese Momente der durchflutenden Liebe. Eine Liebe, die nie urteilt. Sie akzeptiert. Nimmt an. Wortlos. In Liebe. Gleich einem Meteoriten, der sich auf den Weg gemacht hat, ein anderes Herz zu berühren, verströmt die Sehnsucht ihre Wellen auf der Suche nach der himmlischen Heimat. Ankommen wollen. Sich setzen. Ruhen. In die Stille gehen. Ab und an. Aus freiem Willen. Sich andocken an den himmlischen Tank der stets und unendlich fließenden Güte. Kein Wort. Kein Blick. Stille. Ruhe. Von der Gnade berührt.
  Sana Brauner